炒股精简易学实用系列

做精一只股

[彩图版]

李志尚◎著

SPM 南方传媒 | 广东经济出版社

·广州·

图书在版编目（CIP）数据

做精一只股（彩图版）/ 李志尚著. —广州：广东经济出版社，2017. 7（2025. 7重印）
（炒股精简易学实用系列）
ISBN 978-7-5454-5442-0

Ⅰ. ①做… Ⅱ. ①李… Ⅲ. ①股票交易—基本知识 Ⅳ. ①F830. 9

中国版本图书馆CIP数据核字（2017）第112680号

责任编辑：罗振文　周伊凌
责任技编：陆俊帆
装帧设计：介　桑

做精一只股（彩图版）
ZUO JING YI ZHI GU（CAITU BAN）

出 版 人：刘卫平
出版发行：广东经济出版社（广州市水荫路 11 号 11 ～ 12 楼）
印　　刷：珠海市国彩印刷有限公司
（珠海市金湾区红旗镇虹晖三路北侧、永安一路西侧）

开　　本：787 毫米 ×1092 毫米　1/16　　**印　　张**：18.5
版　　次：2017 年 7 月第 1 版　　**印　　次**：2025 年 7 月第 6 次
书　　号：ISBN 978-7-5454-5442-0　　**字　　数**：355 千字
定　　价：80.00 元

发行电话：（020）87393830　　编辑邮箱：gdjjtzlc@sina.com
广东经济出版社常年法律顾问：胡志海律师　　法务电话：（020）37603025

开篇语

FOREWORDS

一、选时重于选股

大势环境不好，再好的股票也会被拖下水。当好股票的价格被高估时，也不是买进的时机；即使大势很好、股票价格被低估，我们也要把握逢低买进的时机，否则易遇主力洗盘而短期被套。阿基米德曾说："给我一个支点，我可以撬起整个地球。"当股票市场有了，支杆也有了，那么我们仅需要找到一个恰当的支点，这个"支点"就是合适的时机。很多人错过牛市或牛股后，均会道上一句："如果再给我一次机会，我一定不会再错过时机。"这就是为什么选时比什么都重要，当然，机会永远只会留给懂得的人和有准备的人。

二、选股重于操作技巧

选股不当，再好的操作技巧也不免让你在收益上大打折扣；好股票上升空间大，能起到顺水推舟的作用。投资靠的是慧眼识真金，操作技巧只是执行手段，若股票本身不是"真金"，你拥有再好的技巧也不能做出"真金"来。

三、选时又选股

如果能够选时又选股再加上相应的操作技巧，这岂不是更加完美？这也最符合A股市场的投资逻辑学。其实，笔者在这本《做精一只股（彩图版）》的架构方面，2012年起草时就构思了很长时间，至2016年底完稿，中间耗费了3年时间，这本书虽姗姗来迟，但慢工细活出精品。本书内容安排顺序如下：

先教大家如何把握大势，如何解读政策和经济形势，如何遵循大势规律，我们只有做到该出手时就出手，才可起到事半功倍的作用。A股市场一向是熊长牛短，作为T+1单向做多市场，A股市场在一年当中仅有三分之一的时间在上涨，此时我们可出手入场，还有三分之二的时间在下跌或盘整，这三分之二的时间应该用在休息和学习上面，但很多人一年到头都在市场中“摸爬滚打”。

再教大家如何选有价值的行业个股、龙头公司的个股，分析牛人持股的情况。好股票一定有来自基本面的优质特点。其实，有同学常问：“如何去做精一只股？”笔者认为，懂得把握时机、懂得如何选出值得精做的个股，自然就知道怎么去做精一只股了。

最后教大家如何从技术面上去发现牛股的K线特征和进场点，从技术上如何去滚动做T以及买卖和增减仓的一些实盘操作技巧。

凡事都有因有果，中间便是系统的造化布局。因为格局等于结局，所以关键在于中间怎么布局。笔者自2005年进入股市，2011年第一本书出版，到如今一直在注重投资者的教育培训工作，一向是站在投资者的心理角度去思考，针对性地编写出系统化的教材。笔者相信，自己写作的书籍和其他相关的视频教材，足以让大家产生阅读10遍以上的欲望。

做精一只股的理念

一、理念先行

“投资理念”能体现投资者投资个性特征，并促使投资者正常开展分析、评判、决策工作，同时指导投资者行为。它由投资者的心理、理论理解、哲学观念以及技术水平构成。

投资有道，理念先行。虽然投资理念多种多样，但投资者只有选择自己认可并适合自己的理念去严格执行并将其“做精”，才能使其成为属于自己的成功理念，甚至成为自己独特的赚钱绝招。

在股市中，学习大于智慧，智慧大于经验，经验大于技巧，技巧需要精炼，学会“做精”就获得了财富的入门钥匙。投资者应在学习中实践，在实践中学习，不断练习使基本功更扎实，不断提升操作水平，因为钱不入急门。

任何投资都讲究“天时地利人和”，时机重在把握和提前准备。不同时代、不同环境、不同行情产生不同的牛股，所以投资者必须先选时再选股。遇上一个时代，做对一只股，可实现你人生中的一次财富传奇。

人的一生不需要太多的优势，只需一技之长；人的一生不需要十八般武艺，只需精通一招；人的一生不需要做太多事情，只需做对一件；人的一生不需要做太多的选择，只需做对一个……

股市中投资者不需要听太多的消息，认准一个趋势就行；股市中投资者不需要看太多技术图，看懂一张就行；股市中投资者不需要掌握太多种手法，做熟一种就行；股市中投资者不需要操作太多股票，做精一只就行。

把复杂的东西简单化、实用化、精准化、高效化、大众化，这是笔者多年来一直向往、追求的，也是每一个真正的投资高手所追求的一种境界，所谓精益求精，谁又不想呢？能够在茫茫股海中磨砺出一条直道的又有多少人呢？能够在变化莫测的市场里遵循自己的原则的又有多少人呢？能够在资本市场里保住硕果的人寥寥无几，会学、会看、会用、会悟，这些你又能做到吗？“精”是一种深化，“炼”是一种刻苦，能将二者合一方为人上人。你不必成为投资高手，但不得不模仿；你不必成为职业操盘手，但不能没有自己的操作手法；你不必成为投资大师，但不能没有独到的眼光。最终你必须要有一套属于自己的方法，才能走出一条财富之路。

二、不为券商打工

散户常犯的一个错误，就是“为券商打工”。其行为可简单梳理为频繁操作、追涨杀跌、闻风而动等，这些投资者常年为券商打工，一年下来手续费都已超过自己的盈利，更谈不上你的时间和精力费用了。

曾经，有媒体报道湖南娄底一小股民初涉股海，一年时间24万元的积蓄和借款缩水至不足7000元，而其月工资仅有千余元。账单显示，这位“菜鸟”在短短一年时间里，交易次数高达500次，支付了超过3万元的手续费和超过3万元的印花税，还有他的两个同伴，遭遇也和他一样，他们都算是为券商打工了。所以，网不要撒太开，集中精力做精一张图、做精一只股、做精一种手法，散户才能改变命运，这也是笔者写作这三本书的真正用意。

三、上涨趋势捂股，下跌趋势捂钱

散户应用对一个思维，做对一个方向，否则一着不慎，满盘皆输。能运用逻辑思维的人也属于学术分析派，散户应看懂市场经济局势，展望未来前景。谁能主导？谁有价值？谁能持续？你的选择就在这一念之间。

选准对象才能托付终身，投资股票就等于投资上市公司。对投资者来说，上市公司背景、管理人、资金流、产品市场地位和占有率以及前景等必须要懂，否则不要轻易参与，不然一些大机构为什么要去上市公司实地调研？若想你的资产增值，你就必须要有翻番的长期计划，并且要能实现资本不断地翻倍，保持资本持续的成长性。

上涨趋势捂股，下跌趋势捂钱。当发现中意的股票，应等待价格低廉再买进，不到看好的价格不出手，市场即使有变化，也会事先有预示。按照趋势来控制手中的筹码，又需要担心什么呢？当然，笔者建议在大势行情向上的背景下去执行这样的计划，因为如果股市趋势向上一切都是大吉，一旦向下一切都是浮云。在大趋势向上时，投资者无论是从鱼头捂到鱼尾，还是去掉鱼头、鱼尾捂鱼身，都会有丰厚的收益。本书中笔者也会讲到哪些板块在任何一轮牛市中都会跑赢大盘。

听似简单做时难，其实立好原则并不难，前提是要有立原则的意识。世上有很多哲理、很多哲学故事、很多大道理，但为什么知道这些道理，并去执行的人是少数呢？这只是因为成功的人永远只有3%，97%的人没有自己的原则，不愿意去做而已。比如玩一个游戏，你如果不用心去玩，永远也没办法过关，始终都在原地踏步，这也是世上最痛苦的事之一。股市也是一场资本游戏，既然选择进来了，就要用心玩，说不定奇迹就在你身边。再说奇迹永远属于执着的人，机会也属于有准备的人。在销售行业里有这样一句话："业绩好就是很认真，业绩不好就是不够认真。"没有别的理由和借口。

四、主力思维

有熊市就会有牛市，物极必反是大自然的规律。没有只跌不涨的股市，也没有只衰退不复苏的经济。众所周知，经济下滑、股市低迷对国家、对企业、对投资者，甚至对每一个人都有负面的影响。因此，国家不得不重视宏观控制。

信心重于泰山，相信国家、相信股市、相信自己、相信笔者，你的思维和行动将有别样转变。新手怕急跌（不知所措），老手怕盘跌（捉摸不定），高手怕不跌（机会是跌出来的，风险是涨出来的）。

每一次筑底和磨顶的走势都是最复杂的，它们会让市场投资者进退两难。特别是股票处在底部时，很多人有这样的心路历程："跌下来后希望能涨上去，当涨上去没及时买进又希望能跌下来，当又急跌下来又怕还会跌仍不敢买进，几个来回一不小心又追在高点。"总之，主力在"建仓"时是不会给散户太多机会的，并且还会不断震仓逼散户交出筹码；主力在"出货"时会给散户多个机会，并且会制造出多个假象诱使散户去接盘。因此，在主力建仓时不要轻易交出筹码，一定要捂住手中的优质股。在一轮牛市中，散户往往回头一看前期买过的个股，自己早在3楼就下电梯了，而它们现在都到10楼以上了。据笔者的经验，在牛市中没跑赢大盘甚至赔钱的人，必然是频繁换股，或没买对优质个股。

如果你同周边散户人群拥有一样的思维，那你永远只会站在散户群体中，不管你怎么折腾都注定会失败。不妨在适当时换个角度思考一下，想想现在主力在忙什么？会怎么去完成自己的操作？你敢想吗？你相信主力吗？敢想、敢相信就会有突破。

不同主力有不同的选股思路和定式：大型金融机构会选择稳定性强的权重股，中小积极型机构会选择绩优、高成长性股，游资只会选择消息题材上的炒作股。很多散户为了刺激并寻求暴利，就喜欢去跟随游资股，但你要明白一个道理：游资急拉股价吸引人眼球，目的就是招人跟风，当跟风盘达到一定高度时就趁机出逃。当然，高风险就有高利润，这就看你有没有这能力去赚到这高利润。

五、一言以蔽之

一年操作两三只个股，与两三天操作一只个股相比，收益会有很大的区别。古人曰："兵不在多而在于精，将不在勇而在于谋。"股市中也有同样的道理，频繁操作一揽子股票不一定能赚钱，有胆量而无技巧最终也会告亏。没有不好的股票，只有不好的行情；没有不涨的股票，只有没踏准行情节奏的股民。

你一定要知道，真正成熟的、真正能使自己致富的投资者必然有自己的绝招系统，在把握大趋势的前提下能踏准行情节奏，且在一两只股票上面赚取大钱。笔者多次在现场培训班上讲：赚快钱要"快准狠"，赚大钱要"干一票吃几年"，赚慢钱要"平时小单养家、培养大单致富"。

一轮牛市当中，很多个股先像"投票器"似的投机上涨，但最终还会归为"称重器"似的价值成长。虽然A股市场投机成分偏重，但这是因为值得投资的公司太少，投资者要明白真正具备投资价值的股票是不会出现严重炒作现象的。

网不要撒太开，选太多的股票操作起来更累，效益也会下降，因为没法看透、顾不周全，所以不需要做太多只股票，频繁操作最终仍是为券商打工。看懂一只股、投准一只股、做精一只股，就能让你既成为上市公司真正的股东，又成为主力军的一员。

目录
CONTENTS

上篇 从基本面做精一只股

第一章 看势选股：方向不对，努力白费 …… 3

第一节 选股要看政府脸色，掌握进退时机 …… 5
第二节 选股要看政策变化，决定资金流向 …… 11
第三节 选股要看大势规律，踏准市场节奏 …… 17

第二章 行业选股：时代变迁，行业轮动 …… 33

第一节 行业周期选股法 …… 35
第二节 行业龙头选股法 …… 46
第三节 行业热点选股法 …… 59

第三章 公司选股：选股如选美，内外要兼备 …… 65

第一节 资产现值看每股净资产 …… 67
第二节 业绩好不好看每股收益 …… 70
第三节 评估价值高低看市盈率 …… 73
第四节 利润空间看毛利率 …… 81
第五节 盈利能力看净利率 …… 86
第六节 资金运转看现金流量 …… 89
第七节 中报年报看分红 …… 94
第八节 健康发展看治理 …… 99
第九节 黑马股的特征 …… 104
第十节 选择主流品种 …… 106
第十一节 选择蓝筹股 …… 110

第四章 股东选股：牛股自有牛人，牛人创造牛股 …… 115

第一节 为什么要跟牛人 …… 117
第二节 如何寻找牛人 …… 119
第三节 如何运用“股东池” …… 125
第四节 历史中的牛人盘点 …… 128
第五节 如何跟上牛人节奏 …… 132

下篇 从技术面做精一只股

第一章 认识股性：股性如人性，性质决定未来……165

第一节 成长性特征……167
第二节 活跃性特征……174
第三节 潜力性特征……179
第四节 趋势性特征……181
第五节 规律性特征……189

第二章 中长线牛股形态：选股与操作手法……193

第一节 年月周日线形态……195
第二节 日线“三外有三”……212
第三节 涨停板……219

第三章 配置策略：长线短做，慢牛做T……231

第一节 学习“龟兔赛跑”的精神……233
第二节 资金与板块的配置……235
第三节 做T买卖技巧……237

第四章 交易技巧：操作不对，牛股浪费……239

第一节 建仓技巧……241
第二节 增减仓技巧……251
第三节 清仓技巧……255

附录

附录一 牛市操作规律与注意要点……261
附录二 股市的钱去哪儿了？被谁赚了？……265
附录三 做精一张图－强势股形态选股软件……269
附录四 期货智能程序化交易简介……271
附录五 期货交易的常识……273
附录六 【志尚投教】在线视频点播学习平台……275
附录七 “股民系统化培训课程”干货大全……277
附录八 “期货系统化培训课程”干货大全……280

后记……283

上篇
SHANG PIAN

从基本面**做精一只股**

第一章 看势选股：方向不对，努力白费

这世上没有懂经济的穷人，也没有不懂经济的富人；若想成为富人，就得先懂经济。只有懂得国民经济、市场经济、经济周期、宏观经济等，才能懂得如何投资、投资什么、什么时间投资……把握大趋势赚大钱，把握小趋势赚小钱，把握不准趋势就赔钱。投机不完全错误，但很多人偷鸡不成蚀把米。投资股市，要与投资实业保持一样的心态、采用一样的做法，勿随波逐流。

第一节 选股要看政府脸色，掌握进退时机

老股民都知道，中国股市的特色是“政府市”“政策市”。炒股要顺应政策才不会走错方向，听政府的话才不会吃亏。每当股市大起大落或冷淡时，政府觉得股市影响了经济、觉得掌控失衡、觉得股市发展偏离了经济发展路线的时候，就会出面干涉，此时就要学会响应政府的号召。

一、分析步骤

对专业的证券分析师来讲，若要考虑周全，必须从三大类展开分析。

第一类：由上而下。上到宏观经济、政策趋向、政府态度，下到行业、公司。

第二类：由内到外。内到公司基本面，外到市场未来前景。

第三类：由大到小。包括经济周期、行业周期、K线周期，由大周期到小周期进行分析。

注：有时也会由下而上反向分析，目的是“分析某股票是否与宏观经济有黏性”。

二、历年案例

1．政府正面喊话

2007年3月5日，温家宝总理在作政府工作报告时说：“今年要大力发展资本市场。推进多层次资本市场体系建设，扩大直接融资规模和比重；稳步发展股票市场，加快发展债券市场，积极稳妥地发展期货市场。”“进一步加强市场基础性制度建设，推进股票、债券发行制度市场化改革，切实提高上市公司质量，加强市场监管。”试图让“疯牛”慢一拍，成为健康“慢牛”。同年5月下旬，针对暴涨的股市，中国证券监督管理委员会（以下简称“证监会”）主席尚福林认为，当前“全民炒股”需充分了解风险，对于普通百姓来说，炒股要有“闲钱、闲时间和闲心”的三闲境界，告诫大家要有风险意识。随后股市就迎来了惨痛的“5·30”事件。

2．半夜鸡叫

2007年5月大盘进入4000点上方，随着股市快速上涨，政府感到不安。2007年5月30日凌晨2点，一条极具杀伤力的新闻出现：证券交易印花税税率由1‰调整为3‰。“半夜鸡叫”的直接后果是：当天沪深两市共900多只个股跌停；2007年6月1日，沪深两市近700只个股跌停；2007年6月4日，大盘从4000点直接跌破3700点，跨过4个整数关，沪深两市创下单日下跌点数历史纪录，800余只股票跌停。随后股市进入两个月的中期调整。

3．国家大力投资

2008年11月5日，国务院常务会议通过了刺激内需的十项措施，明确到2010年底，约需投资4万亿元人民币。政府提出了4万亿元人民币拯救经济计划，“4万亿”是一笔空前的巨款，“4万亿”是什么概念？这相当于中央政府2007年全年财政收入的80%。同时这也是美国1680亿美元经济刺激方案金额的24倍。然而即便加上金融纾困计划的7000亿美元，美国的“救市”资金也只占当年美国GDP的5%，而当时中国经济总量不到美国一半，计划的4万亿元却占了当年中国GDP的16%。随后，股市迎来2009年的一轮小牛市行情。

4．事故引发政策变动

2011年7月23日20时30分，甬温线浙江省温州市境内，由北京南站开往福州站的D301次列车与杭州站开往福州南站的D3115次列车，发生动车组列车追尾事故，造成40人死亡、172人受伤。这就是震惊中外的“7·23甬温线特别重大铁路交通事故”。2011年7月25日周一股市开盘后大幅下跌，随后国家提到暂缓高铁项目投资，股市也就随之下行了一年多。

5．大量积极信号

2015年3月5日，李克强总理在全国“两会”时作的政府工作报告中指出，加强多层次资本市场体系建设，实施股票发行注册制改革，发展服务中小企业的区域性股权市场，推进信贷资产证券化，让所有市场主体都能分享金融服务的雨露甘霖。政府提出的加强多层次资本市场体系建设，是中国金融体系转型升级的核心环节。2015年3月9日，证监会主席肖钢接受媒体采访时表态，中央全面深化改革的各项举措稳定了市场预期，是股市上涨的主要动力。2015年3月12日，中国人民银行（以下简称“央行”）行长周小川明确表示，不赞成资金进入股市就是不支持实体经济。2015年4月15日，肖钢与上海证券交易所（以下简称“上交所”）理事长桂敏杰等一起赴申万宏源进行调研，并召开了闭门会议。有机构人士称，肖钢在调研结束时表示，这次牛市程度将超过上次，但他希望更慢、更长。

6．强硬管控

2015年6月12日，证监会新闻发言人邓舸重申，各证券公司不得通过网上证券交易接口为任何机构和个人开展场外配资活动、非法证券业务提供便利。同时，中国证券业协会也发布了《证券公司外部接入信息系统评估认证规范》，明确了证券公司不得直接或间接支持信息技术服务机构等相关方利用外部接入信息系统开展证券经纪业务。这无疑是对场外股票配资实施强硬管控措施，影响股市资金流入。同日，证监会宣布就修订后的《证券公司融资融券业务管理办法》向社会公开征求意见，由此可见证监会降杠杆的意图很明显。随后6月15日周一大盘开始下跌，从5178点到2638点跌去一半。

7．央行调控

加息或降息、上调或下调存款准备金率是国家宏观调控的工具。当物价、股价或经济持续高涨（通货膨胀）时，一般央行会采取加息、回笼资金到银行的措施；当物价、股价或经济持续下降（通货紧缩）时，一般央行会采取降息、释放资金到市场的措施，如图1所示。

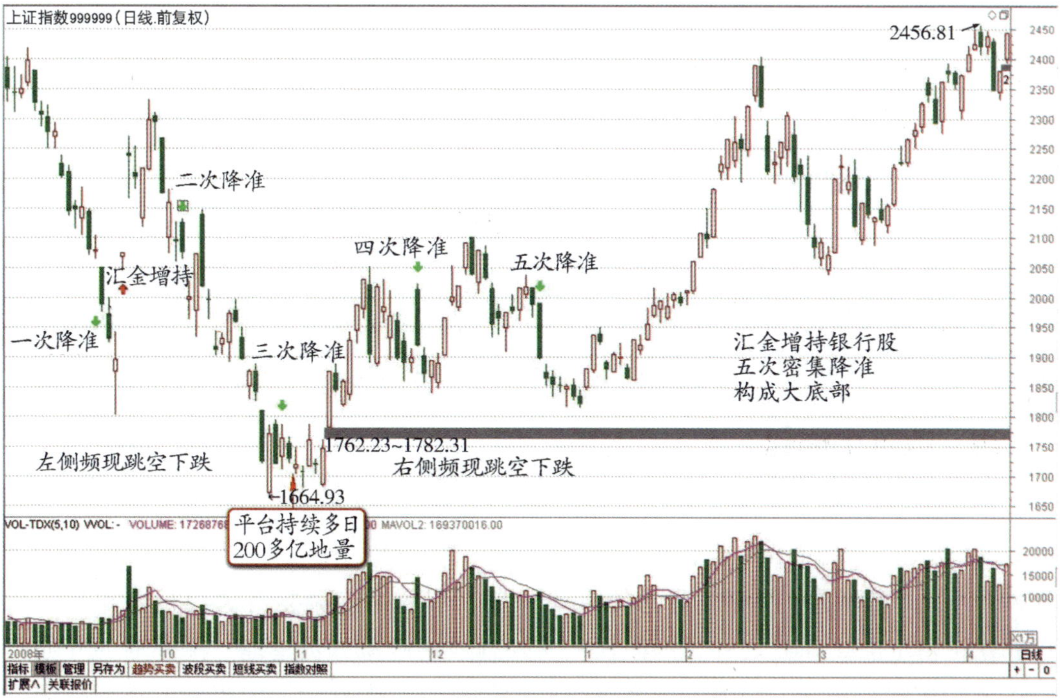

图1 央行调控对上证指数的影响

三、经济周期解读

经济周期又可称为商业周期、商业循环或经济循环，是国民收入及经济活动的周期性波动。其一般持续时间为2～10年，它的开始或结束以大多数经济部门的扩展或收缩为标志。

经济周期具体可分为四个阶段：繁荣、衰退、萧条、复苏。其中，繁荣与萧条是两个主要阶段，衰退与复苏是两个过渡阶段。繁荣是国民收入与经济活动高于正常水平的一个阶段，这一阶段生产迅速增加、投资增加、信用扩张、价格水平上升、就业增加、公众对未来乐观。萧条是国民收入与经济活动低于正常水平的一个阶段，这一阶段生产急剧减少、投资减少、信用紧缩、价格水平下降、失业严重、公众对未来悲观。经济周期各阶段可由一些主要经济指标的高低来辨别，如GDP增长率、失业率、价格指数、汇率等，这些都是投资者应密切注意的。

用“投资时钟”（图2）可比较几类资产的收益率，以下列出每个阶段的各类资产收益率排序。

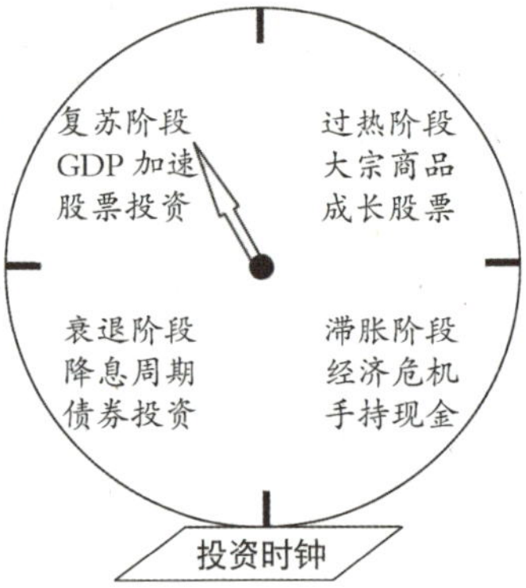

各阶段收益率排序：

衰退阶段：债券>现金>股票>大宗商品

复苏阶段：股票>债券>现金>大宗商品

过热阶段：大宗商品>股票>现金/债券

滞胀阶段：大宗商品>现金/债券>股票

图2　投资时钟

投资时钟的四个阶段遵循经济周期规律，在寻找业绩与股价的关系时，我们就可以找到相应操作的股票。股市是经济状况的晴雨表，虽然有的时候经济状况与股市相背离，但长期来看经济繁荣是股市上涨的最大动力。

四、改革牛崛起

2016年股市热点纷呈，伴随“一带一路”倡议、自贸区、国企改革、地方政府PPP（政府和社会资本合作，Public-Private Partnership）、供给侧改革、“互联网+”、“物联网+”等新概念的出现，与改革和结构调整有关的行业和公司股价都在轮番上涨。除此之外，国家加大对外开放的政策如沪港通、深港通的开通，资本市场制度创新等，增强了大家对股市的信心。笔者认为，股市随后将迎来的是

“改革后牛市”行情。

20世纪80年代宣传“独立经营、自负盈亏”的故事，20世纪90年代宣传“政企分开、抓大放小”的故事，21世纪初宣传“股份改革、上市融资”的故事。每一步，都是在时代洪流的推动下踉跄前行。2016年接下来这一轮的故事，叫作“混合制改革”。第一批被试点的企业有中国联通、东方航空、南方电网、哈电集团、中国核建、中国船舶、中国石油、中国石化等。网络报道，BAT（即百度公司、阿里巴巴集团和腾讯公司）入股中国联通，只差审批流程。中国联通这么多年来一直被中国移动压制着，即使拿到4G牌照也没多大起色。

2017年1月18日，《南方电网公司关于2017年全面深化改革的指导意见（征求意见稿）》已编制完成，文中强调加大改革措施落实力度。文中还提及积极做好深圳前海混合所有制改革试点项目，深入推进售电侧改革等重要内容。而文山电力（600995）是南方电网旗下的唯一一家上市公司，集团承诺资产注入，其外延发展值得期待。

从产权开放角度来看，发展混合所有制经济应实行“四线并进”。

第一条线：立足于国有企业，吸引民资、外资与国资融合。

第二条线：立足于民营企业，让国资、外资与民资融合。

第三条线：立足于外资企业，让国资、民资与外资融合。

第四条线：立足于企业员工，实行员工持股。

五、常看《新闻联播》的好处

《新闻联播》是全国性的、官方权威的实时新闻节目，能揭示国家战略发展的大方向，其意义深远，我们一定要看懂并深思，毕竟A股还是以“政策市”为主，所以炒股要了解党的政策，而《新闻联播》是其最直接的反映。

1. 发现新的或关联的投资机会

案例：2013年李克强出任国务院总理后，在出访时多次提到并推销中国高铁，随后高铁概念股持续上涨数月。

2. 发现政策红利补贴机会

案例：资本市场启动扶贫工程，贫困地区企业IPO（首次公开募股，Initial Public Offering）和公司上市迎来优惠政策，随后债转股等概念股持续上涨一个月左右。

3. 提前预知风险

案例：我们可以从新的法律法规、国内宏观经济形势、国际政治和经济形势等，去知悉国家高层领导的态度，从中洞悉相应的风险与机会。

总之，要想把握经济命脉，就必须关注政局，《新闻联播》图文并茂、内容充实、解读权威，着实为中国商人的最佳晴雨表。

【本节综述】

当今是一个“三商”社会：“智商”代表智慧与知识，“情商”代表为人处世、察言观色的能力，“财商”代表资产配置、理财常识。若要玩转股市投资，这“三商”缺一不可。自2016年开始，“志尚财富团队”着力于全面、系统性的教育培训，培训内容分为五大板块：

1．宏观经济和行业热点分析

教你如何看懂、读懂经济和行业热点；让你懂得经济，教给你寻求财富之道。

2．普及金融市场基金知识

教你熟悉投资知识、法律知识、各类投资特征与要点，便于你选择适合自己的投资种类。

3．揭开金融市场投资陷阱

教你理性投资、避开陷阱、少走弯路。

4．理财常识与资产配置

教你增强理财意识，并合理投资，助你早日实现财务自由。

5．专业技能与实盘实训

教你实操技术，助你完善交易系统、提升风控管理能力。

第二节
选股要看政策变化，决定资金流向

我们常会听到如下名词：宏观经济调控、产业经济发展、农业经济发展、区域经济规划、市场循环经济、经济贸易发展、经济工程发展、经济行业规划、经济数据公布等，这些都跟政策有关，它们简称“经济政策”。

股市是国家经济的象征，与国家经济紧密相关，经济政策的变动将直接影响股市，有时股市甚至会提前作出反应。老前辈常说：“炒股要看政府的政策，不然会吃大亏的。”顺应政策、顺应经济、顺应趋势等，这些简单地说就是顺势而为的投资战略。对发展中国家来说，它在不同的经济周期将出台不同的相关政策，特别是一些激励政策，这些政策将刺激某一个行业在未来成长，而这也是投资者最关心的话题。

一、关注中央经济工作会议

中央经济工作会议是中共中央、国务院召开的规格最高的经济会议。自1994年以来每年举行一次，通常在每年12月中旬举行，一般开会时间不超过四天。它的任务是总结当年的经济工作成绩，分析研判当前国际、国内经济情况形势，制定来年宏观经济发展规划。每年会议召开前，中央领导同志要花费一个月以上的时间深入全国各地进行调查研究，以制定经济政策。中央经济工作会议是判断当前经济形势和定调第二年宏观经济政策最权威的风向标，同时也是每年级别最高的经济工作会议，它的作用不可忽视。我们可简单回顾一下2000—2012年中央经济工作会议主题（图3）。

时间	主题
2012定调2013	稳中求进
2011定调2012	稳中求进
2010定调2011	稳经济、调结构、控通胀
2009定调2010	保持经济平稳较快发展
2008定调2009	保增长扩内需调结构
2007定调2008	控总量稳物价调结构促平衡
2006定调2007	经济继续又好又快发展
2005定调2006	继续搞好宏观调控
2004定调2005	巩固宏观调控成果
2003定调2004	保持宏观经济政策连续性
2002定调2003	积极财政稳健货币
2001定调2002	扩大内需对外开放
2000定调2001	加强和改善宏观调控

图3　2000—2012年中央经济工作会议主题回顾

比如，2015年中央经济工作会议提出，2016年经济工作的五大任务是去产能、去库存、去杠杆、降成本、补短板（“三去一降一补”）。

而2016年12月9日中央政治局会议也传递了2017年经济发展六大信号：明确稳中求进工作总基调是治国理政重要原则，供给侧结构性改革步入“深化之年”，加快推进一批基础性关键性改革，大力振兴实体经济，加快研究建立房地产平稳健康发展长效机制，多举措释放扩大开放积极信号。会议还提出要统筹推进稳增长、促改革、调结构、惠民生、防风险工作。

二、关注党的十九大召开

中国共产党第十九次全国代表大会于2017年下半年在北京召开，党的十九大是在全面建成小康社会决胜阶段、中国特色社会主义发展关键时期召开的一次十分重要的大会，也是党和国家政治生活中的一件大事。

代表与委员会候选人的产生由党组织推荐，可以直接采用候选人数多于应选人数的差额选举办法进行正式选举，也可以先采用差额选举办法进行预选，产生候选人名单，然后进行正式选举。

三、关注宏观政策调控性质

1. 连续性

连续性是指宏观政策调控能淘汰落后产能的性质，钢铁、水泥、煤炭炼焦等传统耗电太高的行业必将被淘汰，房地产、银行金融等调控周期都较长，因此形成连续性调整。但经过漫长的调整后，市场即会转为利好，这又将有利于该行业利润率的上升，市场投资者会再次对其投以关注。

2．稳定性

稳定性是指宏观政策调控能扩大内需和投资来稳定经济发展的性质，它能为规划投资区域和行业带来利好，如西部大开发、基建等板块，这几个板块的利好效应会稳健而又持续向好地发展。对人口大国来说，扩大内需也是经济增长的一大支柱，这对消费类行业来说是直接利好，如百货、零售等，特别是一些以旧换新、产品下乡、优惠补贴等活动受益最大，另外，占领市场主导地位的自主品牌上市公司也能从中受益。

3．针对性

针对性是指宏观政策调控能降低国民经济风险，减少财富的泡沫积累，加大国家对民生的投入，缩小贫富差距的性质。实施西部大开发战略体现的就是针对性。

4．灵活性

灵活性是指宏观政策调控能防止经济出现下滑的性质，因为经济一旦下滑，就业方面将存在很大的问题，进而会引发巨大的社会问题。所以，稳定就业是第一位，是货币政策的主要调控对象。如果经济稳定，货币政策就会由宽松变为适度宽松或紧缩政策，如果经济维稳成效不太明显，政府将会一直采用宽松政策。

四、关注熊末牛初的特征

在熊末牛初时，我们需要对经济周期和市场周期作出前瞻性判断。股市见底可分为3种情况，它们分别为：

（1）政策周期领先于市场周期。

（2）市场周期领先于经济周期。

（3）经济周期领先于盈利周期。

同时，在判断市场走势时，资金面和政策面是领先指标，而基本面是滞后指标。在此大家应该明白，笔者在本书中先讲政府政策，再讲行业经济，后讲上市公司基本面的缘由了吧。有了大方向后，再讲操作技巧。连马路都没有，就算开车技术再好也无计可施。

五、关注GDP以分析未来

GDP成了中国最为重要的经济指标，自2003年启动第一次全国经济普查开始至2013年，国务院每五年开展一次全国经济普查。后从2015年3季度起实施季度GDP核算改革，采用分季方式核算季度GDP数据，并公布相关核算结果。

2010年，我国首次提到国民经济要“调结构、促转型”，解决工业化超速、城市化滞后、城乡分割二元结构加剧的现象。为什么要调结构、促转型？

笔者用以下数据来说明。判断世界上某一国家经济发达与否的一个重要指标，是服务产业生产总值占GDP的比重。以2008年为例，美国当年的GDP为14.33万亿美元，而中国为4.22万亿美元，美国大约是中国的三倍，而最重要的是中美在GDP结构上存在巨大差异。

当前，世界主要发达国家的经济重心都转向服务业，产业结构呈现出由“工业型经济”向“服务型经济”转型的大趋势，形成了以服务业为主导的“第三产业、第二产业、第一产业”经济结构。美国以金融服务业为主的“第三产业”生产总值占GDP的比重已达到80%，而以农业为主的“第一产业”生产总值只占GDP的1%，以新能源、新材料、生物科技、高新技术产业为主的“第二产业”生产总值占GDP的19%左右。美国服务业就业人口占全部就业人口的比例达到70%，居民社会消费总额占GDP的80%，因此大家都很重视美国的“非农业就业数据”。

在中国推出“调结构、促转型”政策之前，以2008年为例，GDP约为4.22万亿美元，从产业看：“第一产业”生产总值占GDP的11%，“第二产业”生产总值占GDP的49%，“第三产业”生产总值占GDP的40%。我国“第三产业”生产总值占GDP的比例与美国“服务业”所占比例相差一半。中国服务业就业人数只占就业总人数的30%，居民社会消费总额只占GDP的35%。而且中国第二产业中房地产行业的产值就已经达到10%，其他工业产值大部分来自轻纺工业以及污染严重的采矿业、钢铁业、水泥业、化学工业，高新技术产业所占比重不到10%。

在产业结构继续优化的2015年，统计数据为：全年“第三产业”生产总值占GDP的比重为50.5%、“第二产业”生产总值占GDP的比重为40.5%、“第一产业”生产总值占GDP的比重为9%，居民社会消费总额占GDP的66.4%，需求结构调整取得明显进展。虽然我国“三、二、一”的经济结构已经明确，但“第三产业”比重还有很大提升空间。因为，世界各国“第三产业”占国内生产总值比重平均达到60%，而中国2015年的比重仅为50.5%，还有至少10%的上升空间，当其达到60%才算是“调转”成功，我们离这种健康的经济发展已经不远了。

再看2016年前三季度数据：“第三产业”增加值占GDP比重为52.8%，最终消费对经济增长的贡献率为71%，另外投资结构不断优化，高技术产业和服务业投资增长，高耗能产业投资下降。其中，物联网、大数据、云计算行业加快发展，在线医疗、在线教育、网络约车产业迅猛增长，新技术、新业态、新服务份额在不断扩大。随着国企改革（增强国有经济活力、控制力、影响力），商事制度改革（三证合一、一照一码），投融资体制改革（金融服务实体经济），财税金融改革（中央与地方财政事权和支出责任划分），以及G20峰会、金砖国家峰会的召开，“一带一路”倡议的提出，PPP项目加快落地，“深港通”的启动，2016年12月中旬中央经济工作会议的召开，大众创业万众创新（“双创”）活动周在各地的开展，第三批自贸区的挂牌，2017年党的十九大的召开等，这一系列“政策周期”都有利于“市场和经济周期”的发展。

以上这些再加上“三去一降一补”取得实效，中国经济已经出现了“由降转稳”的良好势头。虽然中国经济转型的时间较长，但一旦转型成功将会有延续多年的稳定发展。

由此，我们相信A股在不久的未来也会随着国内经济转型成功，而出现几年如美股一样的长牛行情，对这一点笔者仍然抱有希望和信心，同时笔者也认为A股上证指数挑战万点的时间不会很遥远。

当然，也有一系列消极因素不能忽略，例如美联储加息、解禁股规模较大、房地产持续调控政策的影响、IPO不断发行“抽血”的关联影响等。

总之，A股未来几年大趋势向好，出现持续数年牛市的概率较大；但近年仍要关注上证成交量变化，若成交量在2000亿以下则市场仍为弱市，5000亿左右才为强市，8000亿以上为股市中的高风险、高收益区域。

六、关注健康服务业

美国“第三产业”中占比最多的是“健康服务业”，正如以前保罗·皮尔泽预言的，“财富第五波”为保健产业。造成这种现象的主要原因是：随着人们生活水平的不断提高，生活质量也越来越高，而生命的质量也越来越被人们所重视；与健康相关的产业其收益来自为大众提供令人更健康、更美丽、延缓衰老或预防疾病的产品和服务等。另外，环境污染、气候变化都可能影响健康，由此人们的话题已不再局限于疾病与医疗，而是扩展到了营养与保健。所以，研究健康与营养、健康与习惯、健康与环境等保健产业链的行业将会逐渐兴起。

健康服务业是美国的第一大产业，2012年美国卫生总费用达到2.75万亿美元，在GDP中的比重高达16.9%，居世界第一，其产值约为5000亿美元。美国的健康服务已经形成完善、细分的产业链条，人们可以在家、在社区、在手机上轻松获得几乎所有的健康服务。

在美国，看病挂号比较方便。如果生病了，先找签约的家庭医生，如果家庭医生认为你需要看专科，就会推荐一名专科医生，帮你预约时间去看。如果是急症，病人可以直接去医院急诊室就诊。

美国的医院只开展医疗服务。医院以私立医院为主，占74.2%，其中又以非营利性医院为主，占私立医院八成以上，大部分医院开在社区及其周边。看完病，病人拿着处方就可以去任何一家药店买药。如果是慢性病，也可以选择定期的药品邮寄服务。美国6万多家零售药店都加入了药品福利管理（PBM）系统，店中有执业药师指导人们买药。围绕这个系统，近20年间，美国出现了一个提供疾病、药品咨询服务的新兴产业，这一产业专门为各类疾病患者尤其是慢性病患者提供用药咨询、指导服务，对其进行长期健康管理。除了药品，医院的化验、医学检查等服务也全部外包。据估计，医学检验产业产值约占美国GDP的3%。

由此可见，国内将来会出现人体健康大数据采集，提供让人们通过App随时随地了解自己的健康状况等一系列优化服务。中国的医疗水平与发达国家相比，有待提升和优化的空间很大，而这也是最贴近民生的事情，国家也在不断加强扶持和完善。所以，购买相关行业个股将成为新趋势。毕竟知识、健康、财富管理是人人所需，特别是财富与健康。因为有财富无健康、有健康无财富，都是不可以的。

【本节综述】

未来中国经济总体趋势是稳中求发展，但是新兴产业发展会较快，而且2017年是中国经济转型的关键节点，经济一旦转型成功将会持续成长多年。政策有轻重、长短之分，投资者一定要分清主流热门和小众冷门消息，只需抓住一项重大政策消息、一个投资主题、一只股票，投资者就足可赚得盆满钵满。投资者要选择收益最大的上市公司，不管是中长线捂股还是长线短打，做精就行。

第三节 选股要看大势规律，踏准市场节奏

除了政府政策对股市行情的干涉之外，市场还有一些自然运行规律，因此，投资者在跟上一轮政策后，还须踏准市场规律节奏。以下笔者列出部分常见规律。

一、经济周期与公司经营变化选股规律

第一阶段：熊市见底时，经济低迷，货币政策较为宽松，利率下降，通常带有“财务杠杆”的企业会先见底。因为企业会在筹资中适当举债，调整资本结构，从而给自身带来额外收益。

第二阶段：当经济开始复苏时，在利率维持不变的情况下，通常带有“运营杠杆”的企业会领涨，这是因为这些企业降低了生产成本从而提高了利润。

第三阶段：当经济繁荣时，利润快速增长，股票价格随之而高涨，此时估值扩张基本面的改善成为股价上涨的主动力，“估值杠杆”较高的企业会因更具有想象空间而领涨。牛市中的泡沫不就是个股被高估炒出来的吗？

第四阶段：牛熊转换时，投资者不要过度关注未来盈利会增长多少，而要注重盈利增长的确定性和市场外部环境的变化。

二、结合大盘走势选股规律

股市“老司机”应知道一些惯用手法，如：

（1）大盘见底时炒“提前于大盘见底”的个股，因为这部分个股具有抗跌性，也属于大机构看好的品种，毕竟大机构资金雄厚，需要提前逐步进场。

（2）大盘见底起涨时炒“同步大盘上涨”的个股，这样至少你不会因落后大盘而踏空行情。

（3）在大盘上涨一段时间后炒“落后于大盘上涨”的个股，因为这些个股有补涨要求。

（4）当边缘化的个股价格也被炒高后，便做好离场的准备。

三、观察年报选股规律

每年4月份是年报密集披露期，从年报和一季报中最容易发现增长股。F10基本面财务报表中的“未分配利润”和“资本公积金”（每股2元以上）较高的股票分红潜力大，长年不分红的股票都不算优质股。

“高送转”股票的炒作一般分成三阶段：

第一阶段为猜谜期，市场将有潜力的个股排列出来，依次轮番进行炒作。

第二阶段为明朗期，对配股派息方案亮相的个股，资金往往大炒一把。

第三阶段为抢权填权期，除权后股价或会掀起一波上扬。

四、资金流向选股规律

投资者应先从市场经济分析行业，再选择个股企业，采用阶段板块轮动的各种选股方法，此外还须结合市场主流资金动向，例如权重股和中小盘股的资金轮动周期也是较长的。假设主流资金进入主板（600开头）或权重股，那么中小板块（002和300开头）的大部分股票会走弱，反之亦然，这种周期往往会持续1～3个月。所以投资者还要随着市场主流资金去顺大势做选好的相应个股，因为市场投资往往是一边倒，甚至“二八行情”也时而出现，极少会有全面开花的行情。

五、牛市运行顺序规律

1．板块频繁轮动

各个热点、各个板块都有可以轮炒一番的个股，但炒作时间一般很短，目的是激发持股投资者的兴趣，以博得更高的关注度。

2．拉升权重股

当有了一定的人气时，大机构便拉升权重股股价，带动大盘指数上涨，再通过媒体报道使个股在场外投资者中人气上升，使权重股成为大盘蓝筹股。

3．中小盘成长股

在大盘稳定回升之际，中小机构开始入场，它们由于资金量有限只能选择绩优的中小盘成长潜力股，它们的炒作时间最长、涨幅最大。

4．冷门垃圾股

当蓝筹股、成长股都被大幅炒高后，此时被边缘化的冷门个股、业绩极差的垃圾个股也会因为低价优势，引起一轮爆炒，但时间一般不会太长。

5．再次拉升权重股

当优质个股和劣质个股都因炒作而高涨，其价格都明显出现高估区域后，主力会再次拉升权重股价格，使股市出现只涨大盘指数、个股不见上涨的特征，实为掩护主力离场出货，牛市行情也便随之进入尾声。

六、大盘见顶K线浪形规律

笔者将其分为六浪识别：一浪大跌急挫，实为大机构出货；二浪反抽时大机构继续出货，或先知先觉的中小机构出货；三浪盘跌时中小机构出货或先知先觉的散户出货；四浪在盘跌后转急跌，一般是后知后觉的散户出货；五浪反弹时，前面先知先觉出货的人、空仓耐不住寂寞的人会去抄底；六浪最后一急跌，将抄底的人再次洗出来，当盘面洗干净后，主力才会开始再次入场，如果前面是大顶，主力便不再急着入场。

上述过程无论是大盘中级调整还是大顶出现，行情均会走出类似的规律。如图4所示：

图4　2009年一轮小牛市后上证指数的顶部区域

图4展示了2009年一轮小牛市后上证指数的顶部区域，大家也不妨回想一下：2007年的6124点前也出现过（一浪）急跌，6124点后也出现过（二浪）反抽，随后（三浪、四浪）盘跌后急跌。2015年顶部5178点前后也类似。

七、大盘成交量顶底规律

技术分析当中的“量价时空”，量在前、价在后，成交量是交易金额的总和，是真金白银叠加出来的。以下笔者将用历史数据来说明：如何用成交量精准分析大盘顶底。

1．大顶-大底：缩减9/10

图5是大盘6124.04点之前第三日（2007年10月12日）至1664.93点之后第四日（2008年11月3日）由2215亿到237亿的上证走势图，成交量缩减了近9/10。

图5　2007年10月12日—2008年11月3日的上证走势图

图6是自1664.93点后一轮牛市上涨至2009年7月29日的上证走势图，3478.01点之前第四日成交量为3028亿；随后上证指数一轮慢熊跌至2013年6月25日的1849.65点，半年后的2014年1月20日成交量为483亿，5月21日的成交量为484亿。由成交量3028亿到483亿的上证走势图，成交量缩减了近6/7。

图6 2008年11月—2014年5月的上证走势图

图7展示了自1849.65点后一轮牛市上涨至2015年6月12日5178.19点的上证走势，在此之前第四日成交量为13099亿，随后一轮熊市下跌至2016年1月28日的2638.30点，在此之后第八日成交量为1293亿。由13099亿到1293亿，成交量缩减约9/10。在之前的一次读者现场交流会中，笔者提到这个现象，当时还有人不敢相信。

图7 2015年6月—2016年3月的上证走势图

2．细看数日剧增剧减：过百亿

图8是2007年5月30日前后的上证走势图，当日成交量为2755亿，在此前几日日成交量都在2200亿和2500亿之间，5月30日突然剧增200多亿（见顶）。一个多月后又出现地量596亿，缩减了近4/5，而在此地量出现前几日日成交量在700亿和1000亿之间，成交量突然剧减200亿左右（见底）。随后，如图5所示，6124.04点出现前几日的日成交量在1400亿和1700亿之间，成交量突然剧增500亿左右，到达2215亿（见顶）。

图8　2007年5—9月的上证走势图

图9是1849.65点至5178.19点的上涨中继阶段末期（2015年2月11日）的上证走势图，在此之前几日日成交量在2200亿和2600亿之间，成交量突然剧减200亿左右（见底）。

图9　2013年6月—2015年2月的上证走势图

图10展示了2015年2月15日成交量1293亿之前几日日成交量为1400亿～1700亿的上证走势，成交量突然剧减200亿左右（见底）。4月13日成交量3314亿之前几日日成交量为2000亿～2500亿，成交量突然剧增800多亿（见顶）。这是2015年第一浪上行。

图10　2015年2—4月的上证走势图

图11展示了2016年5月30日成交量1156亿之前几日日成交量为1200多亿的上证走势，成交量突然剧减数十亿（见底）。8月15日成交量3280亿之前几日日成交量为1700亿左右，成交量突然剧增500亿（见顶）。这是2016年第二浪上行。

图11　2016年5—8月的上证走势图

图12展示了2016年9月30日成交量1128亿之前几日日成交量为1200多亿的上证走势，成交量突然剧减100亿左右（见底）。11月29日成交量3481亿之前几日日成交量为2300亿～3000亿，成交量突然剧增500亿左右（见顶）。这是2016年第三浪上行。

图12　2016年9—11月的上证走势图

如图13所示，综合2016年大盘日线三浪上行标记来看，节奏一目了然。后面求值多少天？大盘已经给出了答案。接下来求值多少量？2017年1月19日成交量为1393亿，这足以说明大盘已经进入地量区域了。春节之后是否会出现一轮上涨？这一点值得期待。笔者认为，1月为逢低分批建仓期，2017年为慢牛，2018—2019年为大牛市。缘由有二：其一，2017年是中国经济转型的关键节点，虽然见效慢但结果会趋好，所以是慢牛；其二，在国家主席习近平连任的四年中经济政策以减税降费为主，着力为实体经济降低成本、扩大利润，而前四年的经济政策以反腐为主，自古对民生最有利的事就是“抓贪官、减免税收”。

图13 2016年大盘日线图

曾经有人举出这样的一个例子：假设手中有10万元资金入市，每一届政府（5年）有一轮牛市，这是A股一直以来的特色。一轮牛市只买一只股票，这只股票只赚1.5倍，假设我们的财务自由目标是1000万元，对于一个只有10万元投资股票的人来说，5轮牛市后或许真可以做到财务自由，这里暂不考虑货币贬值等因素。演算如下：

第一个5年：10万元×2.5=25万元。

第二个5年：25万元×2.5=62.5万元。

第三个5年：62.5万元×2.5=156.25万元。

第四个5年：156.25万元×2.5≈390.63万元。

第五个5年：390.63万元×2.5≈976.58万元（约1000万元）。

从10万元到1000万元，只需要5×5年=25年，仅仅5次复利，资金就能实现约100倍的增长，平均每年增长4倍。

每个人一生中都会遇上几轮牛市，这样来看，只要把握准大趋势，做精一只个股，复利倍增不是没有可能。笔者认为，股市投资可复杂化也可简单化，就看个人怎么去理解、怎么去看待、有没有掌握要点，很多东西是被市场给复杂化了，从而误导了大家。其实，所有成功的人采用的都是简单、实用、有效的方式，不断重复，做精后就成了自己赚钱的绝招。

图14是一张上证大盘的周线图，呈现出三个阶梯上行式的大箱体。在2016年春节后笔者就此分析，预测本轮下跌的低点区域在2500点和2800点之间，结果实际为2638点，位于第三个箱体上轨之上。

图14　上证大盘的周线图

总之，由于市场的变化，技术图形各有不同，投资者对同一张图也会有不同的看法，但唯有成交量能最直观反映市场变化，到了天量就会见顶，到了地量也会见底，个股分析也是如此。

至于仓位控制方面不妨参考以下几点："上证成交量"在2000亿以下市场为弱市（三成仓以内做短线/分批布局中长线），5000亿左右为普涨活跃市（六成仓捂股不动/两成仓短线择机增减流动），8000亿左右为强市中的高收益、高风险区域（三成仓捂股/三成仓短线快进快出），若成交量达一万亿（捂股仓撤退/短线仓只减不增/减少操作频率），一见上证大跌或成交量突增几百亿便立即收手离场。笔者这个建议可有效控制风险，因为控制仓位就等于控制风险，这是最直接有效的方式。

另外，在牛市一定要遵循年线、月线、周线、日线的分析顺序，大盘和个股都一样，以便把握大趋势中的大机会，甚至可把周、月线当作捂股轨道。相反，在弱市行情中要多看30分钟图、60分钟图，以便做短线。

八、基金仓位"88魔咒"规律

所谓"88魔咒"，是指当公募基金的仓位水平在88%左右的时候，后市加仓动能不足，从而选择撤退或者换仓，市场通常会出现一轮调整，近几年来每逢A股市场股票基金仓位达到88%，股市均会出现重要拐点。

我国对公募基金的仓位控制有着严格的要求，例如将股票型基金仓位的下限设置为60%，上限设置为95%，这为公募基金经理的操作提供了很大的空间。因此，当股票型基金仓位接近88%的水平时，基金可增仓的空间将相当有限。相反，因存在60%的仓位设置下限，基金可减仓的空间却相当巨大。所以，"88魔咒"的影响就无法避免。唯有当资金扩容时，新资金的不断注入，才可以缓解存量资金过高的现状，此时就不能静止地看待这个"88魔咒"。

我们用一个案例来说明：2015年3月20日天天基金研究中心统计成立一年以上的361只普通股票型基金和207只偏股混合型基金，普通股票型基金仓位平均测算结果为92.80%，随后6月中旬股市就迎来了转势向下。

九、政策底与市场底的规律

政府救市，并非止跌，而市场更不会立即转势，政府只可能短时维稳盘面或稳定市场状况，但并不能从根本上解决问题。

例如，当一病人的病情非常严重时，须及时抢救，但这不代表该病人会立即好转，毕竟其随后还需要经历疗养恢复健康的过程。

再例如，前述图1中国家对“汇金”增持银行股后，大盘再次下跌创新低，“政府底”目的是要探出“市场底”，这个大底部还是在三番五次降准之后形成的。所以，“市场底”在“政策底”之后和之下。

十、强弱市场选股技巧

我们可根据证券市场价格对信息的反映程度不同将市场分为三类：

1．弱势有效市场

这种市场中对历史资料和以往价格的分析均无效，投资者也不可能通过这些分析获得超额利润。原因很简单，下降趋势一旦形成，以往的技术支撑和以往的价格支撑均无参考意义，市场底是自然形成的，而不是预测和判断出来的。当市场供给小于需求时自会反转。

弱势有效市场基本特征：从目前市场行情来看，上证成交量萎缩到2000亿以下，每日常现跌停股或少见涨停股，大部分个股表现疲软，板块效应并不明显，市场人气冷淡。随之存在下探市场底的可能，或者是底位弱市整理。

弱势有效市场操作策略：抓热点、抢题材、跟游资、选低价小盘股，短线快进快出，仓位控制在三成以内。

2．半强势有效市场

在这种市场中，所有公开信息，如有关公司价值、宏观经济，以及政策方面的信息均有分析价值。市场处在半强势期间，部分主流品种逐步呈强，带动其他个股变得活跃，投资者此时更应注重基本分析和技术分析，如对以往的信息或个股基本性质以及对技术上的阻力位和支撑位的分析。

半强势有效市场基本特征：从目前市场行情来看，上证成交量在2000亿～5000亿，每日涨停股达10只以上，少见跌停股，板块效应明显且轮换启动较快，消息、热点、题材、概念频频出现。

半强势有效市场操作策略：首先得认准消息真实性以防主力炮制假消息演绎一日行情，或者是先涨后公布消息诱多派发。操作上必须抓中长期热点、挑绩优高成长股、跟大资金流向板块高抛低吸，来回反复操作或波段操作可求利润更大化，选择技术形态趋势良好向上途中个股，如多头排列，市场主力资金仍偏向中小盘的中低价股以达到高度控盘。

3．强势有效市场

在这种市场中，当前证券价格充分反映了所有公开或内幕消息，市场涨势似乎超乎人的想象，市场进入疯狂上攻阶段，完全处于高风险、高收益区域之中。

强势有效市场基本特征：从目前市场行情来看，上证成交量在5000亿以上，涨停股频繁出现，少见跌停股，甚至出现普涨局面或权重股猛攻赶顶，所有题材概念股和低价股都已被炒高、垃圾股也被炒尽时行情结束。

强势有效市场操作策略：大牛市捂股才能赚大钱，投资者应捂住一只牛股，直到放量快速拉高并远离5日线时再出局了结，当大众看多做多时，自身必须考虑找高点逐步分批锁利。

综上所述，任何一轮行情上涨都少不了领涨主流品种，要赚钱效应明显就必须抓住强势市场的主流品种，对于弱势市场可以持币或投资其他。在一轮上涨行情启动时中小盘中低价个股最为大资金所中意，大资金先由这些中小盘中低价个股带动市场人气和成交量，随后进行板块轮炒、题材概念轮炒、内幕消息爆炒等。而等到真正大盘权重股启动行情或许已快到终点了，这也是市场运行的基本规律。需提示的是，不管是弱势还是强势市场，没有业绩支撑、没有成长性和投资亮点的个股千万别长期做多，特别是题材股，其一旦被主力炒作完，牛股转身变熊股也不足为奇。

十一、黄金分割界定个股的强弱定性规律

1．对强势上升股性质的判断

假设一只强势股，上一轮由10元涨至15元，呈现强势上涨态势，然后出现回调，它将回调到什么价位呢？按黄金分割的0.382位来说为13.09元，0.5位为12.50元，0.618位为11.91元，这就是该股的三个支撑位。若股价在13.09元附近获得支撑，则该股强势不变，后市突破15元创新高的概率大于70%。若创了新高，该股就运行在第三主升浪中，它能上冲到什么价位呢？用一个0.382价位即（15-13.09）+15=16.91（元），这是第一压力位；用两个0.382价位即（15-13.09）×2+15=18.82（元），这是第二压力位；第三压力位为10元的倍数即20元。回到前面，若该股从15元下调至12.50元附近才获得支撑，则该股的强势特征已经趋淡，后市突破15元的概率只有50%，若突破，高点一般只能达到一个0.382价位即16.91元左右；若不能突破，往往形成M头，后市下破12.50元经线位后回到起点10元附近。若该股从15元下调至0.618位即11.91元甚至更低后才获得支撑，则该股已经由强转弱，破15元新高的概率小于

30%，大多仅上摸至下调空间的0.5位附近［假设该股回调至11.91元，反弹目标位大约在（15–11.91）×0.5+11.91≈13.46（元）］然后再行下跌，运行该股的下跌C浪。大约跌到什么价位呢？用11.91–（15–13.09）=10（元），这是第一支撑位，也是前期低点；11.91–（15–13.09）×2=8.09（元），这是第二支撑位。

2．对弱势股性质的判断

假设一只弱势股上一轮由40元跌至20元，然后出现反弹，黄金分割的0.382位为27.64元，0.5位为30元，0.618位为32.36元。若该股仅反弹至0.382位的27.64元附近即遇阻回落，则该股的弱势特性不改，后市下破20元创新低的概率大于70%。若反弹至0.5位的30元时遇阻回落，则该股的弱势特性已经有转强的迹象，后市下破20元的概率小于50%。这类个股大多在20元之上再次获得支撑，形成W底，日后有突破30元颈线上攻40元前期高点的可能。若反弹至0.618位的32.36元附近才遇阻回落，则该股的特性已经由弱转强，后市基本可以肯定不会破20元前低，更大的可能是回探至反弹空间的0.5位［假设其反弹至32.36元，回档目标为（32.36–20）×0.5+20＝26.18（元）］，后市上破40元前高的概率大于50%。第一压力位40元，是前高，也是前低20元的倍数；第二压力位是二浪底，即26.18元的倍数52.36元。此时该股已经运行在新一上升浪的主升三浪中。提示：黄金分割法对具有明显上升或下跌趋势的个股有效，对平台运行的个股无效，使用时请注意区别。同时，不要太在乎几角几分，应做到目测大概区域就能采取相应的策略和措施，如笔者一向采取精简方法为：三分之一位置（0.382）、三分之二位置（0.618）、二分之一位置（0.5）。

3．盘中判断强弱性质

当日上升的个股走势特点为：成交量逐渐放大，日均线一般处于前日收盘价之上且缓慢运行、量比增加。每日上午开盘后不久，便有不少个股上冲6%～8%，但在这个价位上先不要追。以上午9：30—11：00该股出现的高低价为基准（若是跳高开盘，应以昨日收盘价格为低价基准），用黄金分割法画出分割线，看日均线是否处于0.618位之上或附近，是否继续微微上升，如果是，该股后市向上突破的概率很大，此时应以0.618位的价位为买入参考点。如果日均线仅在0.5位甚至接近0.382的位置徘徊，该股收大阳线的概率不大。当日下跌的个股走势特点为：日均线一般处于前日收盘价之下运行，并缓慢下行。上午在跌幅3%以上的个股中观察，以10：30—11：00出现的高低价为基准（跳低开盘的个股应以前日收盘价为高价），画出黄金分割线进行观察，若日均线在接近0.382位处运行，该股当日很可能收出“光脚”或次低大阴线，不仅不能考虑买进，还要逢高派发。若日均线在0.618位附近呈平行运行，则该股目前已经反弹走强，可考虑短线介入。

虽然看起来比较复杂，但其实用心研究并不难理解，具体数字小学二年级学生都能算出，当你熟悉公式后它就和背诵加减口诀一样简单。当然，这跟一个人对数字的兴趣有关。如果你想成为股市中的真正炒家，黄金分割线在个股和大盘方面都能帮上你的忙。但是，笔者要提醒大家，规律不能生搬硬套，一定要活学活用。

十二、财政政策与通货膨胀的影响规律

财政政策是指政府变动税收和支出以影响总需求，进而影响就业和国民收入的政策。其主要手段有税收、国债、补贴、国家预算等。财政政策分为扩张性财政政策（有利于股市走牛）、紧缩性财政政策（导致股市逐渐走熊）和中性财政政策（有利于股市维稳）。

温和的、稳定的通货膨胀对股价的影响较小。若通货膨胀在可容忍的范围内持续，有利于股价上升。严重的通货膨胀会导致股价和债券价格下跌。

【本节综述】

炒股一般历程为：开始炒好奇心、炒兴趣，接着是炒技术，然后是炒出其不意、炒独到的眼光、炒判断力，最后是炒智慧、炒心态、炒境界。

技术是研究出来的，经验是总结出来的，能力是在不断领悟中提升出来的，进步是犯错后纠正出来的。证券分析是一个经验积累的过程，是不断去寻找规律、发现规律、运用规律的过程。而K线是市场交易者人性的反映，K线分析也是最直观有效的方式，通过图表指标、均线去推测未来的各种变化趋势的技术分析方法，也为交易者提供了交易纪律的约束依据。

【本章综述】

证券市场中看对大势赚大钱、看对小势赚小钱、看错势要赔钱，稀里糊涂赚钱的人，一定会稀里糊涂地赔钱。炒股要有平常心，涨时不贪婪，跌时不恐惧；作为散户要理性顺势，不要做“傻户”。如“逃顶”晚一步不如早一步、“抄底”早一步不如晚一步。

股市就是这样，牛市之后是熊市，熊市之后是牛市，不牛不熊就是猴市，这是一场不断循环的零和游戏，熊市后出现猴市，说明牛市也就不远了。

巴菲特信奉“我宁要模糊的正确，也不要精确的错误”，那个“模糊的正确”强调的就是一个准确的区域，但是我们会发现很多人都在试图寻找那个“精确的底点”。诚然，就2016年股市来讲，我们无法认定现在参与未来就是一片坦途，但经历前期一年多以来风险的大幅释放后，市场再产生系统性风险的概率较小，所以我们有理由相信机会与风险的比例在逐渐扩大。

有一篇网络小说《熊市回忆录》，文中有一句话意味深长：“尽管熊市给人留下了痛苦的回忆，但到1996年大牛市起来后，我常常怀念那个遍地都是2元股价的时候，心想以后要是再来熊市，我可要好好珍惜。”

熊市末期时注重投机：轻指数重个股去交易，对于多头排列的精选个股可以进行短滚动操作，这些交易手法可以抵御不确定性风险。

熊末牛初后注重价值投资：价值投资要学会“定投模式”，例如，上证指数2800点时你可以把股票和现金的比例分配为2：8（两成股票八成现金），如果上证指数到了2500点，你可以将比例分配为三成股票七成现金，以此类推，每上下300点类推增加持仓一成，当指数见底回转向好趋势确立时可增持至五成以上。所以大家可以根据自己对市场的判断，来调节资金的安排。如此，与其去判断短期底部在哪里，不如先布好局等待市场底的出现。

如果你始终保有一定现金量，那么你就会发现市场的下跌未必是坏事，因为你可以从低的位置买到更多的优质筹码。并且，市场越跌，你买到的廉价筹码也就越多。这样的话你反而会欢迎市场的下跌，因为它提供了更多优质的低价股票筹码。

此外，没有只涨不跌、只跌不涨的市场，这是市场运行的规律，也足以说明周期性的问题。那么，中国楼市上涨10年黄金周期已过，接下来将逐渐步入高位整理周期和漫长的熊市周期。

第二章 行业选股：时代变迁，行业轮动

时代引导生活，生活带动行业，行业带动经济，经济带动财富。如工业由1.0到现在的4.0时代的变迁，移动通信由1G技术到现在的5G技术时代的变迁等。随着时代的变迁，人们生活水平的提升，将会产生新兴行业和新常态经济。那么，能跟上或引领新时代的行业相关的股票，必会成为市场中的焦点。改革开放已经40多年，未来能主导国家经济的行业又是哪些？时代在变，市场需求在变，促使行业在变，经济模式在变，投资方向和类型也要随着变。而执着于传统思想，只会落后于众人。

第一节
行业周期选股法

处在高速发展周期行业的相关上市公司，其获取利润犹如顺水推舟一般。如十年前投资的新能源、互联网、房地产等公司，这几年的发展基本都超出公司以前的发展预期。简单地说，很多成功的投资就是赶上了一个时期，这就是行业周期发展的机遇。某公司十年前也许是一家不起眼的公司，十年后却腾空而起，市场上存在很多类似的公司。随着市场经济发展，行业发展周期自然形成。2017年是国家经济转型的关键节点，一些以高新科技引领经济新常态的公司，也许现在不引人注目，说不定十年后其中又有一批腾空而起。

一、行业生命周期特征

行业生命周期主要特征如表1所示：

表1 行业生命周期主要特征

行业生命周期	幼稚期	成长期	成熟期	衰退期
市场需求	狭小	快速增长	缓慢增长或停滞	缩小
竞争者数量	少数	数目增加	许多对手	数目减少
顾客	新的顾客	市场大众	市场大众	延迟的买者
现金流量	为负	适中	高	低
利润状况	高风险、低收益	高风险、高收益	低风险、低收益	高风险、低收益

（1）幼稚期：这一阶段的公司在投资研发和试营阶段具有成败风险，这一阶段也叫投产期，公司对行业须多观察。

（2）成长期：这一阶段公司产品规模形成，也可将其分为成长初期、成长中期、高速成长期。

（3）成熟期：这一阶段公司产品受到市场广泛认可但由于竞争者不断进入，产品价格也将受到打压。

（4）衰退期：这一阶段公司产品被其他新产品替代，将被市场淘汰，投资者应该远离此行业。

行业生命周期也可以简单理解为：开发、引进、成长、成熟、衰退。

二、行业生命周期各指标的变化

1．行业规模

随着行业兴衰，行业的市场容量会经历“小—大—小”的过程，行业的资产总规模会经历“小—大—萎缩”的过程。

2．产量增长率

产量增长率在行业成长期较高，在成熟期以后降低，其高低划分一般以15%为界。到了衰退阶段，行业处于低速运行状态，有时产量增长率甚至处于负增长状态。

3．利润率水平

利润率水平是行业兴衰程度的综合反映，一般都会经历“低—高—稳定—低—严重下滑”的过程。

4．技术进步和技术成熟程度

随着行业兴衰，行业的创新能力会经历从强增长到逐步衰减的过程，技术成熟程度会经历“低—高—老化”的过程。

5．运行率

长时间的运行充分反映了行业处在成长期或成熟期时的高效状态，衰退期往往伴随着运行率低下的现象。

6．从业人员的职业化及收入水平

随着行业兴衰，从业人员的职业化和工资福利收入水平会经历“低—高—低”的过程。

7．资本进退

行业生命周期中的每个阶段都会有资本的进退发生，在成熟期前进入的企业数量及资本量大于退出量；而进入成熟期后，进入的企业数量及资本量与退出量会经历一个逐渐达到平衡的过程；在衰退期，行业规模逐渐萎缩，公司转产、倒闭多有发生。所以，一些具有资产注入、资产重组可能的上市公司股票都可看多。

三、经济周期与行业分析

1. 增长型行业

这种行业的发展状态与经济活动总水平的周期及其振幅无关，因此它们的产品可简称为“大众刚需”。这些行业收入增长的速率相对于经济周期的变动来说，并未同步，它们主要依靠技术的进步、新产品推出及更优质的服务获取利润，因此它们经常呈现出增长状态。比如，在过去几十年中的计算机和复印机行业呈现出这种状态；再如，微软利润持续增长20年。这些行业的股票价格不会受到经济周期变化的影响。但是投资者需要理解这些新业务模式和高新技术的专业背景与前途，如果看不懂这些公司的业务，就很难做出正确的投资判断。

2. 周期型行业

这种行业的发展状态直接与经济周期相关。当经济处于上升时期，这些行业会紧随其扩张；当经济衰退时，这些行业也相应衰落。产生这种现象的原因是，当经济上升时，消费者对这些行业相关产品的购买量相应增加。例如，消费品业、耐用品制造业及其他需求的收入弹性较高的行业，就属于典型的周期型行业。还有如金融、石化、钢铁、煤炭、有色金属等，它们都属于典型的周期型行业，在经济转型、产业结构优化调整和宏观调控过程中这些行业的发展将继续受到抑制。另外，宏观经济复杂多变，基本不可预测，使这类行业的发展更加难以捉摸。

不过在经济周期性复苏支持下，有的行业从下游向上游转移的过程会带来投资机会，政策向导会带来中长期投资机会，城镇化的结构调整也会带来局域机会。

提醒一点：周期型行业的股价一般呈轮回趋势，跌幅或许会超过前期的涨幅，甚至超出想象范围，有的行业连续几年都不能复苏甚至被淘汰，所以不能以股价跌幅多少来做出买入选择。

3. 防御型行业

这种行业的产品需求相对稳定，并不受经济周期衰退阶段的影响。正是因为这一点，对其投资便属于收入投资，而非资本利得投资。有时候，当经济衰退时，防御型行业或许会有实际增长。例如，食品业和公用事业属于防御型行业，虽然其需求的收入弹性较小，但是这些公司的收入相对稳定。比如说，家里的灯管不亮了，当然会去买灯管；如果生病了就必须买药吃等。这种行业提供居民生活必需的商品和服务。

提醒一点：典型的防御型行业包括公用事业，如供水、供电、供热等行业。目前中国电力需求80%以上来自工商企业，只有10%左右来自稳定的居民用电，因此电力行业的表现也会受到经济周期的影响，防御特征相对并不明显。另外，值得注意的是，一些防御型行业个股在股市走牛的时候，往往会落后于大势。

四、展望未来行业

1．“中国制造2025”

信息技术指数级增长、数字化网络化进步和集成式智能化创新是“中国制造2025”的三大根本动力，具体体现在以下行业：

（1）高铁。图15为中国高铁线路示意图。笔者早在2008年10月的新浪博文中就专门讲述过：“我国铁路突出的供需矛盾严重制约经济发展，国家制订巨额投资计划改善铁路路网功能，中国迎来铁路基建高峰期。高速铁路的诞生重新确立了铁路运输的优势地位。中国铁路路网的高负荷、低效率长期制约经济发展，发达国家的成功经验给决策层足够的信心来大力发展铁路，一场中华人民共和国成立以来最大规模的铁路基建已经来临。”

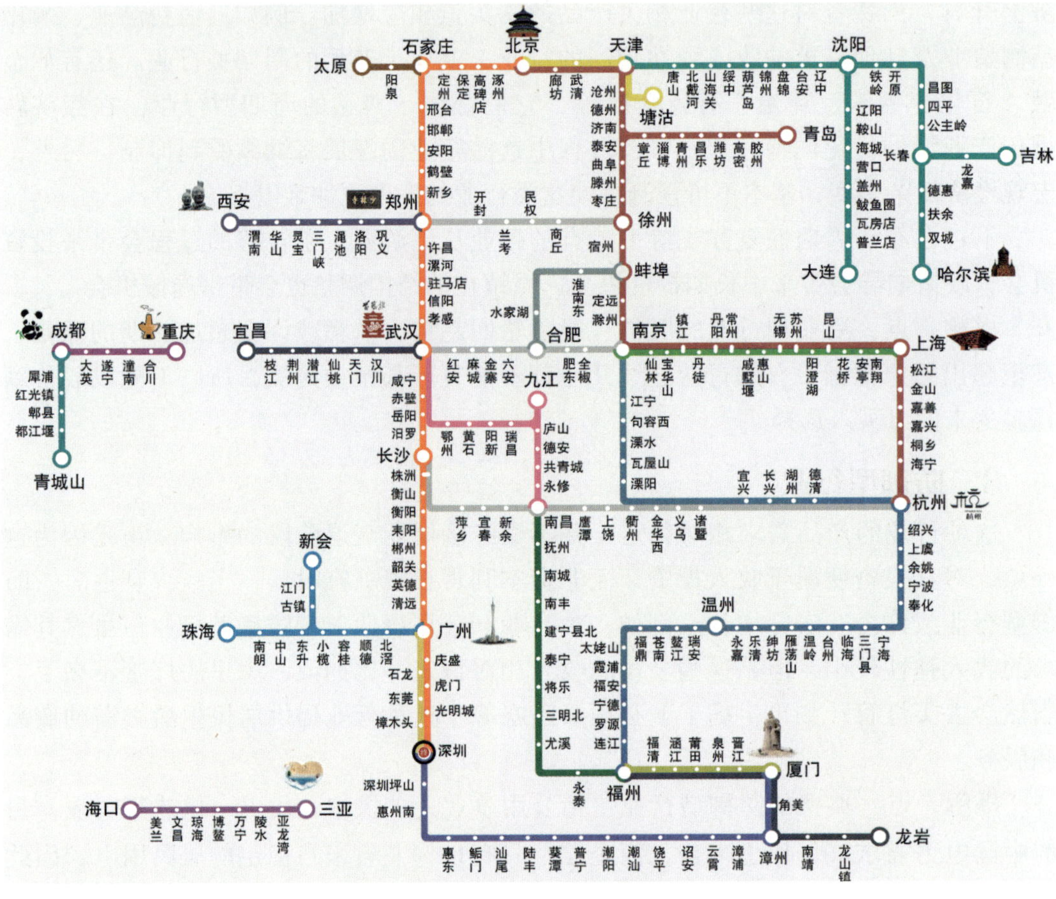

图15　中国高铁线路示意图

2016年IGBT芯片的研发成功意味着，按照中国标准制造的高铁上，将装上具有完全自主知识产权的“中国芯”。中车株洲电力机车研究所有限公司也成为我国唯一全面掌握高铁动力系统技术的企业，彻底打破了国外对轨道动力系统核心技术的垄断。如今，中国的高铁引领世界潮流，进入成长中期。

（2）新能源汽车。图16为新能源汽车概念示意图。某汽车公司的广告语为：“我不喝一口油，一口气能跑150公里，每公里仅需7分钱，越用越划算。”

图16 新能源汽车概念示意图

2017年1月23日，工信部发布了2017年第1批《新能源汽车推广应用推荐车型目录》。目录中车型共185款，其中物流车36款、乘用车73款、客车76款，覆盖38家车企。2017年第1批《新能源汽车推广应用推荐车型目录》中，宇通、金龙、比亚迪车型较多，补贴目录明显向行业龙头倾斜。《关于调整新能源汽车推广应用财政补贴政策的通知》在2016年12月30日出台，中机车辆技术服务中心新检测标准相继发布，伴随政策明朗化的是新能源产品目录的快节奏推出，2017年第一季度各新能源车企将逐步恢复生产，第二季度起产销量有望逐步上升，行业回归有序生产。

除此之外，新能源汽车补贴指标细化带来的检测业务增加，让检测类公司受益，如中国汽车工程研究院股份有限公司。在当前各大城市限购、限行的政策下，在未来几年中，新能源汽车不限购、送绿色牌照、环保等优势，将促成汽车行业的转型。当前，行业处于成长初期。

图17 飞机发动机

（3）飞机发动机，如图17所示。中国航空发动机工业发展一直落后于发达国家，航空发动机制造技术是工业体系中的皇冠，且高度保密，是中国一直渴求的技术。按照国产发动机计划，中国战斗机和大型飞机将在未来5年内集中实现“国机用国发”，今后10年是中国航空发动机工业发展的重要时期。当前，中国飞机发动机行业处于幼稚期。

航空发动机涡轮叶片（包括涡轮工作叶片和导向叶片）是航空发动机中承受温度最极端和工作环境最恶劣的部件之一，在高达1500摄氏度的高温下要承受很大、很复杂的应力，又要保持每分钟上万转的高速运动，因而对其材料的要求极为苛刻，它的设计、制造工作量约占整机制造工作量的三分之一。以稀土材料为主的粉末涡轮盘高温合金和单晶高温合金的应用比例已经高达50%，所以中国要想在航空发动机技术上得到突破性进展，研制镍、铼、钼、钴基高温合金是关键。

过去很长一段时间，由于钴、镍、铼、钼等稀土金属的开采和销售都被西方发达国家垄断，这些材料的定价和销售中国参与不上，所以中国企业已经开始在海外自己找矿开采，例如中国洛阳钼业收购了刚果（金）最大的铜钴矿，该矿拥有大约300万吨钴矿储量，可供中国使用50年。此外，中国五矿集团还收购美洲矿业公司，来开采南美的稀土材料矿。可以说，中国企业积极参与海外矿产资源开发，已经开始打破西方的垄断，为中国发展第三代单晶技术和现代高温合金技术奠定了坚实的基础。

（4）株洲三大动力产业。图18为株洲三大动力产业示意图。早在1954年8月，湖南株洲就研制出中华人民共和国成立后第一台航空发动机，毛泽东为此亲笔签署嘉勉信。如今，株洲入选国家首批通用航空产业综合示范区，成为全国唯一中小航空发动机特色产业基地。株洲在中小航空发动机、燃气轮机、航空机械传动等领域处于国内领先地位，是全国集航空发动机设计、研发、制造于一体的中小型航空产业体系最完整的地区。2017年，株洲航空城有各类航空企业25家，2016年航空产业创产值102亿元。

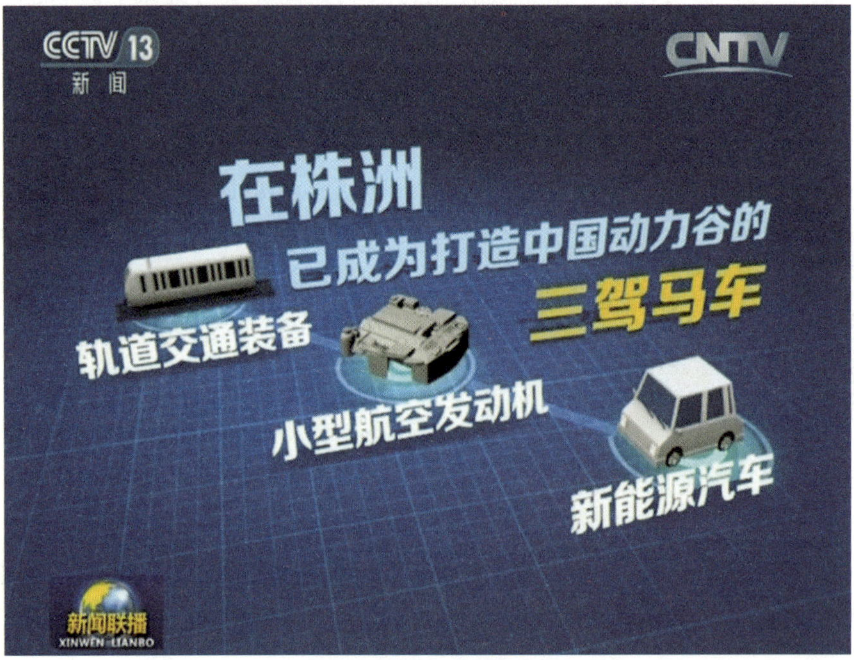

图18　株洲三大动力产业示意图

株洲市依靠强大的创新能力，已成为我国最大的轨道交通装备基地和研发中心。在株洲，轨道交通装备、小型航空发动机、新能源汽车三大支柱产业已经成为打造中国动力谷的三驾马车，株洲已成为领跑世界动力装备制造的新高地。2015年株洲轨道交通产值突破1000亿元，排名世界第一。株洲的中小型航空发动机产品更是占到国内市场的90%。2015年株洲新能源汽车产值150亿元，近1万台新能源客车在全国20多个省市运行。2015年株洲三大动力产业共完成规模以上工业增加值220亿元，同比增长12.2%。

2．人工智能

2016年，全球市值最高的五家公司的殊荣第一次全部花落科技公司：Apple（苹果）、Alphabet（Google母公司）、Facebook（脸谱网）、Microsoft（微软）和Amazon（亚马逊）。这五家全球市值最高的科技公司的产品技术发展路径和方向，都指向一个共同目标：人工智能。图19为人工智能概念图。Apple已收购了15家人工智能公司，并将其人工智能技术融入各种产品之中，以机器智能和平衡个人用户的隐私为主，具体体现在Siri和无人驾驶汽车领域，苹果还宣布与IBM共同开发人工智能健康数据平台。Google在人工智能领域布局很广，在云服务中开源第二代机器学习系统TensorFlow，在人工智能硬件方面开发人工智能加速器芯片TPU，它们未来的应用领域会包括无人驾驶汽车、智能家居和虚拟现实产品。Facebook的人工智能研究深深依托社交网络的发展，该公司从Facebook产品中获得数据，训练数据，其人工智能产品服务于社交网络的用户。Microsoft认为“对话即平台”（Conversations as a Platform，CaaP）的时代已经到来，它致力于将人工智能技术应用到智能助手、AR/VR等领域。Amazon在其云服务中加入了多项人工智能服务，同时在13个配送中心部署了3万台仓储机器人，其无人机项目PrimeAir已经开始在英国进行测试，通过无人

图19 人工智能概念图

机送货可以让最后一公里的物流成本下降80%。人工智能浪潮已经掀起，它有望成为未来IT产业发展的焦点。人工智能市场将继续保持高速增长，到2020年，全球人工智能市场规模将达到183亿美元。艾瑞咨询数据显示，2016年我国人工智能市场规模约12亿元人民币，未来5年的增长率将达到50%。人工智能的相关上市公司有川大智胜、科大讯飞等。

3．自动驾驶

在自动驾驶领域，全球产业巨头和科技巨头竞相追逐。目前，除奔驰的S500 Intelligent Drive外，奥迪、宝马、福特、沃尔沃等整车厂，以及博世、德尔福等零部件厂，均已推出了自动驾驶原型车。图20为自动驾驶概念图。自适应巡航是其中的一项核心技术，汽车依靠雷达测距与摄像机识别车道线等，可实现自动跟随前车、防撞预警、辅助刹车等功能。2010年谷歌率先宣布研发自动驾驶汽车项目，随后百度等新兴互联网巨头也进入自动驾驶领域。百度、谷歌这类互联网企业将更多的精力投入无人车的“大脑”研发上，这一思路也开始逐渐被认可。

图20　自动驾驶概念图

未来汽车价值的60%都来自软件，剩下的40%则来自传统的汽车部件，也就是说，“汽车大脑”才是无人车的价值所在。至2020年，智能网联汽车市场的规模可达到1000亿元以上。且按相关规划，各地的智慧城市建设将结合V2X路侧终端和交通管理平台展开，通过智能调试等方式提高交通效率。在此类需求的推动下，V2X车载终端有望成为前装车的标配。自动驾驶行业相关上市公司有四维图新、亚太股份等。

4．云计算

近年来，云计算产业发展十分迅猛。高德纳咨询公司的研究报告显示，截至2015年末，全球云计算市场规模已达1750亿美元，预计到2019年有望突破3000亿美元大关，达到3120亿美元。正因如此诱人的市场前景，阿里巴巴、百度、腾讯、SAP（思爱普）、谷歌等国内外巨头均已进入这一行业，并在近两年内，开始加速布局云计算产业。在云栖大会·成都峰会上，阿里云发布了《数据安全白皮书》，首次公开了阿里云在保障230万用户数据安全方面建立的流程、机制以及具体实践办法。百度已正式成立云计算事业部，并在山西阳泉等地建立了云计算中心。云计算业务和人工智能等业务均被规划为百度未来重点发展的业务。百度还与无锡市政府展开合作，推出智慧交通、智慧医疗、智慧教育、智慧旅游等云服务。未来百度还将推出一系列企业级云服务，并将在云计算业务上进一步加大投入。腾讯也深耕云计算业务多年。腾讯2015年财报显示，公司云计算业务收入同比增长100%。腾讯已推出涵盖金融、安全、数据、电商等领域的数十项云计算服务。腾讯还宣布将升级公司云战略，除了将在全球建立众多云计算中心外，还将提供针对企业和个人的多项云服务，涉及医疗、教育、O2O等多个领域。云计算是未来5年至10 年高确定性增长的行业，预计公有云服务市场规模在未来5年的年均复合增长率将超过 100%，公有云整体市场规模年均复合增长率将达65%，私有云市场规模年均复合增长率将达到30%，全球云计算市场的整体规模在数千亿美元。预计到2020年，我国的云计算市场规模将达到2200亿元以上。图21为云计算主要应用热点领域。

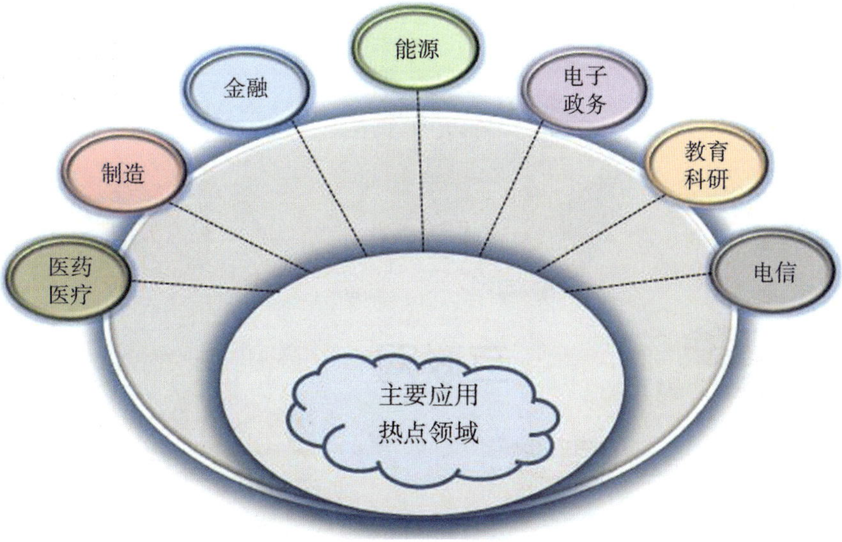

图21　云计算主要应用热点领域

5. 物联网

从行业发展来看，2016年6月NB-IoT（窄带物联网）标准获得国际组织3GPP通过后，国内运营商、设备制造商等企业均加快推进其商用化进程。此前华为在世界移动通信大会上正式发布了端到端NB-IoT解决方案，为即将展开的NB-IoT规模化商用提供全面的技术和商业支撑。相比传统蓝牙、Wi-Fi等IoT（物联网）技术，NB-IoT技术具有明显优势：大容量、广覆盖、低功耗、低成本和高稳定性。在容量方面，NB-IoT的上行容量比2G/3G/4G 有50倍至100 倍的提升，这为接入硬件设备数量的爆发提供了有力的支持。在功耗方面，由于低速率和低带宽所需的RFPA（射频功率放大器）等要求更低，芯片的成本将显著减少。NB-IoT等相关技术标准的制定将推动物联网产业快速发展。2016年我国物联网整体市场规模达到7500亿元，物联网技术在智能水表、停车场等领域有望率先取得应用。目前我国智能水表安装比例仅为15%，预计未来年均复合增长率将超30%。NB-IoT水表可以解决传统水表功耗大、信号覆盖差、电池寿命短等问题，未来应用空间较大。另外，智慧停车场等智慧城市应用也有望获得大量推广。物联网行业的相关上市公司有汉威电子、宜通世纪等。图22为物联网概念图。

图22　物联网概念图

6．大数据

随着技术的成熟和应用面不断扩大，大数据产业正在进入成熟期，有望在“十三五”期间，引领市场规模万亿之巨的IT服务业转型。未来5年我国大数据产业规模年均增长率将会超过50%，到2020年我国的数据总量将会超过8000亿PB，占全球数据总量的比例达到20%，届时我国将成为世界第一数据资源大国和全球的数据中心。《2016年中国大数据交易产业白皮书》数据显示，中国大数据产业市场在未来5年内，仍将保持高速增长。预计到2020年，中国大数据产业规模或达13626亿元的高点。未来最有价值的资源是数据，因此以下两类公司值得关注：一是自身拥有数据的公司；二是为客户提供大数据分析、运营服务的公司。大数据行业的相关上市公司有银之杰、东方国信等。图23为大数据概念图。

图23　大数据概念图

【本节综述】

看透经济，读懂政策，分析行业，选择优质个股，这是每一个投资者都必须掌握的技能。一定要明白：只有行业（产业链）才能带动经济，只有经济增长才能带动股市上涨，凡事不能抛开本质根源来谈。能赶上一个时代，跟对一个行业，做对一只个股，踏准行情节奏，这才是成功的投资者，否则将会导致赚了指数不赚钱的结果。

第二节 行业龙头选股法

投资股票就相当于投资上市公司，上市公司的经营状况直接影响投资者的收益。在国内，比较好的上市公司并不多，但是在国内经济转型发展中，存在不少具备升值潜力的新老上市公司，值得大家去挖掘。

俗话说："擒贼先擒王。"在行业板块中，必然有起风向标作用的龙头个股领涨主流。选定行业后，下一步便是如何从板块个股中去精挑龙头股。笔者将从以下几个方面来分析。

一、行业市场结构

1．完全竞争

此市场结构下，生产者较多，产品同质、无差别，企业必须根据市场价格和需求来进行决策，如农产品行业。

2．垄断竞争

此市场结构下，生产者较多，但产品同质、有差别，企业必须树立自己的信誉和知名度（品牌），如纺织、服装等一些轻工业。

3．寡头垄断

此市场结构下，少量的生产者占据市场大部分份额，少数几个企业控制一个行业的市场供给结构，如钢铁、汽车、石油、矿产品行业等。

4．完全垄断

此市场结构下存在独家生产者，其可控制整个市场结构，产品没有替代品，完全垄断包括政府完全垄断和私人完全垄断，如技术高度密集行业或稀有金属开采行业等。

二、优秀企业评估

1．行业地位

判断企业是寡头、领导者还是跟随者。

2．区位分析

从自然基础条件、政策扶持、资源垄断评估企业。

3．产品服务

从产品地位、产品成本、产品优势评估企业。

4．经营能力

判断企业是否具有长期稳定的经营业绩、完善的法人治理结构，管理者是否具有诚信与能力。

三、品牌力量

品牌也是一种稀缺资源。它包括百年不倒的传统老字号、新兴市场的自主品牌。比如，贵州茅台（600519）、五粮液（000858）等传统的酒类品牌，马应龙（600993）等传统老字号，这些品牌的股票在每一轮牛市中都能顺势上涨。富安娜（002327）、罗莱家纺（现更名为罗莱生活）（002293）等新兴市场的自主品牌，也成为上涨行情中的主流品种。企业只有树立品牌声誉才能占据较大的市场份额，并获取竞争优势，因为人们随着生活水平的提高，追捧品牌的欲望越来越强烈。

四、垄断龙头

1．东阿阿胶（000423）

东阿阿胶占有国内市场90%的驴皮资源，是国内最大的阿胶生产商。其产品价格台阶式上涨，产品绝对性垄断，毛利率超过60%。

2．云南白药（000538）

云南白药已成为国内中药保护品种之一。云南白药公司也算是行业的垄断龙头，具有自主定价条件和市场竞争优势，近十多年来屡屡提价，股价上涨更是强于大势*N*倍。这种品牌企业的管理层或大股东都比较稳定，具有良好的诚信记录，其股价不会出现大起大落的现象。

3. 贵州茅台（600519）

其产品逐年提价，这就体现了其内在价值、市场优势以及独特垄断性。贵州茅台业绩好、常年分红、除权后迅速填权，稍微理智一点的投资者都会以熊市后难得的低价买进并紧捂不放。

4. *ST盐湖（000792）

公司属于青海省省属的国有企业，是中国目前最大的钾肥工业生产基地，是青海省四大优势资源型企业之一，也是柴达木循环经济试验区内的龙头企业。

盐湖股份表示，未来公司主要会在熔盐、锂和金属镁方面寻找合适的时机投资，但投资一方面要看市场状况、产品竞争力，另一方面要看公司目前装置的试车情况。同时，盐湖股份还就氯化钾的价格解释称，2016年氯化钾价格下降幅度较大，由2015年的295美元/吨降到199美元/吨，每吨下降了96美元，其价格相对近几年的钾肥价格处于低点，主要原因是受到国外钾肥生产厂商的价格冲击。盐湖股份作为钾肥龙头股，近年一直受基本面的影响，将来一旦迎来基本面的好转，想必其会再现英雄本色。

五、老字号股票

老字号股票的两大优势为：

1. 长盛不衰

公司的主导产品受市场大众消费者的信赖，并且是生活中不可缺少的一部分。

2. 国家给予保护

2011年6月，湖南长沙举行市人大代表建议重点督办会。会上建议振兴老字号，提升名城品位。在市十三届人大四次会议上，市人大代表刘国初提交了《关于保护、振兴老字号，提升长沙历史文化名城品位的建议》，由此长沙有望在主城区建老字号一条街。

从盘面上可以看出，一些带有“中华老字号”标识的股票别具一格，它们也是价值投资者的首选对象。一些相关产品受国家的保护，公司具有自主定价权的个股更是“珍馐”。

以下笔者列出与“中华老字号”有关的上市公司股票，解读公司经营性质和投资价值，以便读者参考。

1. 中药类

（1）浙江震元（000705）。“震元堂”是浙江震元医药连锁有限公司的注册商标。震元堂初创于清乾隆十七年（1752年），历史之久乃绍兴诸店之魁，相传创始人杜景湘（慈溪杜家桥人）原在水澄桥摆药摊起家，“震元”二字出自《周易》，系其向阴阳先生占卜而得。因经营有方，信誉卓然，遂得以创下震元堂坚实的基业。迄今震元堂已有268年的历史，其历来营业鼎盛，久而不衰，被誉为“店运昌隆三百载，誉满江南数一家”。震元堂在经营上的最大特色是货真价实，真不二价。旧社会大小药店无不挂上“朔望九扣，逐日九五”的牌子，而震元堂却缺一不卖，民间素以“金字招牌”相称。

（2）太安堂（002433）。治疗皮肤病的中药开发刚刚起步，其发展前景广阔，具有很高的投资价值。太安堂是中盘股、高成长、垄断性、高利润、非周期型的优势细分龙头公司，是拥有国家保密配方、五百年中医药文化底蕴和核心技术的企业。明朝太医柯氏先祖自接过御赐金匾“太安堂”始，便迷上了博大精深的中医药文化，踏上了救死扶伤的征程。十三代人，恪守“秉德济世，为而不争”的祖训，继承了明太医院的核心技术，开拓创新，研发出治疗皮肤病、不孕不育症、心血管病、妇儿科病等一百多个特效中成药，公司正逐步从单纯以产品经营，跨入以产品经营带动资本运营、以资本运营促进产品经营的生命周期。太安堂以文化铸品牌，“太安堂”这个五百年老字号的集团品牌下，形成了“麒麟”“铍宝”“柯医师”等优质子品牌。

（3）片仔癀（600436）。片仔癀与云南白药一样，二者作为我国中药的两大独家生产绝密品种，其特效配方及独特工艺受国家保护。据传，明朝万历年间，宫廷政变，有一太医不满朝政，取方出家为僧，动乱中档案流失，故而明清太医秘方不见经传，但可从片仔癀处方中主方三七去考证，记载首见于李时珍《本草纲目》。据记载三七产于南方深山，既稀又贵，三七传入宫廷，再配置成方，用特殊工艺制作成片仔癀后成为宫廷秘方。此方当为传世之宝，需经过相当长的时间才能成名，所以我们可以判断片仔癀成方之日当不晚于明崇祯年间（1628—1644年）。那位削发为僧的太医原籍闽南，后在璞山岩寺任住持，传授徒弟几代。民国时期漳州城的一些茶庄开始制作片仔癀。1956年，政府宣布对其进行私营改造。

（4）马应龙（600993）。马应龙是一家有四百多年历史的中华老字号企业，创始于1582年。1582年，马应龙的创始人马金堂于河北定县（今河北省定州市）开办小型眼药铺——马应龙生记药店（总店后迁往北京），创制“八宝”眼药。至清乾隆年间，马金堂的后人马应龙将“八宝眼药”定名为“马应龙定州眼药”。四百多年来，马应龙品牌薪火相传，生生不息，谱写了一段“悬壶济世，妙手仁心”的传奇故事。

（5）云南白药（000538）。云南白药1902年由曲焕章创制，原名“曲焕章百宝丹”。曲焕章在云南江川一带原是有名的伤科医生，后为避祸乱，游历滇南名山，求教当地的民族医生，研究当地草药，苦心钻研，改进配方，历经十载，研制出“百宝丹”，另外他还研制出虎力散、撑骨散的药方。1916年，曲焕章将它们与白药的药方一起交给云南省政府警察厅卫生所检验，合格后卫生所为其颁发了证书，允许公开出售。1917年，云南白药由纸包装改为瓷瓶包装，行销全国，销量骤增。1923年后，云南政局混乱，曲焕章在此期间，钻研配方，总结临床经验，使云南白药达到更好的药效，形成了“一药化三丹一子”，即普通百宝丹、重升百宝丹、三升百宝丹、保险子。此时百宝丹已享誉海外，在东南亚地区十分畅销。1931年，曲焕章在昆明金碧路建成“曲焕章大药房”。1955年曲焕章的妻子缪兰英向政府献出该药的配方，之后云南白药开始在其他药厂生产。

（6）同仁堂（600085）。北京同仁堂是中药行业著名的老字号，创建于清康熙八年（1669年），自雍正元年（1723年）正式供奉清皇宫御药房用药，历经八代皇帝，长达188年。历代同仁堂人恪守“炮制虽繁必不敢省人工，品位虽贵必不敢减物力”的传统古训，树立“修合无人见，存心有天知”的自律意识，确保了同仁堂金字招牌的长盛不衰。其产品以“配方独特、选料上乘、工艺精湛、疗效显著”而享誉海内外，产品行销40多个国家和地区。目前，同仁堂已经形成了在集团整体框架下发展现代制药业、零售商业和医疗服务三大板块的体系，配套形成十大公司、两大基地、两个院、两个中心的“1032”工程，其拥有境内、境外两家上市公司，零售门店800余家，海外合资公司（门店）28家，遍布15个国家和地区。

（7）九芝堂（000989）。九芝堂是国家重点中药企业，其前身“劳九芝堂药铺”创建于1650年，是中国著名的老字号。1650年，一位名叫劳澄的老者来到古城长沙坡子街开了一家无名小药铺，这就是劳九芝堂的前身。劳澄之子劳楫取其父所绘《天香书屋图》（图中植双桂，桂生九芝）之意，给药铺取名“劳九芝堂”。公司年销售额过亿元的产品有3个：驴胶补血颗粒、斯奇康、浓缩丸系列。年销售额过千万元的产品有4个：裸花紫珠片、乙肝宁颗粒、足光粉、补肾固齿丸。其中驴胶补血颗粒年销售额超过2亿元。

（8）开开实业（600272）。公司控股子公司雷允上药城坐落在静安寺华山路地段，雷允上创始于1662年，是目前上海乃至全国都屈指可数的大型医疗商店。它集进口药品、饮片配方、传统补品、家用医疗器械、卫生百货销售和专科门诊于一体。既有地道的中药制品，又有现代的保健品。品种繁多，规格齐全，有红参、白参、西洋参、血燕、白燕、鹿茸片、冬虫夏草、野山参、补酒补膏，应有尽有。这里凝聚了老字号“上雷牌”的集中优势，以高、新、全、名、特、优六字方针，贯穿经营服务全过程。雷允上药房是上海市医保定点零售药房，其中药配方也可由医保报销。

（9）新世界（600628）。公司控股60%的上海蔡同德药业有限公司集生产、供应、销售、医疗“四位”于一体，经营各类中药材、中成药、西药、参茸滋补品、营养保健品、医疗器械等，共5000余种。上海蔡同德堂药号创始于1882年（清光绪八年），距今已有130多年的历史。它是首批“中华老字号”企业之一，曾荣获“全国名牌商业企业”“上海市著名商标”等称号。商厦坐落在繁华的南京路步行街上，是上海蔡同德药业有限公司标志性“旗舰店”，主营名贵参茸、冬虫夏草、精制饮片、丸散膏丹、中西成药、医疗器械以及各类保健品、化妆品等。店内提供国内外邮购函寄服务，接受来料加工，包括切片、泛丸、研粉、代煎、定制补膏等传统特色便民服务。

（10）豫园股份（600655）。童涵春堂隶属于上海豫园旅游商城股份有限公司，是全国第一家被批准生产中药精制饮片的企业。童涵春堂品牌产品自1993年起历届均被评为“上海名牌产品”。“童涵春堂”商标连续三次被评为“上海市著名商标”。其生产的冬虫夏草、铁皮枫斗、精选燕窝、野山人参、哈士蟆油、西洋参、中药饮片等天然品牌产品享誉中外，尤其在中国香港、中国澳门、中国台湾、日本及东南亚一带闻名遐迩。作为童涵春堂药业公司旗下规模最大的旗舰店，老城隍庙童涵春堂是集观赏、休闲、养生、种植、旅游、民俗、文化、健康于一体的庭院式概念“药局”，也是上海市第一批涉外旅游定点单位。

（11）健民集团（600976）。健民药业集团股份有限公司前身是中国最古老的四大中药名店之一的叶开泰参药店，距今已有380多年历史，现拥有十余家子公司，集生产、科研、经贸于一体，年销售收入近10亿元。近四个世纪的历史沉淀和文化积累，铸造了武汉健民这一中国医药产业的著名品牌。目前，健民药业集团股份有限公司已成功地研制和开发出以龙牡壮骨颗粒、健民咽喉片、健脾生血颗粒、便通胶囊、慢肝宁胶囊为代表的系列产品，形成了集团蔚为壮观的“名牌林”，产品行销全国，远销东南亚及欧美国家和地区。

（12）桐君阁（现更名为太阳能，000591）。重庆桐君阁，创建于清光绪三十四年（1908年），100多年来，桐君阁生生不息，代代相传，悠久的历史渊源，赋予了桐君阁深邃的文化内涵，也为其赢得了“老牌桐君阁，精致中成药”“要买放心药，请到桐君阁”“北有同仁堂，南有桐君阁”的美誉。公司生产的“桐君阁”牌冬虫夏草、天麻、燕窝等高档产品和贵细精品中药，畅销国内外。旗下的桐君阁药厂、重庆中药二厂皆是具有多年历史的专业生产企业。其生产的生力雄丸、穿龙骨刺片、六味地黄丸等130余种中西成药产品畅销全国。

2．餐饮类

（1）西安饮食（000721）。公司是以餐饮服务为主业，涉足酒店宾馆、旅游休闲、食品加工、种植养殖、教学培训、医疗卫生、建筑装潢等多个经营领域的大型上市公司。公司截至2017年拥有11家分公司、4家控股和参股子公司，国内外开设联营企业18家，市内营业网点近40个。公司用占西安市餐饮业千分之一的网点数，实现了经营收入占全市餐饮业总收入的10%的成绩。公司近年来呈现出健康快速发展的态势，企业连续三年位于“中国餐饮百强企业”之列，经营收入居中国正餐业第二位，综合实力排名全国前三。

（2）全聚德（002186）。全聚德品牌创建于清同治三年（1864年）。公司主营业务为餐饮服务及食品加工销售业务，主要提供以“全聚德”品牌高档烤鸭系列菜品为主的餐饮服务。公司截至2017年在北京、上海、重庆、长春等地拥有9 家直营全聚德烤鸭店，在国内外共拥有61家特许加盟店（其中中国56家，海外5家）。公司还拥有以生产北京鸭生、熟制品为主的肉食品生产基地和以生产面食品、专用调料为主的生产基地，以及以物流配送任务为主的北京全聚德配送中心。2007年4月16日，全聚德收购了以制作“满汉全席”闻名的仿膳饭庄、以制作“海参宴”闻名的丰泽、以制作“京派”川菜闻名的四川饭店，从而拥有了上述3家企业的经营业务和相关资产，进一步丰富品牌内涵，强化品牌优势。

餐饮类除上述2家外，还有“广州酒家”这家老字号。其改制并筹划上市后有望成为华南地区首家上市的餐饮企业。广州酒家始创于1935年，改革开放后，广州酒家积极开拓连锁经营业务。

3．酿酒类

（1）泸州老窖（000568）。公司是具有400多年酿酒历史的国有控股上市公司。公司拥有我国建造最早（始建于1573年）、连续使用时间最长、保护最完整的老窖池群，该窖1996年被国务院批准为全国重点文物保护单位，被誉为“中国第一窖”。公司主导产品有国窖·1573、百年泸州老窖、泸州老窖特曲等。泸州老窖特曲是中国最古老的四大名酒之一，蝉联历届中国名酒称号，被誉为“浓香鼻祖”“酒中泰斗”。

（2）贵州茅台（600519）。公司是国内白酒行业的标志性企业，主要生产销售世界三大名酒之一的茅台酒，同时进行饮料、食品、包装材料的生产和销售，防伪技术开发，信息产业相关产品的研制开发。茅台酒历史悠久，源远流长，是酱香型白酒的典型代表，享有“国酒”的美誉。2004年公司茅台酒年生产量已突破一万吨，43度、38度、33度茅台酒拓展了茅台酒家族低度酒的发展空间，茅台王子酒、茅台迎宾酒满足了中低档消费者的需求，公司在国内独创年代梯级式的产品开发模式，开发出的15年、30年、50年、80年陈年茅台酒填补了我国极品酒、年份酒、陈年老窖的空白。公司产品形成了70多个规格品种，全方位布局，从而占据了白酒市场制高点，称雄于中国极品酒市场。

（3）山西汾酒（600809）。公司坐落于中国名酒之都——山西杏花村，是生产国家名酒汾酒、竹叶青酒、玫瑰汾酒、白玉汾酒等系列产品的大型一档企业。主导产品汾酒是中国传统的历史名酒，是清香型白酒的典型代表，其工艺精湛，源远流长，素以入口绵、落口甜、饮后余香、回味悠长的特色而著称，在国内外消费者中享有较高的知名度、美誉度和忠诚度。公司的白酒、配制酒、果露酒、黄酒四大类产品年生产能力3万余吨，年销售收入近10亿元，年创利税2亿多元，是山西省第二利税大户。

（4）古井贡酒（000596）。公司是中国第一家白酒上市企业，目前已经拥有30多个直接投资或控股的子公司，集酒业、酒店业、房地产业、金融业、制药业、高科技等产业为一体，是国家大型一档企业和全国轻工行业的重点骨干企业。白酒业是公司目前的支柱产业。安徽古井贡酒股份有限公司是中国白酒行业的著名企业，其拳头产品古井贡酒为中国老八大名酒之一，古井贡酒的历史始自曹操向汉献帝进献九酝春酒，至今已有1800多年，该酒自参加全国白酒评比以来四次蝉联金奖，并荣获巴黎第十三届国际食品博览会金奖和原轻工业部质量大赛金杯奖、出口产品金奖，1987年更是被选为国宴用酒。目前，安徽古井贡酒股份有限公司已形成两大香型（浓香型、兼香型），四大品牌（古井贡牌、古井牌、野太阳牌、老八大牌）的完整产品体系。

（5）古越龙山（600059）。公司拥有4个“中华老字号”、2个“中国驰名商标”、2个“中国品牌”和25万千升原酒储量。产品早在1915年美国巴拿马万国博览会上就荣获金质奖章。公司是我国最大的黄酒生产、经营、出口企业，拥有国内一流的黄酒生产工艺设备和全国唯一的省级黄酒技术中心，公司汇集了多名国家级评酒大师，黄酒年生产能力11万吨。主要产品“古越龙山”“沈永和”牌绍兴酒是国家优质产品，多次荣获国际、国内金奖。“古越龙山”是黄酒行业唯一集“中国名牌”“中国驰名商标”“国宴专用黄酒”荣誉于一身的品牌。公司已经建立了遍及全国省会城市和直辖市的国内最大的黄酒销售网络。公司提出了“瘦身强体、做强主业”的战略方针，2007年10月售出2家控股子公司的股权，2008年正式退出氨纶业务，确保集中资源拓展黄酒主业，努力做强、做大、做优黄酒业。

（6）张裕A（000869）。公司是中国第一个工业化生产葡萄酒的厂家，拥有上百年葡萄酒生产历史，也是目前中国乃至亚洲最大的葡萄酒生产经营企业。公司是以葡萄酒酿造为主，集保健酒与中成药研制开发、粮食白酒与酒精加工等于一体的大型综合性企业集团。公司的“4+1”战略已经形成，即四大酒庄与解百纳这一主力利润产品，其中解百纳为公司最主要的利润来源。四大酒庄走高端路线，各表一枝：卡斯特酒庄是老核心，对张裕高端品牌形象贡献很大；北京爱斐堡酒庄新近推出“期酒”概念，锁住高消费群体；张裕的冰酒酒庄面向时尚新贵；新西兰凯利酒庄锁定高尔夫一族。公司拥有8万亩葡萄基地，未来还将增加到14万亩。

（7）五粮液（000858）。公司是以五粮液及其系列酒的生产、销售为主要产业，同时经营生产精密塑胶制品、大中小高精尖注射和冲压模具的现代制造产业，以生物工程为发展产业，同时还提供药业工业、印刷业、电子器件产业、物流运输相关服务的具有深厚企业文化的现代化企业集团。公司现已系统研制并开发了五粮春、五粮神、五粮醇等几十种不同档次、不同口味，满足不同区域、不同文化背景、不同层次消费者需求的系列产品。数年来，“五粮液”品牌连续在中国白酒制造业和食品行业“最有价值品牌”中排位居前，具有领导市场的影响力。目前公司根据消费者的个性化需求，进一步细分、微分市场，新设计开发国宝五粮液、人民大会堂国宴五粮液等，丰富和完善产品线，加快新产品开发步伐，以有效地支持公司经营业绩持续增长。

（8）老白干酒（600559）。公司下设衡水老白干酒业分公司、兴亚饲料分公司、京安分公司3个分公司，并参股中比合资河北斯格种猪公司，主导产业是衡水老白干酒酿造、畜禽养殖、饲料及添加剂生产。衡水老白干酒业主导产品衡水老白干酒有着悠久的酿造历史，据文字记载可追溯到汉代（公元104年），其以醇香清雅、甘洌丰柔著称于世。公司非常注重新产品的开发，衡水老白干酒品种由原来十几个发展到现在的100余个，被评为河北名牌产品，居河北“六大名酒”之首。目前，衡水老白干酒业分公司优质白酒年生产能力达2万吨，是国内白酒生产骨干企业和老白干香型中生产规模最大的企业。兴亚饲料分公司生产畜禽、水产饲养用的配合料、浓缩料和预混料三大系列数十个品种，饲料年生产能力6万吨。京安分公司拥有年出栏瘦肉型商品猪10万头、种猪3万头的生产能力，是目前华北地区最大的优质瘦肉型种猪繁育和商品肉猪产业化饲养基地。

（9）恒顺醋业（600305）。公司是中国规模最大、经济效益最好的酱醋生产企业，是国家农业产业化重点龙头企业。公司前身是成立于1840年清朝时期的一家制醋企业，拥有古老的历史，公司拥有的“恒顺香醋酿造技艺”更被列入第一批国家级非物质文化遗产名录。公司主要生产香醋、酱油、酱菜、色酒等近200个品种的系列调味品，产品畅销我国和另外43个国家及地区，落户中国南极长城科学考察站和北京人民大会堂，被认定为国宴专用产品、中国名牌产品，恒顺商标也被认定为我国酱醋业中首个中国驰名商标。

（10）ST通葡（600365）。通化葡萄酒股份有限公司拥有近80年的红酒生产历史，2011年5月进行重大资产重组。酒类上市公司均有自主定价权，属于垄断竞争型公司。

笔者认为，若要成为一位真正的价值投资者，不但要能解读存有百年历史的上市公司，还要能预测将来能存活100年的上市公司。例如有“中国灯王”之称的佛山照明（000541），或能存活100年以上，公司自1993年上市以来，已连续15年实行现金分红，总额达30亿元以上。总之，人生病就得吃药、灯管不亮就必须换，这些行业不会受到经济周期的影响，即使遭遇再大的金融危机、再没钱，这些也都必须消费。笔者提供这些“选股数据”，最终目的是让读者能进一步“深入”行业与公司选股方式。笔者并无荐股之意，上文所述公司仅作案例使用，除上述公司之外还有很多类似的垄断型、品牌型的上市公司。

六、行业板块启动时须注意

1．行业上游

行业上游代表原材料。例如2010年有“锂”行天下的说法，“锂电池”概念中的上游资源是“稀土”板块，龙头个股有包钢稀土（现更名为北方稀土）（600111）等。

2．行业中游

行业中游代表加工成型。加工企业股价可能受到原材料的价格和供应的影响，因此其股价的走势与上游相关个股价格的走势相比要弱一些。

3. 行业下游

行业下游代表市场终端销售。这类公司将成型的商品摆放在市场中销售，赚取部分利润，因此其股价的走势同上、中游相比要更弱。例如，挖煤—洗煤—用煤，这就是上、中、下游之分，也是市场投资者常说的“一线、二线、三线”个股之分。除此之外，在行业板块被热炒时还会新进上市公司，例如，在2010年一轮“锂电池”的不断热炒中，就有不少上市公司看到这份巨大的蛋糕，想尽一切办法通过收购或资产注入来参与涉“锂”概念的炒作，并带动公司股价上涨。近年来，大家时而会看到上市公司的公告包含“涉锂”“涉矿”“涉稀”等概念，但真正的行业龙头仍然是“上游”。另外，顺便道一句，产业链运行概况也可分为：上游——代表大宗商品，中游——代表建筑和工业，下游——代表日用消费。

七、“微笑曲线”效应

当下游需求旺盛时，中游的库存开始减少，中游的价格开始提升，而成本不变或略有下降，此时毛利开始提升，这是中游毛利率变化的第一个阶段；接下来，中游的产能利用率提高，供给增加，对上游的需求也将增加，此时上游的价格开始提升，中游的毛利率维持不变或略有下降，这是中游毛利率变化的第二个阶段；再接下来，上游的资源价格会上升得比中游的价格快，中游的毛利率开始受到挤压……这个现象就是所谓的“微笑曲线”效应。从投资选择上讲，投资者应先投资下游，再转向中游，最后转向上游，因为凡事都是先有起因，有需求才有供给。因此，当下游需求开始转旺时就要着手挖掘中、上游的个股。

八、小投入大产出

小投入大产出是大多投资者所追求的，上市公司也一样。比如，一家上市公司投资一个亿，在未来短短的几年当中能赚回十个亿，这就是小投入大产出，这样的上市公司发展性很强。例如，现在市场上的服务行业中的健身、保健养生、软件、信息、互联网等行业就是如此。如果某家上市公司投资两个亿就只赚回一个亿，这样的回报是不值得投资者去投资的。

九、管理的模式

人性化时代，万事以人为本。上市公司的成败关键在于管理层的管理能力的高低，管理能力包括管理层的个人因素和管理模式。例如，上市公司负责人与人相处不太和睦，就会造成一些问题。另外，人员管理、企业文化等也会影响公司的发展。如新闻曾报道：一位神秘“藏股家”专做长线，捂股民生银行（600016），14年资产从16万元变百万元，因普通股民选股大多听股评、信“黑嘴”，而“藏股家”选股只看“报表、大盘、总经理”三方面，他就是因为相信民生银行的创始人经叔平的管理能力才一直持有其股票的。

十、小股本高成长

要想资产3年翻3倍、5倍、10倍，就得以小股本为主，随着股本的扩张，就像是吹泡泡的市场，这个泡泡就是PE（私募股权投资）。但前提是，公司的盈利一定要具有成长性。如果一家公司经营得很好，但股本过大，投资者能赚取的也就一点红利而已。如前述“藏股家”持股14年的民生银行（600016），他参与了中途的分红送股过程，民生银行的股价2009年9月平均为5元，而他的平均持股成本为0.6元。

十一、精研个股

精研个股是指每一项决策务必准确无误，必须做到事前充分研究和论证，事后密切跟踪。例如，在寻找板块龙头个股时，须看个股在板块关联个股中的各项财报指标排名、在板块涨幅榜上的排名、在技术形态上的资金流入和图形阶段位置的空间估值。

十二、价格评估

对于投资者来说，个股价格越低，买入就越安全。买入的充分条件不是优秀的企业，而是合理的价格。

1. 最优选择

以远低于公司价值的价格买入。

2. 次优选择

以合理的价格买入。

3. 劣质的投资

以高于公司价值的价格买入。

4. 危险的投资

以远高于公司价值的价格买入。

一般而言，熊市中出现“一二元股”说明市场离底部不太远了；权重蓝筹股股价出现“白菜价”说明市场整体价值被明显低估；A股平均股价在10元左右说明中长期投资机会临近；某潜力个股股价在10元以内说明主力还有较大的炒作空间。其中，在行情上涨初期阶段股价在8元左右的，潜力偏大一些，也有个别投资者偏好高价股，因为高价必有高质，只要没出现高估值，投资者都有操作机会。

【本节综述】

笔者认为：投资者在选好增长型行业、选好成长型公司、能做中小盘或资产重组等组合条件下，只要能在低的价格买进，3年资产增长3倍、5倍、10倍都不是梦想，关键在于捂股做精一只。特别是满足流通股本在2亿以内、价格在10元以内，公司存有资产注入，行业产品市场前景良好等条件的个股，它们将会成为市场中的潜力黑马股。投资者应这样逐步把公司的选择范围缩小，最终筛选出来的就是你要投资的公司。在此说一下巴菲特，他确实是“讨饭”的，或者说是“拾荒者”，他把别人丢掉的宝贝都以廉价收藏起来，然后还原其价值，再把它还给这个市场。选公司如同选宝贝，以后能否增值还需要你的眼光和判断力。好的公司，投资者是不用担心有没有主力去做的，中长期资金自然会不断缓慢流入，投资者不要担心短期的波动。当然，在大势不好的情况下，最好多看少动，待大势明朗或主力进场后再考虑分批买入。

另外切记，时代在变，行业在变，新生事物必会导致行业新龙头产生，读者将上述两节熟读后便知如何着手选股。

第三节 行业热点选股法

笔者相信，很多人对热点选股法的期待很高，但笔者不得不事先指出一些相关热点的要害，以防大家误入歧途。

一、三类投资方向的比较

在A股二级市场中，笔者认为只有三类投资方向。

第一类：这一类投资的方向是如前述的拥有优质基本面的公司。这些公司不需要各种利好刺激股价，股价随着公司成长而上涨，在很多人不经意之间缓慢走出大牛行情。

第二类：这一类投资的方向是基本面中优或较差的上市公司。这些公司更喜欢造势，引发各种利好来刺激股价波动上涨，带动个股盘面的活跃性；再或者是国家政策对这些行业和公司进行扶持，产生的热点题材带动股价一时的上涨。在香港股票市场中，有一个名词叫作“市值管理”，就是机构和上市公司联手使冷淡的股价活跃起来，它们前期通过自买自卖的方式提升人气，再拉升股价吸引场外投资者参与，最后自己全身退出，当然中间也会插入一些公司利好公告。

第三类：这一类投资的方向是K线技术中自然规律或大盘带动之下的股价波动。例如，当K线形态进入多头信号时，也能引发惯性的上涨。

以上三类可简单理解为：第一类是自身成长波动，第二类是消息刺激波动，第三类是随市规律波动。当然，稳健型基础分析派喜欢选择第一类，激进型追势派喜欢选择第二类，专注于技术的更喜欢选择第三类。不过，只要股价有波动就会有交易机会，无论选择哪一类最终能赚钱就行。

但从大众投资比例来看，不爱学习甚至不知道怎么学习、要学习什么的人偏多，因此喜欢追涨杀跌、捕风捉影、跟风选择第二类的人较多。稍微有风险意识或有学习习惯和技术基础的人会选择第三类。相比之下，选择第一类投资方向的人较少，主要原因是投资者没有深入研究的思想和理念以及时间和精力。在此，笔者希望这本书能为大家带来一些启发，教给大家一些方法、技巧。

中国一旦开启IPO注册制，那时新上市的公司会更多，届时A股都有可能存在5000只股票。在国外注册制的市场环境下，投资者更注重的是价值投资，优质股票价格过百元、过千元，差的股票价格几元、几角。可以想象，那时选择第一类的投资者自然会偏多。

因此，笔者建议大家更多地偏向第一类和第三类，最好能将第一类和第三类相结合。中国人一向喜欢看热闹，从众心理强，不少劣质的股票以主力造势出货，就是抓住了大家的从众心理。并且第二类中能持续延伸性上涨的股票仅占很少部分，大多是短命行情，甚至有热度不超三天的情况。其更大的弊端是容易促使投资者追高风险、草率决策、盲目跟风等，所以笔者建议在选择第二类投资方向时，一定要以较少的资金参与。

当然，在猴市环境下，没有大行情上涨，交易平淡，必须要有各种消息来刺激市场波动，此时第二类投资方向也是唯一具备可操作性的选择。

从机构群体方面来讲，大机构喜欢选择第一类，中小机构或游资喜欢选择第二类，散户群体喜欢选择第二、第三类。

从规律上来讲，第一类依据的是上市公司自身经营成长运行规律，第三类依据的是K线技术形态的运行规律，而第二类往往会打破各种自然规律，K线技术甚至会失效，而上市公司市值也有可能跳跃性增长，其投资最终可能收益不如预期甚至失败。

二、热点选股的注意事项

（1）不能捕风捉影，要有实质性依据和对未来市场趋向的分析，才能知道热点的持续性。笔者将热点题材也分为三类：第一类是大题材，是国家层面的行业政策，它能带动整个产业链，能促使国家经济出现新增长点，能促成国家大量出资或大力扶持等。例如，国家总理李克强上任不久，三番五次在出访时推销中国高铁技术；国内人力成本增加导致招人难、找工作难的现象，刺激了机器人行业的发展；还有贯穿2016年、2017年的国企改革政策，通过实现做大、做强、做精的工匠精神，突出了“中国制造”的世界品牌带头作用……这些题材持续性最强。第二类是地方政府政策或者行业研讨成果等利好，能使行业在原有基础上局限性提升，这些题材持续性一般不会很强。第三类是上市公司自身的突破和提升或转型，甚至资产注入、重组等。如果该公司沿着市场大趋势方向提升或转型，则其热度会持续较长时间。如果仅是小动作或见效没那么快的，例如扩建工厂、新签订单合同、新产品研发、股东增持、投资新项目等，投资者要注意其中极可能存在部分虚假内容，以利于主力配合做市，特别是在没有最终落定时，很可能就是说说而已，是故意造势的做法，这些只会短时间对股价造成刺激和波动。

（2）有题材也要看资金流和人气，如盘子大、没人气、涉及个股较多也难带动起来。有题材但无大量资金和人气参与，也难以成气候。有题材但相关个股盘子太大，也难以大幅度上涨。有题材但涉及的个股多达十到百只，容量太大也难以全面开花。有题材但相关板块或个股价格已经高估，主力或会借机出货。

（3）从板块涨幅榜中获知一线、二线个股热点，或看着一线风向标去做二线个股。任何行业都会有领头羊，当老大的必然会起到风向标的作用，这些就是所谓一线个股。当利好来临时它们会领涨或率先涨停，此时大家可从板块涨幅榜中获知。当一线失去介入机会时，可选择二线和中小盘子的个股参与。大家在做二线时一定要参照一线风向标，一旦一线股打开涨停板或停止上涨时即要注意是否已到尾声卖出时。

（4）对于身边朋友说的小道消息、传闻，非官方渠道发布、非正式发布的不确实的消息要提防。这些消息当中有真有假，也有可能是主力故意散发的，唯一的防控措施是利用K线和成交量的技术、技巧去识别，否则尽量避开。

（5）无论题材的大小，热度终有退去时。很多人在发现时价格已经涨高故而不敢参与，回调时认为机会来了，但很可能会卡在由热门转为冷门的节点上。如何回避这一点？还是只能通过K线技术面来判断。

三、一贯强于大盘的行业

前者闻风而动，后者屹立不倒。如笔者在本节前面讲到的第一类投资方向，除此之外笔者还要讲述的是，经验和历史数据证明，以下这些行业，在任何一轮牛市中的涨幅均会强于大盘指数，下面列举一些供大家参考。

1．在一轮牛市中

从资金流向来说，大机构资金一般流向大盘权重股、蓝筹股，也只有这类股才能容下巨额资金；市场中的基金公司资金、保险资金等一般会流向二线中盘股，这有利于盘口稳定和控盘；游资一般会流向三线、四线小盘股，这有利于短期控盘兑现。

从行业板块来说，强势行业一般会领涨指数，强于沪深300指数；中性行业一般随大盘指数而波动；弱势边沿行业一般会落后于大盘指数。

2. 单就强势行业而言

首先是“信息”类个股，例如数字信息、智能信息、网络信息、即时通信、移动支付、信息技术软件等轻工业，成本低、利润高，产出大、用量广，因为社会发展需要新经济带动增长。

其次是“医药”类个股，因为医药涉及全国民生，板块个股较多，技术领域各有不同，如中药、西药、生物、基因、医疗设备等。

最后是消费类、公用类、新材料类、工业类。

以上六大类在一轮牛市中均有60%～70%的概率跑赢大盘指数，也是基金公司的爱好品种。例如，从2016年第三季度（Q3）基金重仓股的行业分布来看，医药、电子、基础化工、计算机、通信等占比较高，其中医药+TMT（科技、媒体、通信）占比高达36.5%，可见医药和通信类占比最高。而“国家队”持股市值占比最大的5个行业分别为银行23.2%、非银行14.2%、建筑5.8%、医药5.5%、房地产4.5%，从“国家队”持有的市值前二十的个股可以看出，“国家队”偏爱中字头的大盘蓝筹股，如中国平安（601318）、中国银行（601988）、中国建筑（601668）等。

历史数据表明，信息与医药行业最适合进行组合投资，且跑赢大盘指数的概率很高。

3.“十三五”国家信息化规划

李克强总理于2016年12月7日主持召开国务院常务会议，会议认为，加快信息化发展，促进资源互联集成、高效利用，提升产业数字化、智能化水平，对推动“中国制造2025”和大众创业、万众创新，培育新动能，提高群众生活品质，意义重大。会议通过《“十三五”国家信息化规划》（图24），确定重点：一要打破信息壁垒和“孤岛”，构建统一高效、互联互通、安全可靠的国家数据资源体系，打通各部门信息系统，推动信息跨部门、跨层级共享共用。实施“互联网+政务服务”等信息惠民工程，加快推进公共数据资源向社会开放。二要加快高速宽带网络建设，打通入户“最后一公里”，进一步推进提速降费。实施宽带乡村和中西部地区中小城市基础网络完善工程，采取移动蜂窝、光纤、低轨卫星等多种方式，加快农村及偏远地区4G网络覆盖。三要构建网络和信息安全监测预警、应急处置等保障体系，依法加强监管，顺应群众呼声，重点加大网络电信诈骗等违法行为打击力度，让群众安全、放心使用网络。四要开展4G关键技术研发和产业化、北斗系统建设应用、网络扶贫、普惠性在线教育等12项优先行动。推动信息技术更好服务经济升级和民生改善。

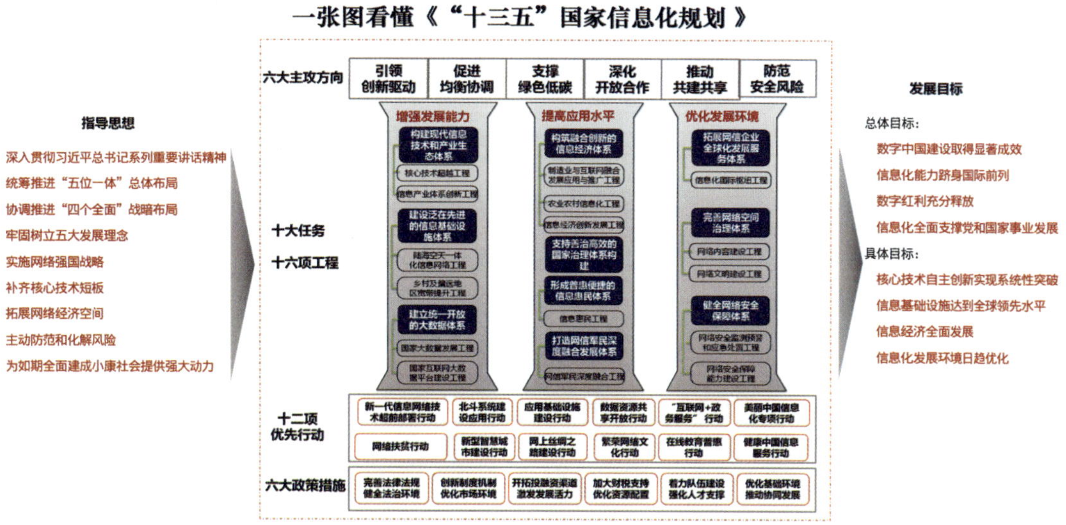

图24 《“十三五”国家信息化规划》说明

【本节综述】

对于热点追随、题材炒作、利好消息，投资者一定要理性看待，因为这些信息的诱惑力太大，投资者容易误解、误入。俗话说：“牛市中利空便是利好，因为千金难买牛回头；熊市利好便是利空，因为熊市有急涨慢跌的本质特征。”还有人说：“题材为王，不题材不成势。”这是中小机构或游资说的话，赚钱效应是很明显，但高收益也将伴随高风险；特别是在不温不火的市场环境（猴市）下、熊末牛初时，板块轮番启动、题材不断，其目的是激活市场人气。

【本章总结】

投资股票要分主次依据，经济是否景气为第一大依据（决定牛熊），主导经济的行业发展情况为第二大依据（决定市场主流），基本面具备优质成长性的龙头公司为第三大依据（决定市场风向标，赚钱效应也最明显），在牛市基础上新生行业或政策扶持的边沿行业为第四大依据（低价格、借市发力、炒作一番）。总之，投资要分清“主要”与“次要”之别，不然会落得丢了西瓜捡芝麻的下场。本书讲述的是在大势环境向牛市的前提下，如何寻找值得一做的股票来持续操作，本章主要讲解行业，因为行业前景能影响相关企业的命运。

第三章 公司选股：选股如选美，内外要兼备

在现实中，由于法治监管不健全、基本面信息过于繁杂等，大多数股民投资不太习惯研究基本面。但凡事都有繁简和轻重之分，我们只需在繁杂的基本面信息中研究几项重要的报表数据即可，把最具有实际代表性的报表看懂、看透，然后结合技术面的要领来操作。因此，当基本面的“内在潜力”和技术面的“外在形态”同时具备时，操作可起到事半功倍的效果。读者可以通过本章的几种方式，轻松解读基本面的实质，判断出基本面的优质性，从而精研个股。

注：本章节中笔者主要讲解基本面选股的要领和特性，较少提及案例个股图形，因为读者从F10当中也不便查询历史资料，但笔者会注明哪些情况之下比较适合“做精一只股”。

第一节 资产现值看每股净资产

“每股净资产”是指股东权益与总股数的比值，该指标反映每股股票所拥有的资产现值，是支撑股票市场价格的重要基础。每股净资产越高，股东拥有的资产现值越多；每股净资产越少，股东拥有的资产现值越少。通常每股净资产越高越好，这表明公司每股股票代表的财富更雄厚，公司创造利润能力和抵御外来风险能力更强。

“净资产”是指上市公司每股股票所包含的实际资产的数量，又称股票的账面价值或净值，指的是用会计的方法计算出的股票所包含的资产价值。它标志着上市公司的经济实力，因为任何一家企业的经营都是以其净资产数量为依据的。如果一家企业负债过多而实际拥有的净资产较少，这意味着其经营成果的绝大部分都将用来还债；如负债过多出现资不抵债的现象，企业将会面临破产的危险。

一、有关净资产的计算公式

有关净资产的计算公式如下：

公司净资产=总资产−负债

每股净资产=公司净资产÷发行总股数

净资产收益率=税后利润÷公司净资产×100%

二、有关净资产的案例

例如，上市公司“净资产”为15亿元，“总股数”为10亿股，它的“每股净资产”为1.5元（即15亿元÷10亿股）；“净资产收益率”被用以衡量公司运用自有资本的效率，假设其税后利润为2亿元，净资产为15亿元，则净资产收益率为13.33%，股东每投入1元便有0.13元的回报。净资产收益率越高，表明股东投入的单位资本所获收益越多。

三、有关净资产的分析和意义

“每股净资产”指标反映了在会计期末每一股份在公司账面上到底值多少钱，如公司与其他公司性质相同，且每股净资产与股票市价接近，该公司股票的每股净资产越高，则公司发展潜力与其股票的投资价值越大，投资者所承担的投资风险越小。一般而言，股价在每股净资产3倍左右为正常现象，比如，某股市价是10元，每股净资产是3元。

“净资产收益率”弥补了“每股收益”指标的不足。例如，在公司对原有股东送红股后，每股收益将会下降。投资者易产生错觉，以为公司的盈利能力在下降，而事实上公司的盈利能力并没有发生变化，因此，“净资产收益率”在公司获利能力的分析方面有很大的帮助。

从理论而言，当公司卖掉所有资产和付清所有负债之后，净资产便是股东可取回之数。但我们要注意，由于上市公司的股票是在股票市场自由买卖的，其股价可能会高于或低于每股净资产。另外，股价低于每股净资产，这是买入观察信号，且安全性较高；相反，股价高出每股净资产很多，对于想买进的投资者来说，这是谨慎信号。不过，单以此值决定买卖是不够的。

四、有关“破净”的分析和案例

1．“破净”是指股价跌破每股净资产值，出现折价率

对投资者而言，其中的因果关系则要依具体公司的基本面和市场大势而定。如果一般市盈率对投资者来讲是“进取性”指标，则市净率就是“防御性”指标，每股净资产就是股价的最重要的防线。“破净”则进一步显示市场信心溃退，做空动机较大。就目前我国股市来看，不论是“破发”还是“破净”，很大程度上都与市场的非理性加剧下跌和投资者的恐慌性杀跌有关。因此，对于这类个股，我们应该看其基本面是否发生明显转折，市场是否依然支撑其股价走出低谷，而不要急于盲目操作。

2．“破净”股的数量一直被认为是大盘见底的信号之一

例如，2005年998点大底时曾有176只个股“破净”，而2008年1664点大底时高达214只个股“破净”。就2012年1949点来说，在11月底A股“破净”股数量累计已达133只。即使抛开缺少对比意义的33家净资产为负值的“ST族”，“破净”股票仍多达100只。在这100家公司中，从行业来看，交通运输、钢铁、银行成为“破净”

重灾区。其中，交通运输行业共有23家公司“破净”；黑色金属行业共有17家公司“破净”，大部分为钢铁企业；金融服务行业共有10家公司“破净”，均为银行。从三次统计来看，行业周期性较强的板块“破净”个股占多数。但是部分绩优“破净”股，其增值潜力将会逐渐显现，必会成为主力机构追逐的对象。

3. 需要看市场的趋势、“破净”幅度、“破净”的上市公司家数

“破净”幅度（折价率）小，仅是个别现象，并不能说明什么。如果上市公司受行业周期和经营不佳影响，股价跌破每股净资产值后，由于经营不见改善，净资产会因亏损而大幅下降，此时对投资者而言仍不是买入机会。但是“破净”是一个较好的买入观察信号，适合投资者观察行业是否有政策利好和公司基本面是否有转变契机。

【本节综述】

一般出现“破净”后股价均为“白菜价”，如果某股的本质为绩优股，那么必会吸引许多机构。例如，2012年底在银行股大面积“破净”的同时，大宗交易平台上频繁出现机构的身影。当时由于大盘持续下跌，各板块资金多为流出状态，但银行板块明显不同，大单净额持续多日呈现正值。

第二节
业绩好不好看每股收益

“每股收益”又称每股税后利润、每股盈余，指税后利润与股本总数的比值。它是测定股票投资价值的重要指标之一，是分析每股价值的一个基础性指标，是综合反映公司获利能力的重要指标。

“每股收益”通常被用来反映企业的经营成果，衡量普通股的获利水平及投资风险，是投资者据以评价企业盈利能力、预测企业成长潜力，而做出相关决策的重要财务指标之一。

一只个股若要长期上涨，必然少不了基本面的业绩支撑，所以每股收益分析在基本面分析当中最具有代表性。

一、每股收益的计算公式

基本每股收益=普通股股东的当期净利润 ÷ 当期发行在外普通股的加权平均数

在分析时，可以进行公司间的比较，以评价该公司相对的盈利能力；可以进行不同时期的比较，以了解该公司盈利能力的变化趋势；可以进行经营实绩和盈利预测的比较，以掌握该公司的管理能力。

二、每股收益增长率指标的使用方法

（1）用该公司的每股收益增长率和整个市场比较。

（2）与同一行业其他公司比较。

（3）用该指标考察每股收益历年的变化，是研究公司经营业绩变化最简单明了的方法。

（4）通过每股收益增长率和销售收入增长率的比较，衡量公司未来的成长潜力。

三、一般使用每股收益指标的方式

（1）通过每股收益“指标排序”，初步寻找一些收益率相对较高的股票，标定

出所谓的“绩优股”和“亏损垃圾股”。

（2）通过横向比较同行业的每股收益来筛选出其中的龙头企业。

（3）通过纵向比较个股的每股收益来判断该公司的成长性。

四、使用每股收益分析盈利性要注意的问题

（1）每股收益仅代表某季度、某年每股的收益情况，基本不具备延续性，因此不能够将它单独作为判断公司成长性的指标。中国的上市公司很少分红利，大多数是以送股的方式分红，如公司为了融资会选择增发和配股或者发行可转换公司债券，所有这些行为均会改变总股本。如果总股本发生变化，每股收益会发生相应的变化。这时候我们再纵向比较每股收益的增长率就会发现，很多公司的每股收益都没有很高的增长率，甚至是负增长，但净利润在增长。换一句话说，虽然公司经营利润在增长，但总股本数量在增加，所以每股收益被摊薄，这时你看到的每股收益业绩一般，但实际公司仍在成长之中。

（2）仅从每股收益来看，即使的确有较大增长，这部分盈利也可能并不是由公司经营规模扩大实现的。例如，某公司收购了另一家公司，将该公司的利润纳入本期的报表中，就很容易使本期每股收益得到增长。

（3）每股收益不反映股票所含有的风险。例如，假设某公司原来经营日用品的产销，最近转向房地产投资，公司的经营风险增大了许多，但每股收益可能不变或提高，因此每股收益并没有反映风险增加的不利变化。

（4）应注意公司应收账款的变化情况是否与公司营业收入的变化相适应，如果应收账款的增长速度超过营业收入的增长速度，很可能一部分已计入利润的营业收入最终不会收回来，这样净利润数字当然要打折扣了。

（5）每股收益增多，不一定意味着多分红，还要看公司股利分配政策。

（6）仅依赖每股收益指标进行投资，太片面、太孤立地看待每股收益的变动，对公司的盈利性及成长性的判断可能会产生偏差。建议在使用每股收益指标时一定要结合其他财报信息、非财报信息等相关要素，如公司的净利润增长率、净资产收益率、销售利润率、资产周转率等指标的变化以及公司所处行业的周期、行业地位、宏观环境变化等因素，进行综合分析后理性投资。

除上述问题外，公司业绩还可分为“稳步增长”和“跳跃增长”。业绩稳步增长，也就是持续增长，是公司处于成长期，管理恰当、经营良好的一种体现，公司的股价往往强于大势稳步攀升，比较适合“做精一只股”之首选条件。业绩跳跃增长，也就是业绩在短时间内突然爆发式增长几倍，如坐过山车一般，甚至扭亏为

盈。有可能有利好如政府补贴、重大资产重组、主营业务外的新项目成获利点等。但这些利好有真有假，有实有虚。例如，某一只股票每股收益为负，虽业绩突增几倍，但每股收益仍然为负；某只股票业绩突然大增但股价并未大幅上涨，或者短期刺激之后又回到原形。对于这种业绩跳跃增长的股票，其价格能否持续必将遭到质疑，这必须从公司基本面中分析有没有实质性的转变，价格上涨单靠一时的催化是难以持续的，从投资角度来讲这属于“投机取巧”的行为。

原材料价格上涨或下降会影响公司经营成本，同时也会关联到业绩波动，但这只是一定的阶段周期影响。总之，影响公司业绩的因素有多种，我们在分析判断时，一定要还原本质，例如，判断公司主营行业性质和行业周期以及今后在市场上的用途，来确定其是否具有可持续发展的前景。一般而言，在GDP增长率8%左右的情况下，每年业绩以15%以上的速度增长的股票为“金股”，它们都值得我们收藏和跟踪。例如，近年来的国内银行股，在美国银行不断倒闭的环境下，国内的银行股业绩却在不断快速增长，在2012年下半年笔者曾在微博中公开提到“少吃一斤白菜多买一股银行股”，笔者相信在被严重低估后，下一轮大趋势中银行股仍是市场主流品种。

【本节综述】

从历年股价翻倍股的特征中可知，良好的基本面无疑是极为核心的因素。例如，2001—2005年熊市期间的8只翻倍股，当年业绩均较前一年有不同程度的增长。而2010—2012年，市场又步入熊市，翻倍股业绩的成长性进一步凸显。如2010年的82只翻倍个股中，有71只翻倍个股业绩同比增长；2011年的6只翻倍个股中，也仅国海证券（000750）业绩下滑。

第三节
评估价值高低看市盈率

“市盈率”是指在一个考察期（通常为12个月的时间）内，股票的价格和每股收益的比值。投资者通常利用该指标估量某股票的投资价值，或者用该指标在不同公司的股票之间进行比较。该指标为衡量股票投资价值的一种“动态指标”。

一、市盈率的计算公式

“P/E ratio”表示市盈率，“price per share”表示每股的股价，“earnings per share”（EPS）表示每股收益。滚动市盈率（TTM）是以最近12个月（四个季度）每股盈利计算的市盈率。

（1）静态市盈率=股票现价 ÷ 当期每股收益。

（2）动态市盈率=股票现价 ÷ 未来每股收益的预测值。

（3）滚动市盈率=股价 ÷ 过去四个季度的每股收益。

市盈率把股价和利润联系起来，反映了企业的近期表现。如果股价上升，但利润没有变化，甚至下降，则市盈率将会上升。一般而言，市盈率水平小于0，指该公司盈利为负［一般在行情软件显示为“-”（负号）］；0～15为价值被低估；20左右为正常水平；25～30为价值被高估；30以上反映股市出现投机性泡沫。

二、市盈率案例描述

市盈率代表投资者为了获得公司每股的收益而愿意支付价格的倍数。它是在选择“做精一只股”之前必不可少的一个衡量估算指标。

例如：某公司当前股价为10元，每股收益为1元，那么该公司静态市盈率就是10 ÷ 1=10倍。

假设：（1）该公司一直保持当前的盈利水平，即以后每年的每股收益都是1元；（2）股价始终保持在10元的水平；（3）不计算复利，不考虑资金成本（即不考虑利率）。

结论：当到第十年时，该股累计盈利为1+1+1+1+1+1+1+1+1+1=10（元）。

此时就意味着，你现在投入10元买入的该公司1股，在10年后，通过盈利就能把你的成本完全赚回来。此时，你不仅有累计10元的每股收益，还有1股市价为10元的公司股票，这是不是非常划算呢？如果市盈率倍数低，是不是估值越低潜力越大呢？用它来“做精一只股”作为操作首选是不是更稳妥呢？请看表2。

表2　市盈率案例分析表

年份	2012	2013	2014	2015	2016	2017	2018	2019	2020	2021
股价	10	10	10	10	10	10	10	10	10	10
每股收益	1	1	1	1	1	1	1	1	1	1
累计每股收益	1	2	3	4	5	6	7	8	9	10
期末投资每股成本	9	8	7	6	5	4	3	2	1	0

市盈率大于100倍，这表示投资者要用超过100年的时间才能回本，其股票价值被高估，并且还没有股息派发。因为市盈率越高，股息收益率就越低，这显示了投资者购买的高市盈率股票带有较大的风险。有的投资者购买高市盈率股票的真正动机也许不是为了获得上市公司的股利分配，而是期待股票价格继续上涨带来股票交易性利润，这就可能引发股票市场上的价格泡沫。

三、市盈率指标的使用方法

1．市盈率低与高的分析

从前面案例可知，市盈率越低，投资者越有可能在最短的时间内收回买入时投入的资金成本。因此，以市盈率作为衡量标准，在所有条件都相同情况下的各个股票中，市盈率越低的股票，买入的价值越大。

但在现实的国际化商业社会中，当上市公司面临复杂的商业环境和竞争压力时，不同公司、不同行业在不同的经济周期均存在很大的差异，那么公司未来的收益就存在很大的不确定性。因此，单纯使用市盈率评估公司股票价格是否合理，不太科学，因存在很多不确定因素影响实际的效果。

例如，从2012年大盘1949点之前的股价和市盈率来看，银行类的上市公司滚动市盈率均在6倍左右，而电子类的上市公司滚动市盈率普遍在30倍以上。这说明银行类的公司的未来成长空间有限，而电子类的高成长性可以支撑股票的高估值，如

表3所示。

表3　不同行业市盈率的对比及结论

行业	市盈率	成长性	安全边际	结论	
				优势	缺点
银行	低	一般	好	业绩稳定，净资产收益率、股息收益率有一定保障	无想象空间，股性不活跃，只能赚取长期稳健投资收益，不适合短线投资
电子	高	好	一般	想象空间大，股性活跃，经常会受到资本关注而成为市场热点	每家公司业绩差异明显，选准好股很难；股价经常随短线资金进出而波动，面临较大的短线波动风险

再例如，2012年上半年的房地产行业与银行类似，房地产行业市盈率明显低于A股市盈率，但随着政府对房地产市场调控力度的加大，其成长性不被市场看好，导致股价一直沉在低迷区域。当然，如果银行和房地产股市盈率低至洼地，其股价也会物极必反地迎来一轮上涨。

2．市盈率高低关联因素

（1）市盈率与基准利率挂钩。基准利率是人们投资收益率的参照系数，也反映了整个社会资金成本的高低。一般来说，如果其他因素不变，基准利率的倒数与股市平均市盈率存在正向关系。如果基本利率低，合理的市盈率可以高一点；如果基准利率很高，合理的市盈率就应该低一些。

（2）市盈率与股本挂钩。平均市盈率与总股本和流通股本都有关，总股本和流通股本越小，平均市盈率就会越高；反之，就会越低。在美国，小盘股平均市盈率也高于大盘股平均市盈率的好几倍，纳斯达克市场市盈率也高于纽约证券交易所市盈率。

（3）市盈率与流通股挂钩。如果股份是全流通，市盈率就会低一些；如果股份不是全流通的，那么流通股的市盈率就会高一些。原因在于，如果上市公司的总价值不变，股票分成流通股和非流通股，从一般意义上说流通股的每股价格自然要高于非流通股的每股价格，其结果就是流通股的平均市盈率高于非流通股的平均市盈率。那么，流通股在股本中所占的比例越小，流通股与非流通股价格差异越大，流通股的平均市盈率就越高。

（4）市盈率与行情挂钩。在A股中，大家常用分类指数的平均市盈率来衡量市场的整体估值，包括上证指数的平均市盈率、深证指数的平均市盈率、中小板指数的平均市盈率、创业板指数的平均市盈率、全市场的平均市盈率，甚至延伸到行业板块平均市盈率，之后再到个股之间进行比较，前后经整个流程分析，最终精挑细选出最具潜力的个股。一般来讲，各个指数的平均市盈率越接近历史底部，行情见底的可能性越大；越接近历史高位，行情见顶的可能性越大。以上证A股为例，上证A股市盈率能够反映上证A股指数，市盈率低时指数低，市盈率高时指数高，这一点从另一层面可以理解为市盈率低时行情见底的可能性大，市盈率高时行情见顶的可能性大。

（5）综合指数的市盈率与成分指数的市盈率相比较高。综合指数的样本股包括了市场上的所有股票，市盈率一般比较高；而成分指数的样本股是精挑细选的，通常平均股本较大、平均业绩较好，所以其市盈率低一些。

（6）市盈率与投资心理挂钩。市盈率越高意味着投资者对公司、对行业的长期成长前景越看好。因此，他们愿意为今天的股票付出相对较高的价格，以便从公司未来的成长中获利。如果公司的业绩像期望中的那样增长，甚至更理想或超出预期，那么投资者很可能从公司股票价格上涨中获得可观的投资收益。 例如，很多人看好物联网的发展前景，因此，具有物联网概念的股票得到较高的估值，平均市盈率较许多传统行业要高很多，却仍是许多投资者青睐的对象。再例如，百度公司在上市当天市盈率达到2450倍，这说明投资者从未来长远趋势上看好互联网的发展。而市场中有一部分投资者会把高市盈率看作风险信号，对于他们而言这意味着公司的股票价值被高估，从而很快就会下跌，返回到正常的价格水平。因此，市场中不同的投资者对公司未来的收益的看法总有一定的差异，当某只个股被多数投资者看好时，投资者就愿意用更高的价格买入，从而造成其价格越来越高，市盈率也随着越来越高。一旦投资者不愿意用更高的价格买入该股，原来看好的投资者就可能转为看空，一齐抛售，导致股价快速回落，从而形成很大的风险。好比有人常说：高股价意味着高质量，高市盈率意味着高风险，高风险意味着可能会有高回报。那么相反呢？就要看个股处在什么阶段和市场投资环境当中。

3．市盈率较高的原因

（1）该股被追捧，出现泡沫。

（2）市场预测未来的盈利增长速度会较快，这是一种未来的成长期望值。

（3）该企业一直都有可观盈利，但在前一年度出现过大量投资支出，而降低了盈利。

（4）该企业有特殊的优势，保证能在低风险情况下持久取得盈利，如处于受政策扶持的行业。

（5）市场上可选择的股票有限，在供不应求的情况下，股价将上升，这时对市盈率进行比较的意义便不大。

通常为了“做精一只股”，在选股时当没有市盈率较低的个股可选时，就须对上述（2）（3）（4）条进行深入研究。

新兴市场，如中国经济近年来一直保持高速的发展，这是美国及欧洲发达国家所不能相比的，而中国经济的高速发展必然反映在上市公司上。因此，中国上市公司业绩的进一步增长是值得期待的，从这个角度来看，中国上市公司市盈率比欧美发达国家高一点，这也是正常的现象。

值得一提的是，在大牛市的背景下，A股市场泡沫肯定是有的，泡沫能持续多久才是关键所在。例如，中国经济持续向好，人民币持续升值，那么A股泡沫可以持续相当长时间。此时，几乎所有行业都有泡沫，只是或多或少的问题，只要中国经济增速没有放缓迹象，短期泡沫就不会破灭，这时便可与泡沫“共舞”，如果在半途退出市场，无疑将错过牛市中获利最为丰厚的一段。

另外，在2012年新股票发行改革之前曾存在“三高”问题，即高发行价、高市盈率、高超募资金问题。从理论上讲，发行市盈率越高，筹集的资金就越多，上市公司潜在的发展、盈利能力就越强，上市公司账面资产的含金量也就越高，而这一点从静态的市盈率指标中是看不出来的。但证监会在2012年5月30日向各保荐机构下发了《关于新股发行定价相关问题的通知》，明确了新股发行行业市盈率比较口径，若公司发行市盈率高于同行业上市公司平均市盈率25%，原则上发行人需补充盈利预测并重新询价；同时对发行市盈率超过同行业上市公司平均市盈率25%的公司，如果存在三种情形①之一的，将重新审核。从另一个角度来看，此番改革不但规

---

① 发行人按确定的发行价计算的募集资金量大幅超过募投项目拟以本次募集资金投入的资金需要量，导致发行人的基本情况发生重大变化，发行人需要补充披露资金使用计划等相关情况并分析揭示风险，可能影响投资者判断的；发行人按确定的发行价计算的募集资金量大幅超过按预估发行价计算的募集资金量，导致发行人的基本情况发生重大变化，发行人需要补充披露资金使用计划等相关情况并分析揭示风险，可能影响投资者判断的；发行人存在《股票发行审核标准备忘录第 5 号——关于已通过发审会拟发行证券的公司会后事项监管及封卷工作的操作规程》中规定的需要重新提交发审会审核的事项。

范了新股发行，而且还原了次新股的真正价值，对将来市场价值投资进一步透明化奠定了基础。

4．使用市盈率分析要注意以下问题

市盈率是个人投资者用得最多的一个估值指标，机构投资者也常常拿市盈率来说事，特别是券商的研报，上面几乎少不了对于每股收益的预测和市盈率估值。误用市盈率会导致很大的投资失误，隐藏着很大的风险。

（1）市盈率是和收益直接对应的，收益越高，市盈率越低，而企业的收益是不稳定的。对于业绩非常稳定的企业来说，用当前市盈率来评估是简单易行的；而对于业绩不稳定的企业来说，当前市盈率是极不可靠的，很低的当前市盈率也未必代表其价值被低估。相反，很高的当前市盈率也未必代表其价值被高估。投资者在分析时可以综合企业前几年的每股收益业绩，再针对当前的市盈率对未来几年做出评估，最后做出相应的操作决策。

（2）对于一个面临重大事项的企业，用当前市盈率或者历史平均市盈率来估值都是不可行的，应当结合重大事件的影响程度来确定估值，或以重大事件的确定性来认定。

（3）有些行业的市盈率注定是比较高的，例如，医药行业因为跟民生相关，拥有稳定增长的盈利预期，整个行业的动态市盈率都会比金融和地产这两个行业要高。

（4）具有某种爆发性增长潜力的行业或者企业，不适合用通常意义的市盈率去评估。就微软而言，如果上市之初你有幸可以买这只股，却被它很高的当前市盈率吓退，估计也只能留下遗憾。因为对于某些有可能被称为伟大的企业来说，如果其“行业属性”又可实现爆发性增长，那么就不宜轻易用市盈率去评估它。

（5）对于一个当前业绩极度高速增长的企业出现的低市盈率现象同样也是要警惕的，因为对于绝大部分企业来说，业绩能维持30%的增长率都极其困难。因此，对于那些业绩突增数倍而导致当前市盈率低得诱人的企业，投资者应该保持冷静，同时进一步研究其背后的真实性。

（6）对于没有重组预期或者其他重大事件影响的企业，采用10年以上的平均市盈率法来评估是个简单有效的方法，但同样不可对此市盈率抱有太大的希望。因为行业是具有周期性的，一个行业的生命周期往往也就10年左右（个别行业除外），千万别在行业成长末期或进入衰退期时入手。

（7）对于一些具有很大的资产重估提升价值潜力的企业，市盈率有时也是不太可靠的，因为“资产重估”可以实现企业资产价值大幅提升或者大幅降低。

（8）很多公用事业的企业，比如铁路、公路，普遍会处于一个比较低的市盈率状态，因为这些企业的成长性不佳，投资者以公用事业的低市盈率去和科技类股的高市盈率比较是不合适的，跨行业比较是一个不小的误区。因为一个是传统行业，一个是新兴行业。

（9）暂时陷入亏损状态的企业，也是不适合用市盈率去评估的，投资者应更多考虑其亏损状态会持续的时间或亏损状态是否会恶化等问题。

【本节综述】

成长性与稳定性是股票的核心，行业周期前段的市盈率会高于行业周期末段的市盈率。因此切勿滥用市盈率，从而随意作出价值评估。

1. 就成长性与稳定性而言

例如，有A、B、C三只股票，它们每股税后利润都为0.6元。A股的股价是32元，据测算每年盈利可增长45%；B股的股价是24元，据测算每年盈利可增长20%；C股的股价是12元，据测算每年盈利可增长7%。如果这三只股票，每年成长盈利增幅都保持不变，5年之后，市盈率降至15倍时，依照市盈率计算公式：收盘价=市盈率×5年后每股收益，我们可以算出5年后A股的股价为57.68元，B股的股价是22.39元，C股的股价是12.6元。由上面计算我们得出以下规律：在当下A、B、C三只股票中，A股市盈率最高，C股市盈率最低，但A股每年盈利增幅远大于B、C两只股票。当这三只股票5年后市盈率降至15倍时，A股的股价超过了5年前的价格，股价涨幅超过80%，而B股的股价要低于5年前，这说明A股成长性最好，从中长期投资角度来看，A股最有投资价值。

2. 就行业周期阶段而言

从上述可知，每股税后利润都为0.6元，虽然盈利水平较高，但盈利增长率在下降的股票，好比你从10级跳至8级，虽比下面的5级和6级要高，但你已不具备再向上跳的动力了，而是在逐步向下跳。换言之，该股已不再具有长期发展的潜力，或者逐渐转向行业的衰退期。

总之，研究一只股票是否值得投资，并不能单看它的价位高低、市盈率大小，关键要看其每年成长盈利增加的幅度。明智的做法是通过对行业、企业的现状和发展状况瞻前顾后地进行分析，在此基础上选择价位较低、具有发展潜力的个股。因此，在考虑市盈率高低的同时，应更多地关注股票的成长性，这才是投资者研究财报的目的。在一轮大熊市之后，会出现很多低估值、低价格、高成长的个股，这种情况在人一生中是可遇不可求的，千万别错过；一旦错过一轮上涨，股价和市盈率都会普遍增高，这时将进入

“称重器”的行情。这时选股就要注重后期或长期的成长性，具有这些特性的个股往往股价和市盈率偏高且股性较为活跃。在本书后面的章节中，笔者会分享如何判断不同个股的股性。

第四节 利润空间看毛利率

“毛利率”是指毛利占销售收入（或营业收入）的百分比，它直接衡量一家公司产品的盈利能力。毛利率是一家公司最核心、最基本的盈利保证，也是公司长期盈利能力的保证，公司毛利率水平的提高往往意味着公司盈利水平的真实提高。销售毛利率越高，说明公司销售成本在销售收入净额中所占的比重越小，因而营业利润也就越高。

一、毛利率的计算公式

毛利率=销售毛利÷销售收入×100%=（销售收入–销售成本）÷销售收入×100%

销售收入=销售量×单位售价

销售成本=销售量×单位成本

举例来说，生产某批产品原材料耗用共560.00元，销售后营业额为1040.00元。该产品销售毛利率为多少?

解：①先求产品的毛利：

销售毛利=销售收入–销售成本=1040.00–560.00=480.00（元）

②求产品的销售毛利率：

毛利率=销售毛利÷销售收入×100%=480.00÷1040.00×100%≈46.2%

从上述计算可以看出，增加销售收入或者降低销售成本都可以提高毛利率。产品价格影响销售数量，进而影响销售收入，因此该指标也反映了成本控制和产品定价有关问题。

二、毛利率的分类方式

毛利率有多种分类方式。按商品大类分，毛利率有单项商品毛利率、大类商品毛利率、综合商品毛利率。按行业分，毛利率有工业企业的产品销售毛利率、商业企业的商品销售毛利率、建造施工企业毛利率、交通运输业毛利率、旅游饮食服务业毛利率。还有按区域划分的区域销售毛利率、按项目划分的项目毛利率等。计算毛利率的毛利额和收入额，通常是指按某种方式划分且和一定的时间相对应的。

三、毛利率的行业划分

50%为“暴利线”，毛利率在此之上均为暴利行业或暴利公司，行业属性一般为网络信息服务等，因为这是小投入大回报的朝阳产业。这类个股在沪深两市中屈指可数，是A股当中的稀缺资源品种，在传统老牌个股中少之又少，大多潜伏在次新股的中小盘股当中，一般以新兴产业为主。只要产业支撑仍然存在，一旦有股价调整后的低位机会，这类个股都值得用“做精一只股”的思维进行长期投资。

毛利率在20%～40%正常范围的公司，行业属性一般为工业，毛利率取决于公司的技术水平和市场占有量，一般在30%以上的可称为“优质股”，在选股和操作方面这类个股更适用的是“中线辅波段”策略。

毛利率在20%以下的行业一般是重工基建行业，例如，铁路建设每年工程量耗资几千亿元，但毛利率还不到5%，因为大量人工和材料成本以及长时间的工程周期，影响了利润。在GDP增长“保8%”的情况下，若一些企业毛利润年增长率未达到15%以上，基本就属于冷门行业，在股票交易上也极为冷淡。换言之，它们没有跟上社会经济发展的步伐。

毛利率其实比市盈率更重要！毛利率高不仅表明这家企业的净利润高，也表明其介入门槛高、科技含量高、市场占比高、垄断性强。无数事例验证了，草率地以市盈率选股，越买越亏；以销售的毛利率选股，越买越赚。

简单地说，任何一家公司要生存和发展，都离不开销售量和毛利率；毛利率越高回本越快，回本越快发展也越快，这样一来市场扩张速度越快、市场占有率越高。大家都明白“滚雪球”的原理，一旦获得起初的优势，雪球就会越滚越大。

四、毛利率案例描述

2010年广联达（002410）毛利率97%，居A股上市公司之首，销售100元而成本只需3元，它是A股最暴利的上市公司，是以提供工程造价软件为主业的中小板公司。毛利率排名第二、第三位的公司分别是顺网科技（300113）和久其软件（002279），这两家公司同样身处计算机应用领域。其中，顺网科技的主要业务是互联网娱乐平台，而久其软件是财务管理软件供应商。由此可见，2010年A股最暴利的三家上市公司都是软件供应商。它们针对软件市场的某一细分领域经过长期积累，在这一领域占有了较高的市场份额，产品具有较高的不可替代性。因此，它们也达到了其他公司难以企及的高毛利水平。除此之外，一向给众人以暴利形象的贵州茅台（600519），毛利率为91.2%，排名第四。这些公司股价涨幅更是惊人，如广联达从2010年7月最低价11.13元迅速上涨到2011年1月最高价31.18元。另两家公司因在上市时开盘价过高且净利率在下降，其后期表现较为平淡。

在2011年中报披露后笔者发现，红日药业（300026）、贵州茅台等10余家上市公司不仅始终将毛利率维持在50%的“暴利线”上方，而且毛利率还呈现逐季走高的积极态势。红日药业从2011年10月最低价14.97元一轮上涨至2012年8月最高价40.30元。

在2012年中报披露后笔者发现，信息服务类上市公司三六五网（300295）在上半年的毛利率达到95.54%，为当年已公布中报上市公司中盈利能力最强的，而久其软件、贵州茅台等100余家公司报告期内的毛利率在50%以上。笔者深入探索发现，除贵州茅台、重庆路桥（600106）两家传统行业的老牌上市公司仍位居前十外，其余各席均被信息服务、生物医药等新兴产业类上市公司包揽，仅信息服务类行业便独占前十中的五席。而在超过100家符合“暴利”标准的上市公司中，生物医药类和信息服务类行业入围公司的数量最多，分别为36家和27家。由此可见，在2012年下半年行情上涨时这类个股必然会成为市场投资的主流品种。

通过上述三年的案例分析，大家对毛利率应有浓厚的兴趣并有所重视。在每一次业绩报公布之后，投资者都可从中去挖掘“暴利线”之上的个股，并将其收藏起来以跟踪技术形态上的阶段性机会。

五、影响毛利率指标高低的因素

1．直接因素

销售数量变动、销售单价变动、单位销售成本变动。

2．间接因素

市场供求变动、成本管理水平、产品构成及其独特性、行业前景差别。

六、毛利率指标的应用意义

1．毛利率指标有助于选择投资方向

价值型投资理念在中国证券市场逐渐受到投资者的重视，而公司盈利能力则是反映公司价值的一个重要方面。公司的盈利能力越强，则其给予股东的回报越高，

公司价值越大。在分析盈利能力时要注重公司主营业务的盈利能力，销售毛利率是上市公司的重要经营指标，能反映公司产品的竞争力和获利潜力。它反映了公司产品销售的初始获利能力，是获取净利润的起点，没有足够高的毛利率便不能形成较大的盈利。与同行业比较，如果公司的毛利率显著高于同行业水平，说明公司产品附加值高，产品定价高，或与同行比较公司存在成本上的优势，有竞争力。与历史比较，如果公司的毛利率显著提高，则可能是公司所在行业处于复苏时期，产品价格大幅上升。在这种情况下，投资者须考虑这种价格上升是否能持续，公司将来的盈利能力是否有保证。相反，如果公司毛利率显著降低，则可能是公司所在行业竞争激烈，毛利率下降往往伴随着价格战的爆发或成本的失控，这种情况预示公司盈利能力的下降。

2．毛利率指标有助于预测企业的发展、衡量企业的成长性

在分析企业主营业务的盈利空间和变化趋势时，毛利率是一个重要指标。该指标的优点在于其可以对企业某一主要产品或主要业务的盈利状况进行分析，这对于判断企业核心竞争力的变化趋势及企业成长性极有帮助。

3．毛利率指标有助于发现企业是否隐瞒销售收入或者虚报销售成本

有些单位经常用的逃税避税手法是隐瞒销售收入或者通过虚报进货额虚增销售成本。通常，除非有计划地同时隐瞒销售收入和销售成本，否则少报利润的结果将反映为销售毛利的异常。同理，计算公司毛利率指标，观察其波动是否在正常范围内，可以推测公司是否有通过隐瞒销售收入和虚报销售成本来虚增利润之嫌。当然，这只是毛利率异常的原因之一，在分析时应考虑影响毛利率变动的其他因素，如市场环境的变化、企业经营品种的变化、市场地理环境的变化等因素。

4．毛利率指标有助于评价经理人员经营业绩

现代企业所有权与经营权分离，经理人员的薪酬和自身的业绩挂钩。因为产品毛利率的提高可在一定程度上反映产品获利能力的增加，所以它可以作为衡量经理人员经营业绩的指标之一。企业所有者可据以制订相应的薪酬激励计划，以便充分发挥经理人员的工作积极性。

5．毛利率指标有助于发现公司潜在的问题

通过毛利率的变动，投资者可以发现企业近期的经营业绩的好坏，及时找出经营管理中存在的问题，提高企业的经营管理水平，加强企业内部经营管理。

七、毛利率指标分析需要注意的问题

尽管毛利率反映了上市公司产品的毛利获取能力，但它并不能代表最终盈利水平。一些暴利公司虽然在销售环节换得了高额的毛利，但无法控制好这期间的费用。如营业费用和管理费用的控制不理想，其最终盈利也未必理想，这些也会导致公司净利润的同比大幅下滑。

如久其软件，该公司虽然2010年上半年毛利率高达91.6%，但由于管理费用居高不下，公司上半年盈利仍出现了同比下滑，销售净利率只有4.3%。同期相似的还有用友软件（现已更名为用友网络）（600588），公司上半年毛利率达87.5%，对营业费用和管理费用的控制不理想导致了公司净利润的同比大幅滑坡，销售净利率只有2.9%。

【本节综述】

随着国内经济快速发展，投资者可以以近两三年的业绩或毛利率增长20%以上为前提选股，特别是毛利率，其增长率越高越好。除上述个股之外，笔者还记得，云南白药（000538）在2009年自产产品的毛利率达到73.39%，其后股价一路上扬。再例如，中铁二局（现已更名为中铁工业）（600528）虽然一年工程总额可达400亿元以上，但毛利率只有7.02%。另外，毛利率决不能呈现下降趋势。总之，投资者更应关注那些因行业景气或公司产品竞争力加强而毛利率持续上升的潜力个股。在具体操作时，还须结合上市公司的销售净利率、资金周转率、负债率等财务指标及行业板块内个股的情况来综合判断其成长性。

第五节 盈利能力看净利率

“净利率”是指企业的净利润与销售收入的对比关系，用以衡量企业在一定时期的销售收入获取的能力，该指标反映每1元销售收入带来的净利润是多少，表示销售收入的收益水平。

净利率这个财务指标除了“净利润率”外还有几种别称，如销售净利率、销售利润率、经营净利率、主营业务利润率。看该指标的时候可以与“毛利率”比较一下，两者越接近，说明企业在此期间的费用越低，这也可理解为企业竞争力的一种间接表现，不用大量管理费用证明企业运作效率高、不用大量营销费用证明企业产品市场认可度高、不用大量财务费用证明企业负债水平低。但某一期间的净利率与毛利率太过接近也值得怀疑，因为利润往往并非仅受主营业务收入的影响，所得税率对其影响也比较明显。

一、净利率的计算公式

净利率的计算公式如下：

销售净利率=（净利润 ÷ 销售收入）× 100%

二、净利率案例描述

1．投资规模上的分析

上一节对“毛利率”做出了解读，毛利率体现利润空间，而净利率体现费用，这两者都在主营业务收入的基础上计算，要注意的是，这并没有体现出销量和资产的比例。举例说明，一家公司主营业务收入1000万元，毛利400万元，净利润200万元，即毛利率为40%，净利率为20%，虽从表层上说这是一家经营情况比较乐观的企业，但实际上还需要注意利率与资产的关系。因为，如果这家企业资产规模为1000万元，那么这样的经营业绩相对而言还算不错；如果资产规模为500万元，那么该企业的效益相当惊人；如果资产规模为5000万元，主营业务收入才1000万元，那么情况就十分糟糕。主营业务收入只占资产的1/5且只有200万元的净利润，这种企业一般离亏损已不远了。

2．产业转型上的分析

一般而言，企业的毛利率与净利率决定了盈利情况的好与坏，如行业周期向下或产品竞争加剧首先一定反映在毛利率上。那种毛利率常年下降的公司，通常也面临着市场需求枯竭的困境，如果没有产业转型或开发新产品，很难继续向前发展。此时公司会加大市场开支和营销投入，这些都会增加费用，使得净利率下降。对这种类型的行业或公司最好以观望为主，不宜激进投资。

3．市场价格战的分析

做过生意或有生意头脑的人都知道“薄利多销”的道理。企业在市场不景气的时候就会主动降价，牺牲毛利率和净利率以求得周转率，但这么做的结果是企业赚的钱并没少，“主营业务收入”还同比大大增加，这时候从“净资产收益率”是看不出企业经营情况的变化的。此时就免不了从“营业收入”和“行业周期”上进行综合分析。另外，对资源型企业更需注意，因为其产品基本上是全行业执行统一价格，所以在资源型企业中出现毛利率和净利率下降的情况是非常危险的信号。例如，执行统一价格的包括与国内和国际大宗商品相关的行业或产品。

4．营业收入上的分析

我们从神火股份（000933）经营结果报表（表4）来看毛利率、净利率、净资产周转率、净利润、销售收入之间的关系。可以看出公司每年的毛利率、净利率都在不断下降，毛利率从52.43%下降至22.12%，净利率从28.31%下降至9.57%，应该说这个下降幅度相当惊人，按理，净利润应该已经非常少了。而事实上这几年公司净利润却一直振荡上升，特别值得注意的是2007年，净利率下降至9.66%，但净利润翻了1倍有余，原因就在于净资产周转率翻了近8倍。当年公司电解铝的销售收入增长实际上已经超过一半，达到51.79%，远远高于煤炭的29.87%，这一变化也是受主业和副业在行业的周期影响而产生的。

表4 神火股份（000933）经营结果报表

神火股份（000933）	毛利率	净利率	净资产周转率	净利润/万元	销售收入/万元
2005年	52.43%	28.31%	55.1%	47249	166917
2006年	44.55%	10.16%	57.42%	39904	392727

（续表）

神火股份（000933）	毛利率	净利率	净资产周转率	净利润/万元	销售收入/万元
2007年	26.95%	9.66%	441.3%	81935	848444
2008年	22.12%	9.57%	494.45%	114953	1200610

5. 资产重组上的分析

在分析销售净利率的变化时，对于存在资产重组导致主营业务发生重大变化的公司要具体分析。例如四川金顶（600678），2012年年报显示销售净利率为3426.99%，公司2012年通过公开方式处置了与水泥生产相关的全部资产及配套设施，2013年主营业务转为非金属矿开采、加工及产品销售，导致2012年年报中非经常性损益金额巨大。财报还显示，属于上市公司股东的净利润为4.54亿元，扣除非经常性损益后的归属于上市公司股东的净利润为-9955万元。此类情况要求投资者在进行相关分析时多关注业绩增长的真实原因，结合公司主营业务的情况分析其盈利能力增长的真实原因及发展是否具有可持续性。

【本节综述】

销售净利率是企业销售获利能力的最终指标，比值越高，说明企业的获利能力越强，但是它受行业特点影响较大。通常来说，越是资本密集型企业，销售净利率就越高；反之，资本密集程度越低的企业，销售净利率就越低。对该比值的分析应结合不同行业的具体情况进行，特别是分析受政策利好影响的行业时，投资者都认为政策扶持的行业“钱”途可期，这时市场资本都流向此行业，这就导致资本聚集在某一行业和企业，这些行业和企业就是俗称的市场投资热点板块。

销售净利率反映了企业净利润与销售收入的关系，提高销售净利率主要有两个途径：一是扩大销售收入，二是降低成本费用。因此，在进行基本面财务报表分析时应综合判断，在基本面条件选股时可以将几个指标合并来选，例如，笔者大力倡导在2013年后要以价值投资、长期投资为趋势，以“做精一只股”为目标。因此，笔者特将“强势股形态选股软件”进行了个性化的升级，并附加了基本面报表参数条件选股功能，无论是技术派还是基础派，无论是短线投机还是中长线投资，该软件都能起到极大的作用。

第六节
资金运转看现金流量

“现金流量”是对企业在一定会计期间按照现金收付实现制，通过一定经济活动，包括经营活动、投资活动、筹资活动和非经常性项目而产生的现金流入、现金流出及其总量情况的总称。现金流量管理中的现金，不是我们通常所理解的手持现金，而是指企业的库存现金和银行存款，还包括现金等价物（即企业持有的期限短、流动性强、容易转换为已知金额现金、价值变动风险很小的投资）。

现金流量管理是现代企业理财活动的一项重要职能，建立完善的现金流量管理体系，是确保企业的生存与发展、提高企业市场竞争力的重要保障。若现金流量不足，企业将可能很快因资金供应短缺而步入困境甚至倒闭。从理财角度来讲，“用当前的现金流去购买未来的现金流，未来的现金流取决于当前的现金流。”

一、现金流量分类解析

1. 初始现金流量

初始现金流量是指开始投资时发生的现金流量，一般包括以下几个部分：

（1）固定资产上的投资——包括固定资产的购入或建造成本、运输成本、安装成本等。

（2）流动资产上的投资——包括对材料、产品、现金等流动资产的投资。

（3）其他投资费用——指与长期投资有关的职工培训费、谈判费、注册费用等。

（4）原有固定资产的变价收入——主要是指固定资产更新时由原有固定资产变卖所得的现金收入。

2. 营业现金流量

营业现金流量是指投资项目投入使用后，在其寿命周期内由生产经营带来的现金流入和流出的数量，这种现金流量一般以年为单位进行计算。“现金流入”一般是指营业现金收入，“现金流出”是指营业现金支出和税金的交纳。

3．终结现金流量

终结现金流量是指投资项目完结时所发生的现金流量，包括：

（1）固定资产的残值收入或变价收入。

（2）原有垫支在各种流动资产上的资金的收回。

（3）停止使用的土地的变价收入等。

4．每股现金流量

每股现金流量是指企业在不动用外部筹资的情况下，用自身经营活动产生的现金偿还贷款、维持生产、支付股利以及对外投资的能力，它是评估每股收益“含金量”的一个重要指标。每股现金流量是公司营业业务所带来的净现金流量减去优先股股利与流通在外的普通股股数的比值。计算公式为：每股现金流量=（营业业务所带来的净现金流量-优先股股利）÷流通在外的普通股股数。

二、现金流量表的主要作用

（1）提供公司的现金流量信息，对公司整体财务状况做出客观评价。

（2）体现公司一定时期内现金流入和流出的原因以及公司的偿债能力和支付能力。

（3）为投资者分析公司未来获取现金的能力，并预测公司未来资本投入和财务状况提供方便。

（4）观察不涉及现金的投资和筹资活动的信息。

三、现金流量比收入更重要

收入是公司生存和发展的基础，而现金流量则是公司日常经营中的“脉搏”，可以检验公司利润的质量。企业在资产更新投入时，同样需要现金，如果没有现金积累支持企业完成资产投入的过程，公司后续发展能力将会受到严重影响。因此，现金流量的分析也是公司财务报表分析和投资价值判断中的重要一环。

在现实中我们经常会遇到“有利润却无钱”的企业，这类企业容易产生利润指标的“水分”并可能发生坏账。所以考察企业经营活动现金流量的情况，才可以较好地评判企业的盈利质量，确定企业真实的价值创造能力。

四、通过现金流量分析企业

1．通过现金流量分析企业筹资决策

企业筹集资金额由实际生产经营需要决定，投资者通过现金流量表，可以确定企业筹资总额。一般来说，企业财务状况越好，现金净流量越多，所需资金越少；反之，财务状况越差，现金净流量越少，所需资金越多。

2．通过现金流量分析企业投资决策

现金流量是企业评价项目可行性的主要指标，投资项目可行性评价方法有动态法和静态法。动态法以资金成本为折现率，进行现金流量折现，若现金净流量大于0或现值指数大于1，则该投资项目可以接受；反之，该投资项目不可行。静态法中投资项目的回收期即原始投资额除以每年现金净流量，若小于预计的回收期，则该投资项目可行；反之，该投资项目不可行。

3．通过现金流量分析企业资信

企业现金流量正常、充足、稳定，能支付到期的所有债务，公司资金运作有保障，不确定性越低，企业风险小，企业资信等级越高；反之，企业资信等级低，风险大，在银行信誉差，很难争取到银行支持。因此，现金流量决定企业资信。

4．通过现金流量分析企业盈利水平

现金是一项极为特殊的资产，具体表现如下：

（1）现金流动性最强，从其存量可以衡量企业短期偿债能力和应变能力。

（2）现金本身的获利能力较低，存银行只能产生少量利息收入。过高的现金存量会造成企业损失很多投资机会，因此合理的现金流量应既能满足需求，又不过多积存资金。这需要企业高管人员或企业理财人员在资金流动性和收益性之间做出权衡和控制，寻求不同时期的最佳资金平衡点，有效组织现金流量及流速以满足偶然发生的资金需要及抓住投资机会的能力。

5．通过现金流量分析企业价值

在有效资本市场中，企业价值的大小在很大程度上取决于投资者对企业资产如股票等的估价，在估价标准中，现金流量是决定性因素。也就是说，估价高低取决于企业在未来年度的现金流量及其投资者的预期投资报酬率。现金流入越充足，企业投资风险越小，投资者要求的报酬率越低，企业的价值越大。

6. 通过现金流量分析企业破产界定

我国现行《中华人民共和国企业破产法》明确规定企业因经营管理不善造成严重亏损，不能清偿到期债务，即达到破产界限的，可依法宣告破产，这与以往的“资不抵债”是两个不同概念。通过现金流量分析，若企业不能以财产、信用或能力等任何方式清偿到期债务，或在可预见的相当长时间内持续不能偿还，而不是因资金周转困难等暂时延期支付，即使该公司尚有盈利，也预示企业已走到破产的边缘，难以摆脱破产的命运。

五、现金流量净额案例描述

在现金流量表上，企业行为被划分为经营活动、投资活动、筹资活动三大块，这些都会导致现金流动。经营活动一般是上市公司最为主要的活动，而现金流入减去现金流出后的“现金净额”是最有价值的。因此，经营活动产生的现金流量净额最受关注，特别是在年报里，这一数值按每股折算后，被列为“主要财务指标”之一。每股经营活动现金流量净额反映了企业通过实际经营活动，运用每股资本创造现金的能力。

1. 转型中的影响

苗药企业贵州百灵（002424）2012年发布的业绩快报显示，经营活动产生的现金流量净额大幅减少，从2011年的2.02亿元减少至2012年的3286万元，虽然营业收入净利润较上年增长，但现金流量净额减少83.73%。现金流量净额代表企业经营过程中产生的“真金白银”，即收回来的现金利润。该公司现金流量净额下降幅度如此之大，说明其产品在这一年中的销售很不乐观，产品竞争力有限、销不出去、回款慢而影响了现金流。

在国内近年来经济结构调整的过程中，不少传统企业都在积极转型。如贵州百灵曾投资过太子参，转型做肥料，规划卖凉茶、胶原蛋白饮料，但在主业跨界的多元化扩张道路上一直备受阻碍。

2. 主营业务现金流增长可带动业绩增长

一些经营性现金流较大的上市公司，由于流动资金对其主营业务的保障作用，其业绩增长也可能较为强劲。如中航投资（现已更名为中航资本）（600705），2011年年报披露的每股现金流量为-1.61元，基本每股收益为0.02元；在2012年，中航租赁业务规模扩大，增加租赁收入，而且经营活动产生的现金流量净额同比大幅增长120.94%，2012年年报显示公司每股现金流量大幅上升为2.28元，基本每股收益也大幅增长为0.52元。

3．每股现金流量和每股收益比较分析

利润表上的收入和费用只代表理论上确认的数额，而非实际已经收到或付出的款项，这就存在虚增利润或者操纵盈利的可能，而结合现金流量表阅读，可以更透明地认识企业经营成果和财务状况。其中有一个简单的方法，是将每股经营活动产生的现金流量净额和每股收益加以比较分析。

每股收益远高于每股现金流量，说明公司当期销售形成的利润多为账面利润，没有在当期为公司带来现金，即利润或每股收益的质量很差，严重一点来说是虚假繁荣。导致这一现象的主要原因：一是公司销售回款速度慢，卖出货后没收回钱，这时可去查看资产负债表里的应收账款，必定期末较期初数有大幅上涨；二是存货出现积压，大量采购来的原材料尚未形成产品或产品尚未销售。

每股现金流量高于每股收益，则预示着未来每股收益的增长，因为这种情况多数是由还未计入收入但已签单收到现金（定金）造成的，未来这些销售正式入账后将会增加每股收益。如2012年年报中的美邦服饰（002269）加大应收账款回收力度，前期资金回笼较好，同时严格控制新品生产规模，支付的生产采购货款同比大幅度减少，经营活动产生的现金流量净额同比大幅增长192.48%，每股现金流量从2011年的0.97元升为2012年的2.84元，但是每股收益从2011年的1.2元下降到2012年的0.85元。

所以，看公司业绩不能只看每股收益，还须看每股现金流量是否与之匹配，这个指标还经常能揭示未来业绩的走向。

【本节综述】

现金流就相当于一个人的日常开支，如果一家上市公司的现金流不是很活跃，或者是经常搞融资等手段，这样的公司肯定有一定的经营问题。众所周知，大多数上市公司筹集资金的方式以融资为主，当公司现金短缺，就会在市场上进行融资，但最终能回报给投资者的红利少之又少。

公司有没有资金实力可反映出其在市场上的竞争力大小，公司缺不缺钱可反映出公司是否能快速运转，公司负债多不多可反映其潜在的危机，而盈利收益指标是最终的结果。

第七节 中报年报看分红

“分红”是股份公司在盈利中每年按股票份额的一定比例支付给投资者的红利，也是上市公司对股东的投资回报。分红是将当年的收益，按规定提取法定公积金、公益金等项目后向股东发放，是股东收益的一种方式。普通股可以享受分红，而优先股一般不享受分红，上市公司只有在获得利润时才能分配红利。因此，普通股的分红随上市公司盈利的增减而增减，这也体现了上市公司的经营成效，是给股东投资的诚信回报，同时也成为投资者的选股参考。

一、分红的形式

从理论上讲，分红包括两种形式：一是上市公司分给股东股息，即“现金分红”；二是上市公司以股票形式给股东分红，即“转增股本”。其中，现金分红被认为是真正能给投资者带来实际收益的，而转增股本对投资者并没有多少实际收益，反而在更大意义上为庄家炒作提供了素材。从历年情况来看，大部分公司以送股为主，分红为辅。

二、分红状况正逐步改善

与国外成熟证券市场的分红情况相比，我国上市公司股息率还处于偏低水平，其中蓝筹股差距则更大。中国上市公司历年以来一直是“重融资、轻回报”，为进一步督促上市公司提升对股东的回报，曾任证监会主席的郭树清在上任伊始即提出了强制分红措施，要求所有上市公司完善分红政策及其决策机制，科学决定公司分红政策，增强红利分配的透明度，不得随意调整已确定的分红政策。并且，这一措施立即从新股发行开始，在IPO招股说明书中，须细化回报规则、分红政策和分红计划，作为重大事项加以提示。只有这样才能使企业的利润真正回馈股民，实现市场公平，进而夯实中国股市稳健、持续发展的基础。市场的稳定加上公司的成长，就更能说明“做精一只股”的理念的大势所趋。

2012年上交所通过制定《上海证券交易所上市公司现金分红指引》等方式，大力引导上市公司提升现金分红水平，全年沪市有577家上市公司实现3950亿元现金分红，比上年同期增加22%，分红公司数量、分红金额均创出历年新高。

三、历年分红统计案例

2012年初统计显示，共有2009家公司有过至少一次的分红。而自上市以来，以现金形式每10股为单位分红最多的是贵州茅台（600519），每10股累计分红80.77元；其次是佛山照明（000541），每10股累计分红78.24元；第三是张裕A（000869），每10股累计分红76.5元；宇通客车（600066）排在第四，每10股累计分红73元。累计60元以上的公司有5家，依次是双汇发展（000895）、泸州老窖（000568）、驰宏锌锗（600497）、盐湖股份（现为*ST盐湖）（000792）和科华生物（002022）。累计50元以上的也是5家，分别是深赤湾A（000022）、用友软件（600588）、格力电器（000651）、中集集团（000039）和神火股份（000933）。累计40元以上的有8家，分别是春兰股份（600854）、新兴铸管（000778）、盐田港（000088）、新和成（002001）、雅戈尔（600177）、粤电力A（000539）、申能股份（600642）和潞安环能（601699）。累计30元以上的有云天化（600096）、中国船舶（600150）、片仔癀（600436）、青岛海尔（现更名为海尔智家）（600690）、美的电器（000527）等34家上市公司。

而分红次数最多的是佛山照明（000541）和深赤湾A（000022），两只个股都是1993年上市，之后年年分红，累计分红次数均高达18次，累计现金形式分红总额分别超过27亿元和32亿元。分红次数与分红总额密切相关，上述累计分红超过30元的个股中绝大多数分红次数都超过10次。

分红现金总额最高的当属工商银行（601398），自2006年上市以来，工商银行累计分红超过1600亿元，也是年年分红。当然，工商银行的市值非常大，分红多似乎也是理所当然的事情，尤其在“重融资、轻回报”的市况下，其连续分红的回报态度是相当值得肯定的。

除了上述分红“现金王”之外，还有长年不分红的“铁公鸡”，统计中发现有五分之一的个股超过10年从未分红，其中近一半是ST股。“铁公鸡”不分红的理由大概为：一是有红不分假以业绩亏损之名；二是以现金不足之名行无法分红之实，以房地产行业为例，受房地产调控政策影响，近年超过一半的房地产公司都未进行现金分红；三是借企业研发或扩大再生产等名义逃避分红责任。

对于“做精一只股”，在基本面选股时应注意“分红是否具有稳定和持续性”。

不排除一些上市公司在分红的问题上容易走极端，在不具备高分配能力的情况下过度分配。过度分红原因各异，或为了迎合机构的口味，或迫于大股东的压力，或为了配合庄家和机构抛售筹码等，并且这种公司不在少数。有的公司尽管出于善意过度分配，但高比例分红致使其下一年出现亏损，这种分红也是不良分配。

四、高送转的认识

1. 高送转概述

除了上述的"现金分红"之外，还有一种"转增股本"，即称"高送转"的方式。高送转是指大比例送红股或大比例以资本公积金转增股本，一般来说每10股送或转5股以上的才算高送转。比如每10股送6股，或每10股转增8股，或每10股送5股转增5股。高送转的实质是股东权益的内部结构调整，对净资产收益率没有影响，对公司的盈利能力也没有任何实质性影响。高送转后公司股本总数虽然扩大了，但公司的股东权益并不会因此而增加。而且，在净利润不变的情况下，由于股本扩大，资本公积金转增股本与送红股将摊薄每股收益。

2. 高送转价值

高送转的股票只有一定的炒作价值，也属于阶段性的投机。比如说，在牛市中某股10元一股，年报时10股送10股，而股价折去一半变成5元，视觉上价格较低，容易吸引新股民跟风，这就好比大白菜1元"一公斤"打包卖你嫌贵，而拆分后0.5元"一斤"你就觉得容易接受的无意义心理。在填权后庄家获利丰厚，真实的复权价格已经高高在上，但跟风的并不感觉价格较高。老股民虽然对这种游戏规则心知肚明，但既然大家都有这种心理，市场就形成了默认的"击鼓传花式"的"博傻"游戏。

3. 高送转炒作

通常认为高送转向市场传递了公司未来业绩将保持高增长的积极信号，同时当前市场对高送转题材的追捧，也对上市公司股价上涨起到了推波助澜的作用，在董事会公告高送转预案后，几乎公司的股价都会出现大幅上涨甚至翻倍，因此凭借"高送转题材"炒作后，不少公司以复权价格来看已站上百元台阶。这正是所谓的中报和年报炒作行情，仅有极少人是为了公司的分红而提前买入。

五、高送转公司的特征

1. 上年度未出现过分红

一般连续出现高送转的上市公司很少。

2. 盈利能力强

根据历史统计，当期业绩同比增长超过30%的上市公司出现高送转的比例高达82.7%。另外，还可以看细分行业的龙头，细分行业龙头出现高送转的比例高达61.4%。

3. 公司具有“三高”特征

“三高”即高公积金、高未分配利润和高净资产，一般每股资本公积金与每股未分配利润在2元以上，越高越好，且净资产收益率大于10%，这是高送转的前提条件。

4. 总股本小于5亿元

总股本较小也是高送转公司的一大特征。根据历史统计，从送转前总股本分布情况来看，高送转前总股本小于5亿元的占比86%，因为高价格，小盘股扩张潜力最大。

5. 股价高于30元

根据历史统计，实现高送转的上市公司中，70%的股价超过30元。理由是上市公司不愿看到自己的股价太高，因为高价股参与的人少，参与的人少股性就不太活跃，所以它们总想通过高送转降低自己的股价来吸引更多的资金。

6. 上市公司进行过再融资

上市公司在增发后，一般会增加资本公积金，这就有了高送转的基础。同时为了让有锁定期的机构投资者能获得合理的回报，公司会利用高送转来刺激股价上涨。

六、高送转的风险

高送转毕竟是炒作，炒作过程中存在的风险是相当大的，主力正好利用大众心理而设下陷阱。如有的机构在二级市场上谎编预言，小题大做，招人跟风。例如，不少企业通过“高送转”吸引投资者，或采取“分光吃光”“寅吃卯粮”甚至“炒假年报”等手法，但这些很可能会阻碍公司未来的发展。上市公司必须根据实际发展状况制定合理的股利分配方案，而不是盲目分配、恶意分配，能实现企业健康、长远发展和回馈投资者的分红方式才是最好的方式。例如，有的在除权前公布消息时主力趁利好而逃，在除权后主力故作填权气势诱多，一般在除权后又快速填权的个股极为少见。

【本节综述】

“财务报表”体现上市公司经营中的数据，“分红”取决于经营后的成果，能够持续稳定分红可体现公司对股东的重视和高度责任感，以及自身良好的信誉。因此，我们不但要看财务报表，还要看历年来的分红方式和比例，进行综合评估。一般每年4月份是年报发布的密集期，6月份是分红派送的密集期，若要把握相关操作机会须在这两个时间点之前一个月进行准备。

总之，作为投资者，只有树立价值投资理念，重点关注公司的盈利能力和成长性，以及稳定性和持续性，才可避免踏入“高送转”的陷阱。

第八节 健康发展看治理

为推动上市公司建立和完善现代企业制度，规范上市公司运作，促进我国证券市场健康发展，证监会和原经贸委于2002年1月7日发布了《上市公司治理准则》。本准则阐明了我国上市公司治理的基本原则，投资者权利保护的实现方式，上市公司董事、监事、经理等高级管理人员应当遵循的基本的行为准则和职业道德等内容。本准则也是衡量上市公司是否具有良好的公司治理结构的主要评判标准。

在现实中，很多人只关心谁能上市、上市之后谁能暴富。但是，真正决定一家上市公司能走多远和如何健康发展的，不是某个时间节点的某个事件，而是公司本身的质量。这种质量和董事会设置、股东权益、员工激励等方方面面的良好治理有关。

一、优秀上市公司排行榜

“中国上市公司发展研究中心”是中国第一家按照国际先进研究方法，专门对中国境内上市公司的股权结构、公司治理、财务状况、核心竞争力、运营规律、发展趋势、操作实务等方面进行严谨、客观、公正的综合研究，并发布研究成果的专业权威学术机构，致力打造中国上市公司发展理论和实践交流的第一优势平台。其主办的具有权威性的“中国排行榜网”专门研究、评价并发布中国5000多个行业和领域最具权威性和影响力的公司的排行榜单，致力打造中国传媒界的“福布斯”。

大家可以查阅网站内的榜单，这将有助于大家更加全面地了解公司综合治理的排名。例如，“2012中国上市公司最具投资价值100强”“2012中国上市公司诚信企业100强”“2012中国上市公司最具竞争力企业”“2012中国上市公司最受尊敬企业家”“2012福布斯中国潜力上市公司100强”“中国上市公司潜力企业TOP10”等。

二、排行榜个股案例

1. 金陵饭店

金陵饭店（601007）曾先后荣登“中国上市公司董事会治理百强排行榜”“中国100最受尊敬上市公司”“中国TOP100最佳雇主”“中国100最具发展潜力品牌企业”等；2010年再度蝉联“上市公司金圆桌奖优秀董事会”，成为中国旅游业唯一上榜的上市公司。试想一下，上市公司上榜越多，其影响力和参与度就越大，股价也因此攀升。至于公司如何治理才算规范，这包括方方面面，不是个人投资者能了解透彻的，但个人投资者可以对这些榜单进行加工分析，再结合技术面的阶段位置筛选出值得去做精的个股。

2. 2012年中小上市公司治理50强

2012年中小上市公司治理50强榜单如表5所示。

表5 2012年中小上市公司治理50强榜单

次序	名称	代码	次序	名称	代码
1	汉威电子	300007	15	亚厦股份	002375
2	爱尔眼科	300015	16	汇川技术	300124
3	鼎汉技术	300011	17	碧水源	300070
4	超图软件	300036	18	合众思壮	002383
5	英威腾	002334	19	广田股份	002482
6	三维丝	300056	20	远光软件	002063
7	星辉车模	300043	21	正邦科技	002157
8	晨光生物	300138	22	华星创业	300025
9	东华能源	002221	23	探路者	300005
10	富安娜	002327	24	御银股份	002177
11	神州泰岳	300002	25	路翔股份	002192
12	华策影视	300133	26	水晶光电	002273
13	科大讯飞	002230	27	华力创通	300045
14	东方园林	002310	28	大华股份	002236

（续表）

次序	名称	代码	次序	名称	代码
29	鑫龙电器	002298	40	莱美药业	300006
30	黑牛食品	002387	41	蓝色光标	300058
31	苏宁电器	002024	42	锐奇股份	300126
32	湘鄂情	002306	43	多氟多	002407
33	英飞拓	002528	44	华谊兄弟	300027
34	乐视网	300104	45	金风科技	002202
35	联化科技	002250	46	伟星新材	002372
36	川大智胜	002253	47	建研集团	002398
37	科华恒盛	002335	48	海康威视	002415
38	康力电梯	002367	49	武汉凡谷	002194
39	大北农	002385	50	华东数控	002248

“2012年中小上市公司治理50强榜单”推出的目的在于，通过对以民营企业为主体的中小板、创业板上市公司的公司治理进行系统性评估，挖掘具有良好成长性企业的治理基因和治理最佳实践，为中小企业改善治理提供有益的借鉴和参考。其实，它也可作为市场个人投资者的选股参考指标。

50强榜单中汉威电子（300007）、爱尔眼科（300015）、鼎汉技术（300011）分列榜单前三名。50强榜单的分析报告显示，创业板的公司治理能力各项指标整体比中小板好。从报告中还可看出，无论是从公司治理平均得分，还是从其他角度看，创业板的公司治理表现明显比中小板要好；此外，对于民营企业来说，第一大股东持股比例越高，企业的净资产收益率就越高。这份报告还发布了榜单企业的2011年利润增长率的前十名，建研集团（002398）以161.8%的增长率排名第一。

另外，50强榜单上企业在经营业绩上大多有不错的表现。其中蓝色光标（300058）和乐视网（300104）的利润和营业收入较上年都有100%以上的增长。

在50强榜单中，董事会、监事会与高管层薪酬最高的是金风科技（002202），合计达2000多万元；最少的是正邦科技（002157），为88.6万元。核心技术人员持股比例最高的是鑫龙电器（002298），为6.5%；前50名中有汇川技术（300124）、正邦科技（002157）、远光软件（002063）等18家企业未实施核心技术人员持股。

三、影响我国上市公司诚信建设的主要原因

（1）我国市场经济的发展时间较短，社会信用体系和法律保障尚处于初建阶段，企业诚信建设的外部环境尚待改善。

（2）我国现代企业制度在管理、财务、决策、信息披露等方面存在严重的不对称性。

（3）我国证券市场处于未成熟时期，尚存在许多问题。如非全流通造成的股权分置、国有股权的管理和重组、发审保荐制度的完善、建设创业板、鼓励社会资金积极入市、上市公司退市制度等，这些问题都需要通过不断的改革和发展予以解决。

（4）证券法规建设相对滞后，对失信行为的处罚依据不足、力度欠缺。

四、上市公司常见的不诚信行为

1．信息披露滞后，准确性较差

《上市公司治理准则》规定，持续进行信息披露是上市公司的责任。上市公司能否真实、准确、完整、及时地披露信息是其诚信状况是否良好的体现。大家都知道最重要的信息披露是年报的披露，这方面存在的问题有：对年报披露时间的更改和推迟，利用上市规则的漏洞或会计操纵利润，披露的准确性和完整性不足，等等。因此，投资者应对那些年报更正、补充事项过多的上市公司予以高度警惕。

2．关联方资金占用现象较普遍

中国证券监督管理委员会、国务院国有资产监督管理委员会《关于规范上市公司与关联方资金往来及上市公司对外担保若干问题的通知》（证监发〔2003〕56号）对关联方资金占用进行了限制，但并未明确关联方资金占用与总资产之间比例的最大限度，也未说明一旦超过限制比例，上市公司将会面临什么样的处罚。由于关联方资金占用问题，上市公司将有可能变成大股东的“提款机”。

3．违规运作干扰市场正常秩序

个别上市公司存在募集资金投向随意变更、高管操纵公司股价、发布虚假信息等问题，为自身利益而误导市场投资者。做事先做人，人品影响做事的质量，投资者应远离类似的上市公司。

4. 上市公司做担保时的潜在风险

个别上市公司存在向控股子公司担保、违规担保、上市公司互保等问题，相关担保信息披露滞后，掩盖真实风险，甚至最终导致亏损或招来诉讼。

5. 诉讼事件或诉讼损失

诉讼无疑会阻碍企业的正常发展，影响企业的正常经营活动。诉讼事项的背后往往隐含经营活动和财务运作的风险，这些风险最终会在利润表中体现出来。笔者经常建议投资者尽量不要触及有诉讼事件缠身的股票，若某一家上市公司近年来频繁出现诉讼事件，说明该上市公司的内部治理存在问题，这将直接影响其未来的成长。

【本节综述】

英美等资本市场高度发达的国家多采用民事处罚手段，上市公司一旦造假就要因其违规行为对受损失的股东进行巨额的赔偿。我国多采用行政手段，存在违规行为的上市公司仅受到少量资金的行政处罚，这样的处罚力度对上市公司来说是远远不够的。所以，我们在选股时一定要注意以上几类问题，平时多查看最新的“信息地雷”（普遍行情软件输入16查看），一旦踩中“地雷”别想着上市公司会赔偿你。例如，笔者在2012年12月后从长盈精密（300115）“信息地雷”中发现先是董事离职，再是核心技术人员离职，后又出现大宗交易，投资者对短期频繁出现负面信息的个股一定要回避。

股票“有价”，诚信“无价”。市场经济是信用经济，上市公司是国民经济中的中坚力量，它们的诚信情况也能引起市场动荡。证券市场要长期健康发展，前提是上市公司的诚信经营，这里一方面包括政策法治，另一方面包括上市公司的内部治理。

良好的公司治理是一个企业健康发展的保证，其中薪酬激励是意义重大的公司治理方法。企业成员特别是经营者积极、努力工作，并对自己的行为负责，是企业实现价值最大化的必要条件。例如，企业可从公司普通员工和核心技术人员以及高管的持股和薪酬状况着手，调动员工的工作积极性。

第九节 黑马股的特征

黑马股是指价格可能脱离过去的价位而在短期内大幅上涨的股票。黑马股是可遇而不可求的，被大家都看好的股票很难成为黑马股，而是会成为白马股。但是，一只股票能成为黑马股，必然占有“天时地利人和”之机遇，如公司经营良好、恰遇政策福利、大势也在上涨、市场人气高、资金充沛等有利条件。

在大牛市中，黑马遍地皆是，但是烈马难驯。很多人因为中途介入，但马背功夫不够，一经震荡就跌下马。等再爬起来，黑马已经跑得很远，不敢再追。要避免这种情况，最好是在黑马还在起跑阶段就及时上马，这时选黑马的技巧就很重要。投资者在捂股时不妨多看周月线，可避免日线上震荡出局，当周月线拉高时，每日多观察30、60分钟图（MACD）是否有顶背离、是否阴线有量阳线缩量等卖出信号。

【估值关键词】三低一高

1．低市盈率

若当前A股平均市盈率为15倍，10倍以下为严重低估区域，20倍以下为低估区域，20～30倍为合理估值区域，30～50倍为严重高估区域。只要个股市盈率在A股平均值（15倍）之下，就可将其列入优先股票池。

2．低市净率

市净率是指每股股价与每股净资产的比值，每股市净率较低的股票，投资价值较高，风险较低，但不适于短线操作使用。2017年A股平均市净率为1.6倍，2005年曾低至1.8倍，2007年6124点时曾达到6.8倍。同理，只要个股市净率在A股平均值（1.6倍）之下，就可将其列入优先股票池。

3．低价格

股票价格第一档在6元上下，第二档在8元上下。股价太低的是边沿冷门个股或超级大盘股，太高说明其已被炒作过，便不具有黑马性质。假设个股最低价在6元左右，投资者应先让主力进入，后在8元左右逢缩量阴线回踩低吸；若个股最低价在8元左右，投资者应待其上涨至10元左右逢缩量阴线回踩低吸。最终应以中线持股待涨，因为股价从6元涨到12元左右，甚至涨到15～20元在牛市也不足为奇，并且这种上涨还不会惊动市场盘面。

4. 高成长

前面“三低”选入围，最终“一高”定乾坤。投资者应判断：行业周期是否处于高成长阶段？公司发展规模和市场占有率是否具有高成长潜力？总之，低估值+高成长=未来黑马翻番潜力股！

【本节综述】

大势靠白马股撑台，赚钱效应靠黑马股，愿各位结合本书各种选股方法，都能找到为自己赚大钱的一只潜力黑马股。特别是在熊末牛初之时，不要担心市场调整，更不要担心大盘下跌，大家最应关心的是有没有找到如意黑马股，因为机会只给有准备的人。

第十节 选择主流品种

每一轮牛市动力都会有所不同，例如，2007年为改革开放的成熟期，笔者将其市场简称为“发展牛”；2015年为经济转型中的“杠杆牛”；接下来随着经济转型成功，股市将迎来漫长的“改革牛”。但是，每一轮上涨行情中都少不了领涨品种，在领涨品种中有少数个股会持续呈强，这些就是主流品种。炒股要赚大钱就必须掌握主流品种的共性，并用心做精其中一只股。

据笔者十余年的经验，每当大盘指数上涨30%，均会有30%的个股价格翻倍，如果你仅盯着大盘的波动，肯定赚不到钱，除非大盘持续上涨，你才可赚点小钱。在大盘上涨30%的区间内如果你能抓住主流品种，无论怎么操作起码不会落后大势。那么，你必须懂得“轻指数重个股”的方法。

一、轻指数重个股的条件

（1）市场消息好坏参半。

（2）当天没出现跌停股（ST股除外）。

（3）当天涨停股有10只以上。

（4）盘面资金流入比流出的多。

（5）当天上证成交量在2000亿以上，每半小时在250亿以上。

（6）大盘技术面上注意三条线，K线必须在5月线、5周线、5日线之上。

只要满足以上条件，无论大盘怎样震荡，个股机会都将层出不穷，操作机会较多，只要你追涨不追高，不贪婪，就能赢取可观的利润。

二、轻指数重个股的选股策略

（1）指数震荡说明大盘股也在震荡，此时资金或会流向中小盘优质股。

（2）抢题材抓热点，坚持追涨不追高的原则。

（3）技术面保持在上升通道中出现缩量回踩5、10日线后，再突破10日线时介入。

（4）一些绩优股跌幅达20%左右并且缩量横盘多日，仍具备蓄势待涨或补涨要求。

（5）一些强势股经过一轮上涨后进行高位缩量震荡，说明筹码未散并且会高空加油再拾升势。

（6）技术面上出现5日线上穿10日线，或者10日线上穿20日线类似条件可适当参与。

（7）当日K线或周K线的KDJ（随机指标）的J值达负时反弹随时会出现，或者反身向上J值未到100时，一般80左右为强势区。

（8）当日K线的MACD反身向上、60分钟底背离时，或者绿柱缩短以及出现红柱时可适当参与。

三、轻指数重个股的操作策略

（1）指数震荡，说明方向不明确的前提下首先应控制仓位半仓以内。

（2）选择优质股后可中线短打赚取波段利润，并可来回反复操作。

（3）短线参与者应快进快出，一般只要有3%以上的涨幅均可锁利。

（4）技术面保持在上升通道中的个股只要没出现放量上涨或换手率没有速增可继续持股。

（5）可运用K线，如30分钟线、60分钟线以及分时图去寻求低点吸纳高点抛出。

（6）当盈利卖出却拿不定主意时，最好减半操作，既不踏空也不会亏损。

四、主流品种的基本特征

1. 重质量

上市公司经营良好，具有较高的成长性质，包括一些垄断行业和老牌龙头的稀缺股。

2. 价低估

其价格应被低估到如荒山中的金矿一样，只有探险者才能挖掘出来。

3. 顺政策

在政策的扶持下，企业不断壮大，或转型后不断走强，成为行业中的新龙头。

五、主流品种的技术特征

1. 强过大势

主流品种不管大盘的波动，总是走出自己独立的运行规律，投资者在选股时不妨参照相应板块指数，如600开头就对应上证指数、002开头就对应中小板指数、300开头就对应创业板指数，投资者还可就对应行业板块涨幅排名进行比较。

2. 提前见底

在大盘下跌时，一些主流品种总是会提前于大盘探底回升，如2008年1664点时，笔者就发现有极少的个股已经提前两个月企稳上升，这部分个股价值被严重低估，不管大盘有没有见底必会有长期资金看好。

3. 潜伏较长

长期资金进场时总是悄无声息，技术上形成小阴小阳盘升，时而会在阳线中放出量能，一般建仓时长为两个月左右或更长。

4. 多头洗盘

当技术形态形成多头排列时，如EXPMA（当日均数指标）线呈现金叉后或建仓期涨幅30%左右时，又或者是当众人发现时，必会有洗盘动作。

5. 高调进场

一只好的股票必然会比较抢手，也会有一些激进型的主力高调进场，使该股在底位时以放量两三根大阳，甚至有几连涨停的可能。

6. 注定翻倍

只要是提前于大盘启动上涨的个股，或在底位出现激进上涨的个股，在后市必会一直强过大势，直至涨幅达100%以上或股价被高估时才会有大的调整，因为长期资金进场后，股价翻番主力才能大赚一笔。如一只股票上涨100%，其实主力抛开建仓和出货的区幅，真正盈利的也就60%左右。但要注意：不是所有低位强势上涨的都是主流品种，有的是因一时利好而刺激上涨，还有一种可能是主力试盘。

【本节综述】

好的股票需要在低的价格参与，如在高位持有上一轮行情中的主流品种，在下跌后这些个股还有没有长期价值？这些个股如果遇到大牛市肯定还会上涨，但是经过前期大幅上涨后刚进入修复期，修复时长少则三个月，多则半年以上，有的甚至转为冷门。牛熊交换是股市自然规律，在每一轮行情启动时，必然会有新的龙头股、领涨股、主流品种出现，掌握技巧要领，才能为下一轮牛市做好潜伏准备。

另外，笔者认为：若要成为市场主流领涨品种，个股的流通盘应为10亿以上的中大盘。否则盘子太小，很容易短时被炒完。例如，2016年大盘以横向盘整，是靠技术吃饭的一年，投资者拥有再好的个股也要发挥更扎实的技术才能赚到更多的钱。2017年往后的下一轮牛市，蓝筹股、改革转型股应会成为主流品种。

第十一节 选择蓝筹股

“蓝筹股”作为行业龙头起到带头作用，其与宏观调控具有关联性。蓝筹股自2007年炒高至今，一直处于超低估值的阶段，中期向下空间不大。后市将有望迎来转换行情，特别是绩优二线蓝筹股，它们更适合中长期稳健投资者。但是，蓝筹股修复启动过程有些艰难，需要一些时间来完成。

一、概念解释

“蓝筹”一词源于西方赌场。在西方赌场中，有三种颜色的筹码，其中蓝色筹码最为值钱，红色筹码次之，白色筹码最差，投资者把这些行话套用到股票上。

二、低估值蓝筹股

低估值蓝筹股是指低于市场整体市盈率或行业市盈率的股票，而且这类股票应具有稳定的盈余记录，能定期分派较优厚的股息，是被公认为业绩优良的公司的股票。这也就是说某些企业前景比较好，符合一定的经济周期但价值被低估，在很长一段时间没有被机构炒作过。当然，有一个众所周知的大道理为“是金子总有发光的时候”。例如2016年的银行股。

三、蓝筹股的类别

蓝筹股可分为四类：一线蓝筹股、二线蓝筹股、绩优蓝筹股、大盘蓝筹股。其中一线、二线并没有明确的界定，有些人认为的一线蓝筹股，在另一些人眼中却属于二线蓝筹股。在各行业中也有一线、二线之分。一般来说，市场公认的一线蓝筹股是指业绩稳定，流通盘和总股本较大的个股，也就是权重股，这类股价位不高，但群众基础好。二线蓝筹股是指总股本和流通股本比一线蓝筹股要小，股价一般较高，机构比较偏爱的个股，但由于价格较高，散户一般不敢追高。二线蓝筹股一旦有机会不要错过，如2008年底很多几块钱低估值但具有潜力的二线蓝筹股，其股价在

2009年都已翻番。笔者认为，真正价值被低估、潜力较大的蓝筹股，必须在低价买进，这才是能带来财富的投资。

四、蓝筹股的特征

1．有长期稳定的盈利记录

蓝筹股利润增长相对稳定，能较好地抵御周期波动，而且分红相对慷慨，股利政策稳定，股息率较高（例如，超过一年定存利率），类似存款资产。

2．大公司、大流通盘与大市值，相对不易被操控

大型公司的股票不一定是蓝筹股，蓝筹股却一定是大型公司的股票。蓝筹公司在资本市场上受到大宗资本和主流资本的长期关注和青睐，以资产规模、营业收入、公司市值等指标来衡量，它们均能成为行业与市场的翘楚。

3．行业整体在经济中地位较为重要

国民经济支柱行业里的公司股票不一定都是蓝筹股，蓝筹股却一定不会出现在边缘行业里，蓝筹股往往出现在国民经济支柱行业里。它承载的是“产业与民生”甚至“国家的光荣与梦想”，如能实现“中国制造”这四字概念的企业。所以，蓝筹股一般都出现在国家的支柱产业中，蓝筹公司也都是行业龙头企业。

4．产品竞争力强，公司知名度高，往往是行业龙头与领导者

蓝筹股企业一定担当着产业领袖的角色，是产业价值链和产业配套分工体系的主干和统领力量。蓝筹股企业在规模、技术水平、管理水平上都是行业的代表。

【本节综述】

大家不妨先通过行业选股，再通过上述特征选股，然后通过低价格和低市盈率以及每股大于0.3元的高收益率来进行筛选，最后通过技术图形和阶段位置等来排除。

【本章综述】

1．跟着政府走 吃喝玩啥都有

看政府“脸色”炒股，永远不会吃亏，若要反着干绝对没好处。政府说要“理性投资”，那我们就尽量减少投机操作；政府说要“价值投资”，那我们就挖掘有价值的个

股；政府说要“长期投资”，那我们就去“做精一只股”。2012年底，政府说“蓝筹股罕见低估值”，你不买一线、二线蓝筹股，偏要天天选投机短线股，这样能赚大钱吗？政府说“要维稳市场并使其健康发展转向成熟市场”，你还没有投资信心吗？政府说“要加强投资者的教育培训”，你如果还不用心学习早晚会落伍。跟着政府走准没错，信不信由你，反正笔者信了。

2．跟着趋势走 想不赚钱都难

把握大趋势赚大钱，把握小趋势赚小钱，把握不准趋势在牛市也亏钱。熊牛转换、涨跌轮换、周期轮回，要珍惜每一次“起涨点”机会。每一年都有一两轮行情上涨，大盘稍微上涨30%就有不少个股涨幅翻倍，如果这时看大盘炒股仅能小赚，一定要把握个股机会，甚至抛开大盘指数做精个股。本书开篇就提到“该出手时就出手”，市场行情趋势—行业周期趋势—个股成长趋势，由前到后缺一不可。你不是没有眼光，而是不知要怎么看，所以需要加强学习来提升自己。

在相信政府的前提下，从2007年至2012年经过历史上最长的五年调整，蓝筹股的估值水平达到历史最低的起点；在中国经济发展期中再次转型后，蓝筹股进入较久的成长期；在解禁股慢慢消化后转向全流通市场时，行情涨到高处就不再有国有股减持现象；在证券市场监管完善情况下，证券市场必将稳步、健康发展。就这些因素来看，下一轮牛市会趋稳攀升，还会成为历史上时间最长的牛市。因此，能在这样的一个关键时期（牛市构底起点），看到笔者的《做精一只股（彩图版）》这本书，还真是很好的机会，望请读者能珍惜！

3．跟着牛股走 黄金就在脚下

（1）市盈率要低。

假如一家公司的股价是30元，全年每股收益为1元，则市盈率为30倍。如不考虑复合增长的话，理论上要过30年才能收回投资（也就是你投的钱翻一倍）。此时我们将市盈率同银行一年定期存款利率比较一下。假如银行当前一年定期存款利率为4%，对应的市盈率为1÷0.04=25。意思就是你存1元到银行，每年银行给你0.04元利息，25年后你的利息总和就是25×0.04=1（元），加上原来存的1元，你就有2元了。如果不考虑上市公司的成长，投入公司1元，每年只能分1÷30≈0.033（元），那还不如把钱存入银行。

（2）盈利能力增长良好。

假如公司盈利能力不增长，如上所述，投入上市公司1元，每年你只能得到0.033元的收入，还不如把钱存入银行。但如果上市公司每年盈利能力以50%的速度增长，我们可以再计算一下该家公司30倍市盈率的股票是否值得买。以投资该公司1股（30元）为例计算如下（假如该公司每年都将盈利分红）：

第一年可以收入1元（每股盈利1元）；

第二年可以收入1.5元［每股盈利1×（1+50%）=1.5（元）］；

第三年可以收入2.25元［每股盈利1.5×（1+50%）=2.25（元）］；

第四年可以收入3.375元［每股盈利2.25×（1+50%）=3.375（元）］。

由上可以看出该公司第二年的市盈率已经是30÷1.5=20倍，第三年只有30÷2.25=13倍。所以，如果该公司每年盈利能力以50%的速度增长，尽管当前市盈率是30倍，但到后面几年，投资者所得收益已经远远大于把钱存入银行的利息收入。这就是现实中有些上市公司的股票市盈率高达100倍，股价照样不会跌下来的原因。

（3）现金分红情况。

假如上面分析的那类公司有两家，每年盈利能力都以50%的速度增长，其中一家每年都将盈利分给大家，另一家不分，你肯定会选将盈利分出的公司，或者会选分最多的那家，甚至会选择近年来稳定持续分红的公司。

（4）资产注入和重组。

如果资产注入和重组能提高企业的盈利能力、增加净资产的话，这样的公司也值得关注。在每一轮上涨行情中，股价翻倍列表中均会有一半出自重组类个股。

重组及重组预期股依然是产生牛股的主要土壤。重组投资可分为六大主题：①央企重组已经进入全面推进阶段；②地方国资的重组已经全面展开；③军工资产分步上市大多已进入实质性的资产注入阶段；④在“调结构”经济战略指引下，以钢铁、水泥、建材、电力、航运等为代表的“三高行业”调结构重组已经开始；⑤行业龙头企业对上下游关联资产的收购和兼并已经成为“赢家通吃”商业模式下资本运作的主要战略；⑥“区域振兴规划”带来功能性重组，并积极推进区域内上市公司的并购重组。因此股市有一句谚语：边疆出黑马。

（5）股本扩张潜力。

高送转只是将每股价格降低了，增加了股票的流动性，因价格低了参与的人就多了，股性也活跃了，往往中小盘股本的扩张潜力最大。苏宁电器（现为苏宁易购）（002024）就是股本扩张的经典案例，2010年最高股价（后复权）是1366元，而2004年7月发行价是16.33元。

（6）公司治理。

事在人为，公司的命运和发展掌握在公司高管手里，良好的管理能力和诚信经营是公司成长的基石。能够进入国内及国际市场，能够在国内、国际树立良好口碑，能在国内、国际占有竞争优势，能够在国内、国际排上榜……这些上市公司的内在价值都值得肯定。

（7）选“行”如选“郎”。

行业垄断、稀缺资源、高新技术、政策扶持的上市公司发展潜力是巨大的。“行业垄断”的公司掌握了产品自主定价权，拥有“稀缺资源”的公司获得了物以稀为贵的内在价值，掌握“高新技术”的公司即拥有了无人可比的核心技术，受“政策扶持”的公司赶上了黄金发展周期。因此，选对周期、跟对行业、踏上趋势、捂住个股，这才是赚大钱的要领。

（8）大众消费类。

国家扩大内需，促进消费，提升国民经济，生产大众消费产品的公司将体现出价值。产品越贴近民生的公司越能抵抗金融危机，例如，人们再没钱但生病了就得买药（医药生物股），再没钱但家里灯坏了就得换灯管（照明灯具股），再没钱也要喝上纯净的水（环保股）……

笔者再忠告一句：企业的好与坏，不是由基本面报表中的某一个指标决定的，指标也没有所谓的优缺点，而是需要综合判断分析。基本面分析可简单化也可复杂化，所以我们要根据问题本质去突出分析要点，别忘了基本面选股是“做精一只股”的前提。

基本面分析表面上看十分复杂，但能够体现出公司的基础本质。技术面分析主要目标是锁定主力建仓、主力拉升、主力出货等手法轨迹；而基本面分析主要目标是获得公司经营状况、财务状况、投资情况等基本信息。“快手理乱麻”比“快刀斩乱麻”要理智得多，投资者只要理解了基本面最具有“含金量”的重要指标，再搞明白相互数值的正、反影响，最终就能建立一种快速分析的套路。这好比在技术面分析当中的“量价形态”之间的关系，不管怎么演变，在分析中都要根据本质原理去判断，才能解决实质问题。

投资格言中说“先战胜自己再战胜主力”，但是在战胜主力之前必须先战胜基本面，因为主力在投资一只股票时，必然会先对这家公司进行全面的了解，如前面几节当中笔者提到的案例板块和个股，读者不妨对照一下当时的技术面，就可发现主力是否有所作为。

另外，笔者平常会整理一些“选股数据表”发布在新浪微博和微信公众号，读者不妨将其作为参考。

第四章 股东选股：牛股自有牛人，牛人创造牛股

在现实中，大多数股民都不太喜欢研究基本面信息，能看懂基本面信息的股民少之又少。不会看基本面的投资者，需紧跟庄家步伐，从“前十大流通股东”中进行选庄和跟庄。因为任何一只强势牛股，其背后都有强大的资金团体，投资者持股份额必须能排进前十大流通股东才能达到控盘。有不少投资者建立“股东池”以便跟踪，但懂得这样做的投资者很少。股东池如何建立？建立之后如何分析庄？如何跟对庄？最后如何与庄共进退？这将是本章的重点叙述内容，希望其对读者在“跟对一个股东”与“做精一只股”时有所帮助。

第一节 为什么要跟牛人

股票投资中，有人研究技术图形，有人研究财务报表，有人研究行业趋势等，总之，研究“个股”的人甚多，但研究庄家主力、散户牛人的人十分稀少。

俗话说“跟对人、说对话、做对事，事半功倍”，因为事在人为，跟什么人就会说什么样的话和做什么样的事。

“跟庄”这个名词大家并不陌生，很多人从技术形态中发现有庄家运行轨迹而立即对其加以收藏、跟踪和分析，这虽然也是一种选股思维和操作风格，但是太过片面，不能有效掌握该庄家的性质、风格、手法等。没有充分的了解和认识，投资者是很难跟好庄并踏上运行节奏的，或许还会被该庄家玩弄。因为每一个主力操盘手都有自己的选股风格和操作手法，所以投资者应在充分了解一个人之后，再追随一个人，从主力操盘手的思维和惯性以及手法中去把握个股机会。当然，最好是选择比较适合自己风格的主力机构、散户牛人，或者选择跟自己的操作手法很接近的主力操盘手，再或者选择自己最容易看懂、最容易理解的主力操盘手。

【关键词】“选对牛人”和“跟定牛人”

1. 牛人有能力

牛人具有投资的天赋、超前的智慧、独到的眼光等，能第一时间发现市场的动向和机会，因此牛人操作的股票一般都不会太差。

2. 牛人有调研

市场调研和上市公司考查是一般散户投资者难以做到的。

3. 牛人有关系

牛人的成功还需要团队的力量和人际关系的运用。

4. 牛人有资金

牛人能够控盘，能够被列入股东前十，一般都是比较有资金实力的。

5. 牛人有经验

人越是有资金实力，在操作上就会越稳健，不会像一些散户翻来覆去地折腾。同时，投资者从牛人的出现和消失中还能对牛、熊市有所预见，例如，2012年一季报后，笔者在学员QQ群提到钱小妹都不见身影了，或许是因为她不看好上半年或本年度的行情。

6. 牛人在不在

目前A股市场有100多位“亿元”大户投资者，散户牛人就在这里面产生，其中战绩最牛的、交易比较活跃的三分之一都不到。普通投资者能认识几位，又熟悉几位呢？如果认识的牛人比较多，那么在你准备建仓时或计划进行中长期持股时，不妨查看一下当前流通股东中有没有牛人存在，再看看这些主力在历史操作中的盈利状况有多高。这两点可作为诊股的一种方法，当然，这里并不是说没有牛人持股的个股就不会大涨。

总而言之，选对牛人、跟定牛人，你就不必去考虑个股的基本面问题，只管去熟悉你要跟定牛人的操作手法。只有掌握该牛人的习性，你才能跟上节奏，赚到钱。

看准一件事就要放开手去做，看好一个人就要大胆去追，看中一只个股就要用心去把握。当今，追明星、追崇拜者、追主力牛人已成为时髦。谁心中没有几个偶像？谁心中没有几个印象较好的主力？例如，曾经的华夏基金、王亚伟等。除此之外，还有哪些主力机构和牛人值得我们去研究和跟踪？我们又该怎么去挖掘和发现？接下来笔者会详细介绍自己从近年来的不断实践中得到的经验。

第二节 如何寻找牛人

1．从牛股当中寻找

首先，我们需要明白“牛股里面自会有牛人，只有牛人才能创造出牛股”。那我们就可以从前期或近期涨幅最大、涨势最强的个股当中查看“前十大流通股东”排名，此时还须明白“投资者只有被列入前十大流通股东才能真正有效地控盘，只有达到控盘有力度才能使股价上涨”。其次，我们还需要明白前十大流通股东一般以自然人（个人名字）或背后有牛人的机构为主：前者的原因，一是很多私募账户都是以个人名字设立的；二是个人对赚钱的欲望要强烈一些，不像有的基金和机构是拿大众投资者的钱来操作，不论股票能不能盈利都有手续费和管理费；三是在行情较淡时前十大流通股东谁也不愿为谁抬轿，导致股价黯淡无势；四是一般基金重仓的个股流通盘都是比较大的，它们图的是稳健性而不是爆发性。后者如之前王亚伟掌管的“华夏大盘”和“华夏策略”两只基金。

【案例】

江苏吴中（600200）在2010年四季度前十大流通股东均是公司和机构，但股价一直没有上涨；而在2011年一季度前十大流通股东当中有8位是个人投资者，此后股价一路上涨。这说明什么呢？从这8位个人投资者的历史操作记录中可以发现，这8位极有可能是一个资金团体。笔者在2011年一季度后发现，即使在洗盘调整中再买进，在第二轮上涨中也能获得50%以上的收益。

【图解说明】

江苏吴中（600200）在2010年四季度时，持股最多的前十大流通股东均为公司，而从图25中可看出，2011年一季报显示持股最多的前十大流通股东大部分为个人，并且全部是新进入的个人，里面包括牛人成碧娥、王卫列。股价也就在这个季度大幅上涨，由此可见，这是一个资金团体，有备而战。结群的个人名义流通股东往往极有可能是“游资”或“资金团”，他们的风格都是又快又准，他们投资的股票一轮上涨都会超过30%，行情结束离场分钱。依笔者经验，个人股东的赚钱欲望要远高于一般的机构或基金。因此，投资者在选股或跟踪过程中不要轻易忽略前十大流通股东的变化，因为他们才是真正能够控盘的主力军，虽然投资者有时候发现比较晚，但不排除就发现得晚就没有机会，一旦有机会就相当于“中彩”，一年能中几次足够啦，不信请继续往后看图解。

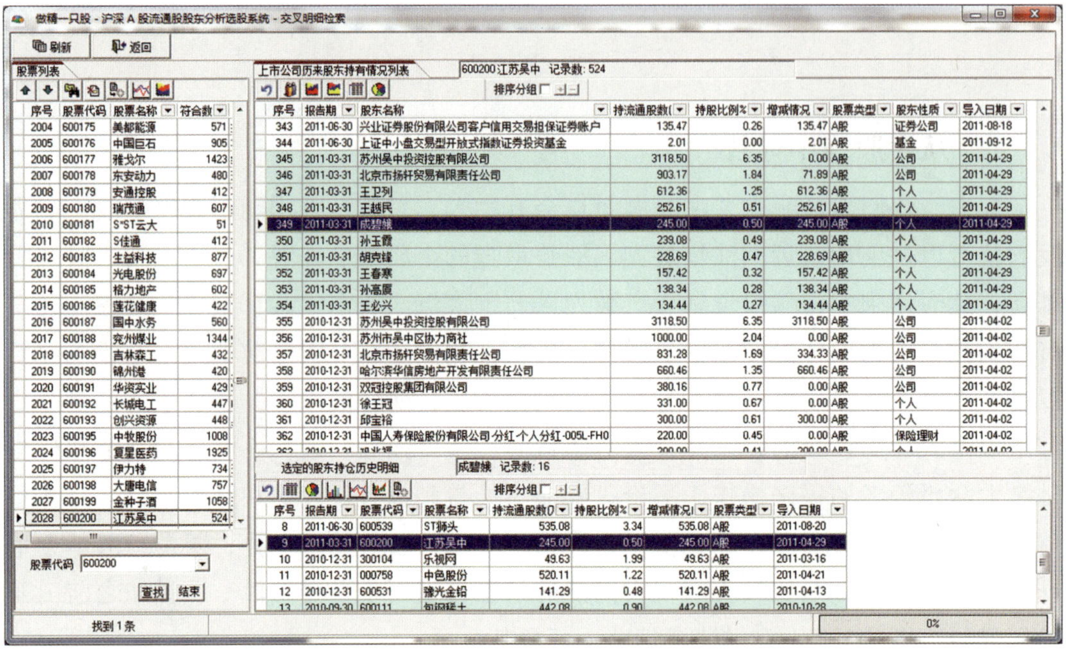

图25 江苏吴中（600200）股东列表图解

【图解说明】

读者请注意图26下边的长方框，这是为了标明牛人是在此季度区域内进行建仓的，我们再从区域内进行技术上的分析，判断出牛人建仓位置和均价成本位，同时观测此牛人的操作手法和选股风格以及其对当时消息面的把握。一番细心分析后，我们对此牛人的整体风格将略知一二，这对我们往后跟踪或操作该牛人新进入的个股会起到相应的作用。如果该牛人的风格跟自己的风格很接近，就可将其作为自己长期跟踪关注的对象，并将其加入自己的“股东池”。因此，笔者建议投资者在“做精一只股”的同时还须“精通几位牛人”，这能让投资者如虎添翼。

图26　江苏吴中（600200）K线技术图解

【图解说明】

图27为西藏发展（000752）在2010年四季报和2011年一季报的前十大流通股东变化。图中排名第二的是西藏自治区国有资产经营公司，其不断在减持，上市公司本身也在减持。但从2011年一季报中可见，第三位至第十位都是个人名称，并且对比四季报来看，他们都是最新进入的。可想而知，这些人相约进入必有大动作。这些人直到第三季度时才逐步减持离场，本轮股价从8.59元一直上涨到38.59元，出现了整整30元的上涨，这群牛人实在让人惊叹。

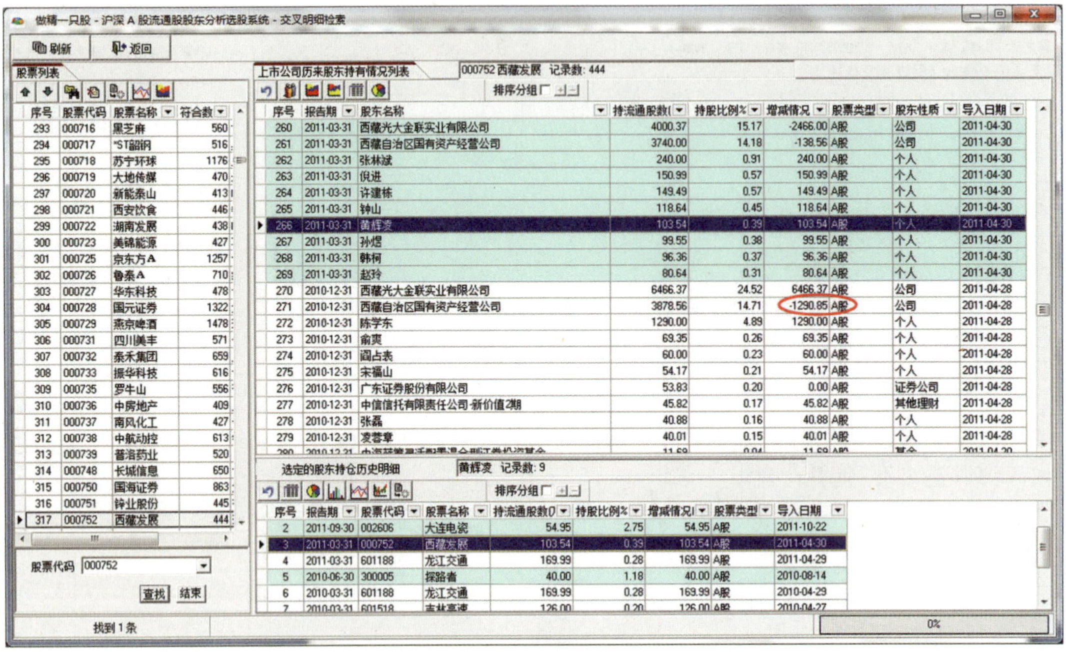

图27　西藏发展（000752）股东列表图解

【图解说明】

有人会问，股东列表中的确大有文章可研究，但当季报公布后，是否还有操作机会呢？请看图28的K线。打开K线图可见2011年4月30日正是一轮上涨后的洗盘低位区域，并且该股在季报公布的前一天即2011年4月29日出现涨停板，试想一下，这是不是牛人在洗盘后抢先一天增仓呢？涨停板当天的成交量温和放大，属于净买实涨，同时技术上符合本书中的“蜻蜓点水”买入条件。后面股价从21元左右涨到38.45元，随后才呈现出磨顶的过程。季报公布后再结合技术分析仍能获利丰厚，如此看来，投资者仍有操作机会，并且盈利还比较丰厚。如何判断前面回调是洗盘还是出货？请投资者深读本书。

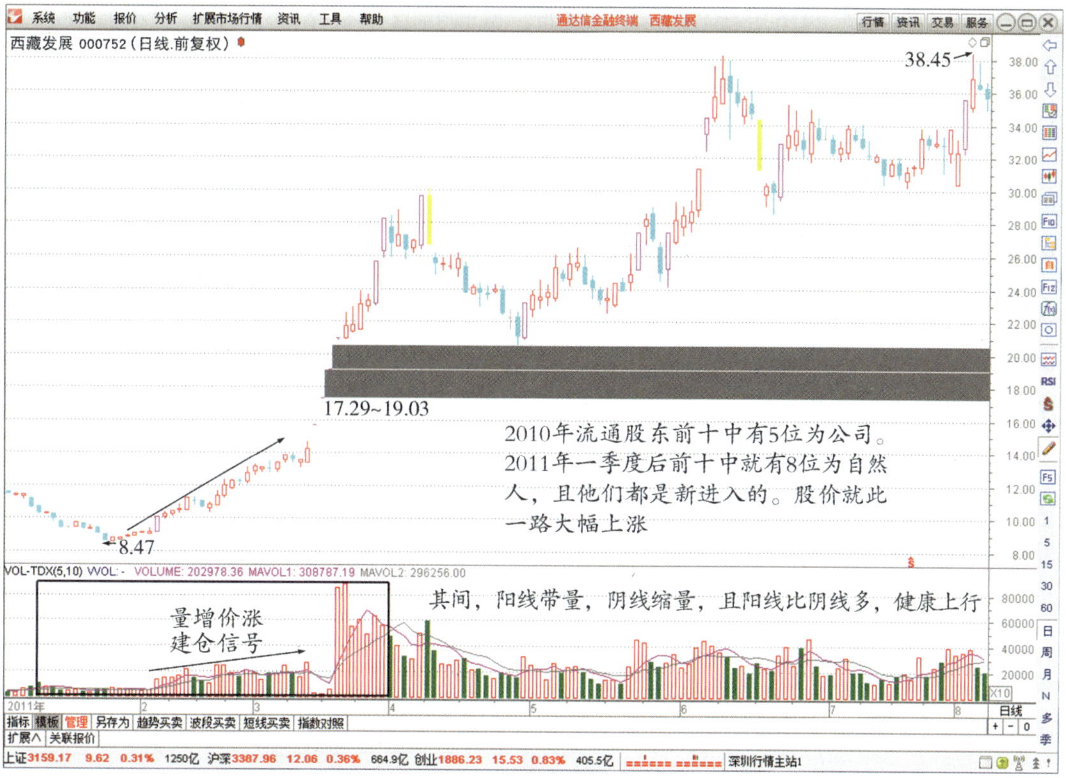

图28 西藏发展（000752）K线技术图解

2. 从网络财经报道中寻找

经常关注网络财经频道的投资者都知道，上面时而会有“牛散”“散户牛人”等关键词出现，如每年度5月份后（年报公布即将结束时），有关于统计上年度“最牛散户榜”的相关报道。文章描述的正是当时某牛人持有的某只个股，并对其进行盘点和解读，此时投资者便可以记录下这些名字，保存起来以建立“股东池”。其次，每年年底基金排名报道提及的人也是“股东池”收藏的对象。

股市中的“牛粉”就是这样产生的：投资者看到这些报道后，就会对其报道的牛人加以收藏、探索、关注、跟踪、参考，最后就成了某牛人的忠实粉丝。

3. 从辅助工具软件中查找

以笔者的“做精一只股-搜索流通股东分析跟庄软件”为例，投资者可以在软件中输入任意股东名称进行查找（仅限排列前十的股东），搜索出来后可清楚地看到其历史持股记录，接着可以从其历史持股中分析成效和操作风格，以及对照K线图形分析其操作手法，再跟踪最新季报中最新进入的个股。投资者也可输入股票代码查看当前十大股东的历史操作记录，例如，你现持有一只个股，不知后市有没有上涨的潜力，此时就可查看当前控股的前十大股东在历史操作中的成功率有多高。相对而言，这是一种不错的分析、判断方式。该软件还可查看关联股东，例如，搜索“张三”，然后点关联股东，可由此发现经常同“张三”进出某个股的“李四”，最后看“李四”的当前或历史持股记录，以发掘“结帮成伙”的关联性。除此之外，该软件还可自动分析出在历史操作中成功率最高的股东。该软件是笔者对公开性的F10资料进行分类加工整理而做成的，能使投资者在研究股东时一目了然，方便投资者快速搜索、查找。没有公开的主力具体进出时间任何人都不可查看，这是法律规定。

该软件原创者为北京的邓老师，市场上类似的软件较为少见，特别是具有这样详细的分析功能的几乎没有。笔者在本书中以图为例，仅借鉴软件的方式进行经验分享，并不是刻意推广该软件，请不要误解。任何选股分析软件本身仅仅是一种工具，实际操作中还须结合经验和智慧，灵活运用技巧，才能使其发挥出最佳效果。

第三节 如何运用“股东池”

1．查看历史记录

从前面找到某个牛人之后，接下来我们应查看该牛人在历史操作记录中的战绩是否持续稳定，确定找到的为真牛人。经过此番验证后，投资者就可以在“股东池”中挑选出在历史中战绩最高的前3～5位作为其要跟踪的目标对象。注意，跟踪需要大量时间和精力，所以不宜挑选过多。

2．查看关联股东

投资者在查看历史操作记录时可以结合整个“股东池”的名称来看，观察其是否有关联性或是否为同一家族。例如，“陈氏家族——陈智明、陈滢、陈智康”“夫妻关系——刘芳、叶晶”等。如果这些有关联性的名字出现在同一只个股的前十大流通股东名单列表中，那么这只个股上涨的可能性就会更大。

3．查看选股风格

投资者在查看牛人的历史操作的个股记录时，还需要探索该牛人的选股风格，判断其是以热门题材为主，还是以重组概念为主，或是以ST摘帽为主。例如，神秘牛人钱小妹在2011年中报持有的10只个股中有3只是“磷矿概念”类个股，其中的六国化工（600470）笔者相信有很多散户都参与过，即使后期钱小妹不再持股，该股仍有十足的上涨后劲，该股股价在2011年10—12月这三个月下跌至前低点，但在2012年1—3月股价涨幅快速翻番。这点足可说明钱小妹选的个股具有热门题材性和中长期持续性。

4．查看持仓变化

一般牛人们都会组合投资，少则1～5只个股，多则6～10只个股。其中可能会有部分是上一季度进驻的，另一部分是本季度新进驻的，此时投资者首先要观察上季度进驻的个股在本季度是减持还是增持、新进驻的个股是否还有相关联的牛人并列，其次观察总体持股当中的仓位比重哪只个股最多，然后分析新进驻的个股在基本面是否存有潜力待发掘，接着分析所持有的个股在当前市场是否具有热门题材性和持续性，最后从技术面上寻找轨迹和掌握手法以寻求机会。

5．查看操作手法

投资者在查看牛人的历史操作的个股记录时，一定要结合技术面观察，去发现该牛人一贯运用的操作手法，例如，该牛人从建仓到出货中的每一个环节是如何进行的？该牛人的持股周期一般是多长？该牛人是激进型还是稳健型？其每操作一只股的平均盈利幅度又是多少？投资者在这些方面可列出数据表格，这样就可以对这些问题的答案一目了然，更有利于在后期跟庄时得心应手。注意，投资者最好能找出适合自己的操作手法，并将该牛人作为跟踪对象，这样才能不谋而合。

【图解说明】

如图29和图30所示，经过上述流程，在“股东池”三番五次筛选、确认后，投资者就能找出值得跟踪的牛人，可能也就1～3位，跟的牛人越少越有利，千万别贪多。请记住，你对该牛人越了解、熟悉，你在跟随的道路上就越顺利，成功率也越高。

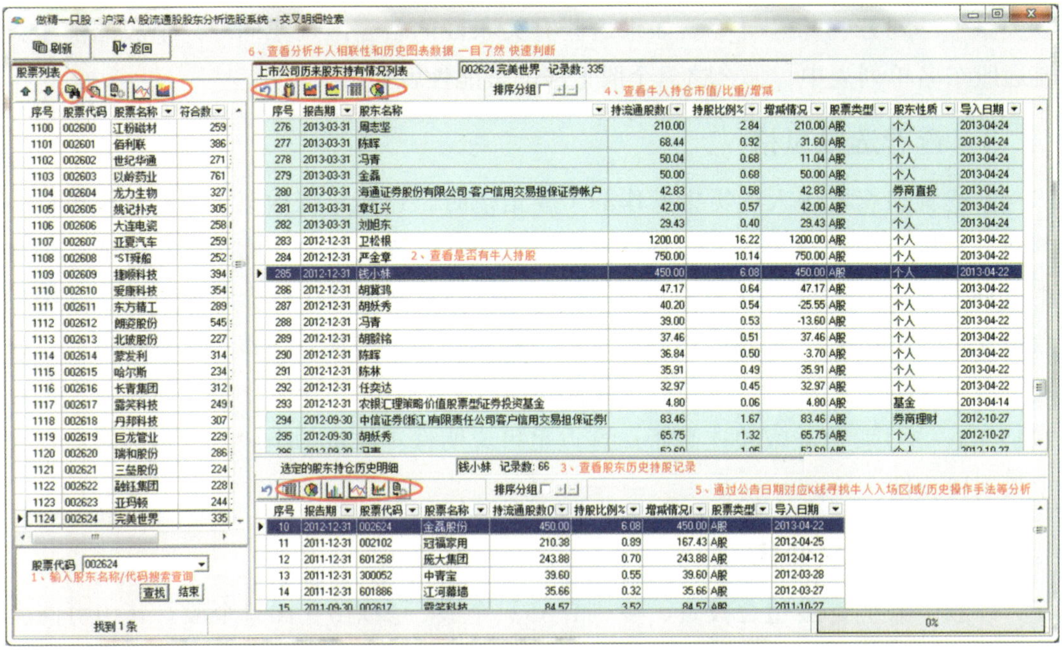

图29　选牛人和跟牛人示意图解

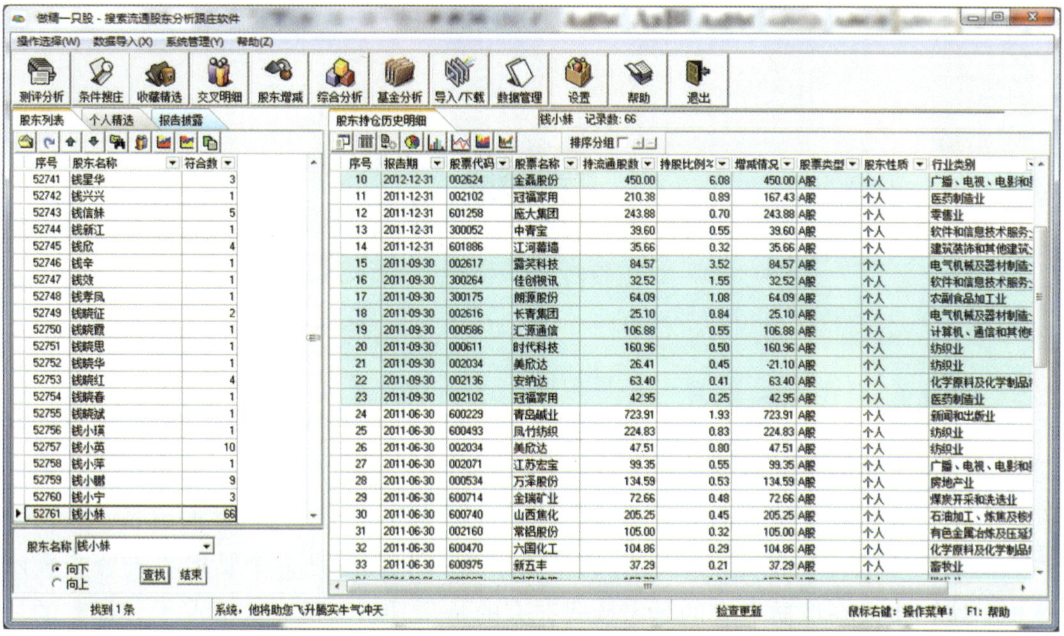

图30 筛选后确认的牛人

第四节 历史中的牛人盘点

长江后浪推前浪，辈有牛人出。在历史中的老牌散户牛人逐个沦陷或隐退的同时，每年都有新的牛人崭露头角。这些牛人都有一个共同的特性，就是每一位牛人都会有一只成名股（持有的某只个股出现了巨幅上涨，该牛人因此而成名）。这些牛人的成名事实上有的是巧合，有的牛人不是一个人而是一个马甲（一个资金团体）。这些牛人在性质上有的是家族式，有的是帮系，有的是夫妻联手，还有的是个人；手法上有的是敢死型，有的是重组型，有的是ST型，有的是专注型，有的是题材型，还有的是组合型，等等。如表6所示，笔者整理了部分牛人名单并将其作为案例。

表6　部分牛人名单

姓名	性质或类型	成名股	成绩概述
刘元生	专注 价值型	万科A	17年投资增长400倍（远超股神巴菲特）
黄木顺	地产 巴菲特	泛海建设	一旦出手必定翻番，但2007年见顶后损失过半
舒晨芳	题材为主	2005年　海虹控股 2010年　万向钱潮 2012年　长航凤凰	很少出手，出手必中；持股数少，翻番数倍
刘芳　叶晶	夫妻联手	*ST金泰	只输时间不输钱，42个涨停神话
吴鸣霄 （注意：当前有一个同名的）	ST潜伏 高手	*ST中房　*ST厦华 *ST昌鱼　*ST筑信 *ST厦华　*ST东海 *ST金杯　*ST北生 *ST天方	金融危机之下，企业重组逐步加剧，ST上市公司的壳资源价值凸显，专捡“垃圾”中的黄金

（续表）

姓名	性质或类型	成名股	成绩概述
钱小妹	神秘牛人	2009年　双钱股份	似乎能提前获取信息，引导股价为惯用盈利模式，此人选股能力可谓超群
谢贞贞	激进快取	2007年　江山股份 2009年　新疆城建 2010年　浙江东日	类似游资，就以浙江东日为例，除第一大流通股东为公司集团自身外，其余8大流通股东均为自然人
董荣亭 成碧娥 王素芳 叶玉莲	与稀土结缘	包钢稀土　广晟有色	大牛股自有牛人结群，王素芳和叶玉莲是A股市场一对著名的“关联账户”
赵一辉 赵一波 赵一文 赵一弘	赵一系	*ST石炼化长江证券借壳上市	其资金规模、进入时机和投资题材都具有规律性；重大利好消息公布前，总能先知先觉埋伏其中
王一虹 张远捷	盐湖系	盐湖钾肥 盐湖集团	2010年6月盐湖系二合一整合方案获批
黄木秀 黄俊龙 黄俊虎	父子兵，来自广东揭阳小山村	*ST琼花　*ST科龙 *ST德棉　*ST关铝 *ST金城	就以近期ST科龙为例，2012年第二、第三季度除第一大流通股东为公司集团自身外，其余8大流通股东均为自然人，随后股价上涨近3倍
刘晖 邹瀚枢 刘东辉	“兄弟连”同进退	*ST岷电　*ST张股 *ST迈亚　*ST皇台 *ST唐陶	“兄弟”并非指他们真正有血缘关系，而是指他们在股票操作上常常步调一致，犹如好兄弟一般

（续表）

姓名	性质或类型	成名股	成绩概述
陈智明 陈滢 陈智康	陈氏家族	中兵光电　高淳陶瓷 *ST星美	陈智明与陈滢为父女关系，陈智明与陈智康为兄弟关系。2009年在高淳陶瓷连续第11个涨停日，三人高位接盘的“勇气”令人惊讶

除追随牛人之外，市场投资者对私募基金和游资经常出没的证券营业部也应高度重视，每天都应关注在这些证券营业部买卖进出的相关个股。这些证券营业部中最为典型的是宁波原“敢死队”和王亚伟深圳自立私募开户的证券营业部。经笔者初步整理，私募基金和游资较集中的部分证券营业部如下（仅供参考）：

（1）国信证券股份有限公司深圳泰然九路证券营业部。

（2）方正证券股份有限公司杭州延安路证券营业部。

（3）中国中投证券有限责任公司无锡清扬路证券营业部。

（4）中信证券（浙江）有限责任公司杭州延安路证券营业部。

（5）财通证券有限责任公司杭州解放路证券营业部。

（6）国信证券股份有限公司深圳红岭中路证券营业部。

（7）五矿证券有限公司深圳金田路证券营业部。

（8）华泰证券股份有限公司深圳益田路荣超商务中心证券营业部。

（9）财通证券有限责任公司绍兴人民中路证券营业部。

（10）光大证券股份有限公司宁波解放南路证券营业部。

（11）方正证券股份有限公司温州小南路证券营业部。

（12）华鑫证券有限责任公司上海茅台路证券营业部。

（13）中国国际金融有限公司上海淮海中路证券营业部。

（14）西藏同信证券有限责任公司上海东方路证券营业部。

（15）财通证券有限责任公司温岭东辉北路证券营业部。

（16）财通证券有限责任公司上海漕溪路证券营业部。

（17）浙商证券有限责任公司杭州萧山恒隆广场证券营业部。

（18）国泰君安证券股份有限公司深圳益田路证券营业部。

（19）中信金通证券有限责任公司嵊州时代商务广场营业部。

（20）华泰证券股份有限公司深圳深南大道证券营业部。

从2012年5月告别华夏后，“公募一哥”王亚伟一直在筹备自己的私募基金，至2012年9月28日，一家名为“深圳千合资本管理有限公司”的私募基金公司已经在深圳前海悄然登记成立。该私募基金注册资本为1000万元，为王亚伟全额出资。对于王亚伟转战私募，业内争议一直较大。他选址深圳前海的主要原因是：国务院批复了支持前海在金融改革创新方面先行先试的政策，计划在前海建设我国金融业对外开放试验示范窗口，前海计划对合格的企业按照减税15%的标准征收所得税。其公司落户“国信证券股份有限公司深圳红岭中路证券营业部”的主要原因是：该营业部本身就是私募大本营，在此落户可达到众资之下的隐藏效果。

自2005年以来，在执掌华夏策略基金期间，王亚伟两度精准抄底A股，令众多投资者惊叹不已。在2012年股指下跌至2000点关卡附近时，王亚伟“私奔”后重出江湖，这意味着抄底时机已经到来。

从2012年年报中笔者获知王亚伟旗下的私募产品“中国对外经济贸易信托有限公司–昀沣证券投资集合资金信托计划”在广电网络（600831）、华润万东（600055）两家上市公司流通股股东中均名列前茅。从技术图形上看，在2013年一季度两只个股上涨幅度均接近翻倍。从王亚伟过去的投资风格看，他更偏爱一些股价尚未启动，或者个股概念尚未被市场挖掘，且股本偏小、股性活跃的个股。

总之，有牛人的踪迹就会有牛股的味道。不善于从基本面选股的投资者，可以用此方法进行选庄和跟庄，但不能过于崇拜牛人，也不能以此为全部操作依据，更不能盲目跟风参与。上述各种案例的讲述，让读者在今后选股时又多了一条捷径，无论是对技术上的短线操作，还是对以“做精一只股”为目标的中长线操作，都能起到明显的辅助作用。

第五节 如何跟上牛人节奏

对于散户投资者来说，他们得到的信息、经验、资金等都不如这些曾经操作成功率较高的牛人。那么，他们也可以选择站在这些牛人的肩膀上，或许可赚取理想的利润。散户应结合牛人“胆大心细、坚守忍耐”等成功秘诀，在对的时间（财报公布时）遇上对的人（找出看中的牛人），选对个股，再找对点位（结合技术量价形态寻求参与机会），在一年中跟踪1～3位牛人，做精1～3只个股，账户市值翻一倍以上不是难事。

当然，再好的行情，再强的牛人，如果投资者对其没有充分的认识和了解，都是跟其无缘的。再熟悉的牛人，投资者如果没有耐心和技术功底，也难以操作恰当并赚到钱。选对牛人、选对个股仅是前提，重要的环节是选对时机，踏上牛人的节奏，观察牛人是否仍在控盘持仓中，从技术中寻找最佳参与点位，锁定利润和提前逃庄。接下来笔者将对个别牛人曾经持仓过的个股进行图文描述，以供读者参照。

特别申明：股东最新持股明细只有在财报公布后才能揭晓，在财报公布之前任何人都不可查看或将其公示，否则将触犯法律。有人说在财报公布之后才能发现牛人，但此时股价已经高涨，这时去参与只会为牛人接盘，这种说法并不是没有道理，但绝非完全正确。这要看市场环境变化是否能支持牛人进行中长期投资，也要看牛人一贯的选股风格和操作手法是否还能延续，另外要看牛人所持仓过的个股技术形态上是否还存有可参与性，最后要看基本面是否还有潜在价值。笔者在本节当中主要阐述在牛人最新持仓个股明细公布后散户如何跟踪和分析，并介绍操作上的技巧。

【案例一】

【图解说明】

神秘牛人钱小妹持股列表如图31所示，之所以神秘，是因为没人知道她的出处和背景，“钱小妹”或许是某游资的户名。她的选股风格偏向热门题材，持仓个股一般在5只左右，持股周期很少会超出一个季度，所持个股涨幅一般为50%以上。图31中标记的是2011年7月23日公布的二季度钱小妹持有的六国化工（600470），她位列十大股东第五，股东第3～10位全是个人名字，并且他们都是在本季度新进入前十的。从关联股东还可发现排在第3位的郑东与钱小妹在当季度还同时持有凤竹纺织（600493），分别排列在第9位和第6位，该股在二季度后的上下震荡中共出现过6个涨停板，其技术图形正如笔者在“志尚投教”中的课程里提到的“N字涨停式”和“回马枪涨停式”。

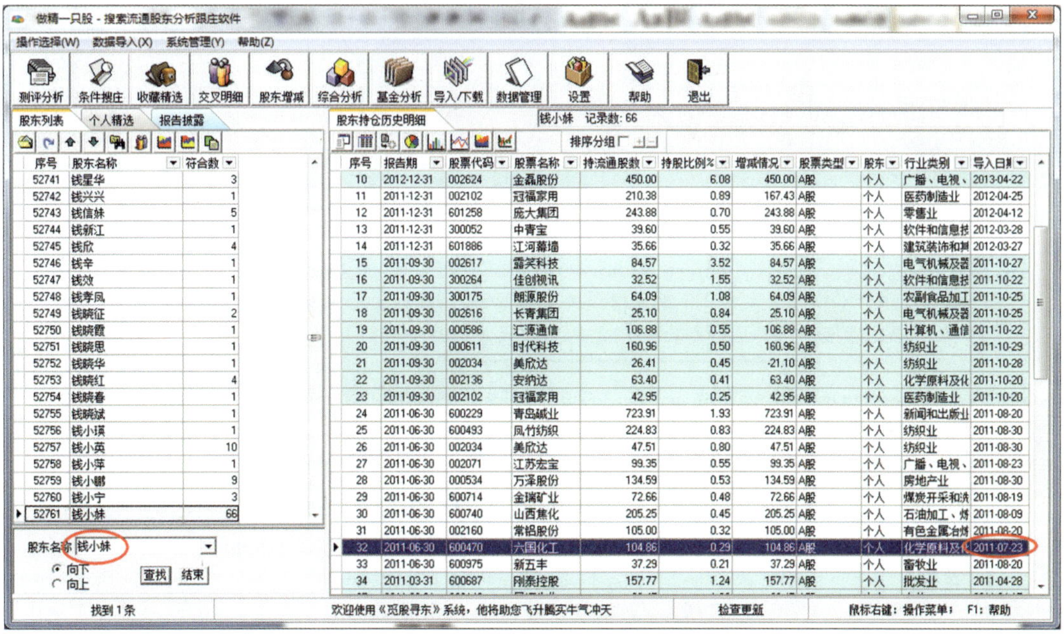

图31 钱小妹持股列表图解

【图解说明】

图32为钱小妹从建仓到拉升过程的六国化工（600470）日K线技术图解。先看前面的三小浪下跌，K线在第三浪时明显缩短收敛，并以“一字平台”止跌企稳，随后以涨停板突破，在涨停前一天呈现温和放量中阳线（突破前3～5天的高点）的“起涨信号”，从技术图形上可获知钱小妹理应在此时进行建仓。一个月后股价再次缩量跌回起涨位之下，并击破前低，但当天就收出长下影阳线，随后几日收出V形反转底，接着在二次回踩时以前面涨停板低位（即成本位）为支撑，然后进入一轮拉升行情，涨幅已翻倍。投资者对其中的买点机会在二季报公布后发现钱小妹进驻时就应密切跟踪，股价跌到前低时的V形反转为第一次买入信号，第二次回踩确认支撑为

第二次买入信号，卖出信号应在放巨量时或收长上影线时。具备如此明确的技术信号和能及早发现牛人进驻的个股可遇不可求，一旦擒获便可轻松盈利20%以上。

图32　六国化工（600470）日K线技术图解

【案例二】

【图解说明】

牛人谢贞贞曾经在2009年二季度进场，三季度和四季度两次增仓新疆城建（600545），所持股票三个季度股价涨幅达到3倍，因此一举成名。之前其还操作过大龙地产（600159）和江山股份（600389），都获利数倍。从记录中可见，谢贞贞每操作一只股都有翻番盈利，从未失手，并且在进场后股价一直呈上升趋势，其间股价都没有较大的振幅。有了前面的辉煌战绩，我们不妨跟踪该牛人后期持股的动态，看看是否还有可参与的机会。图33为2010年四季度谢贞贞浙江东日（600113）的首次进场和2011年一季度接近倍量增持，以及2011年四季度在时隔两个季度后再次轻仓进场。牛人如此看中浙江东日（600113），可知该股的背后大有文章。答案就在其2012年二季度一连拉出的11个涨停板。

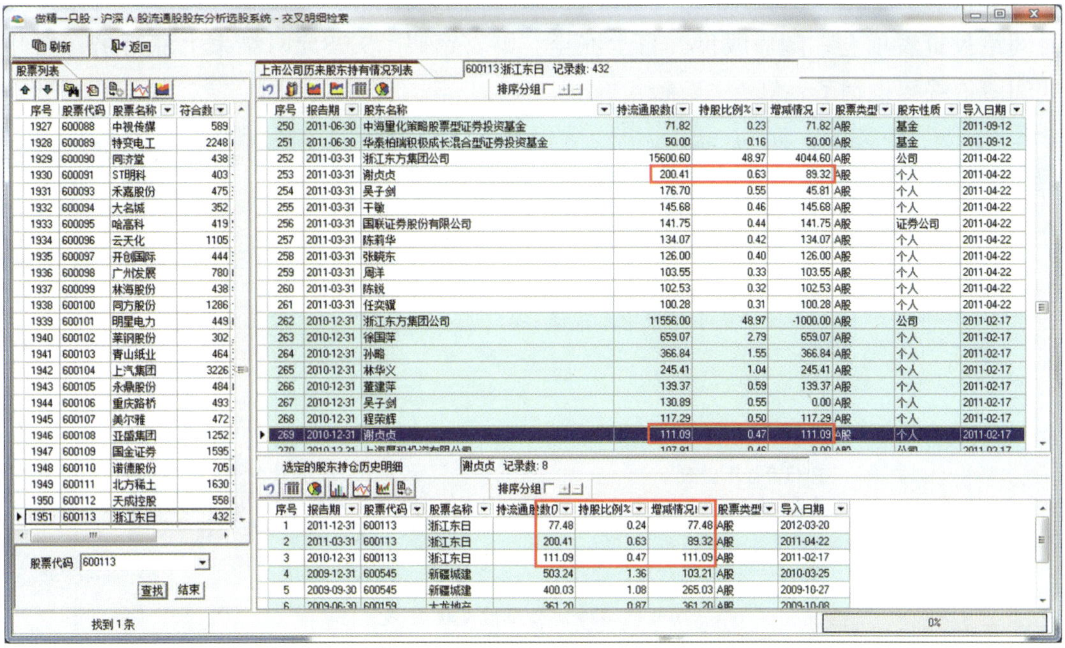

图33　谢贞贞持股增仓列表图解

【图解说明】

牛人都有不同的操作风格和习性，一般而言，建仓期大多数都有试盘期、集筹期、蓄势期，在这期间股价或有震荡，甚至因当前大盘不稳导致股价低于建仓成本，或者在成本左右反复收集筹码。如图34所示，在2011年2月17日上年度四季报公布时，牛人谢贞贞就已进场，再从K线技术图形上看，2010年四季度三个月为大箱体走势。从年报公布日的行情位置来看，牛人谢贞贞应该还没有获利，股价仍在建仓成本附近。此时可以联想到，谢贞贞在以往操作个股当中都有翻番涨幅，这次进场的浙江东日（600113）接下来涨幅是否又会翻番呢？并且从年报公布日的行情位置来看，还没有盈利的情况，若能被你及时发现，你应该有中头奖的感觉。我们还可更细致地观察，在年报公布日前曾出现跳空急拉快涨，这是不是可以理解为在公布年报之前，有人先快速拉高脱离成本？这一举动便增加了此现象的可信度，投资者应毫不犹豫地买进该股。因牛人谢贞贞一般持股周期较长，股价上涨也比较趋稳，节奏越慢，我们看得越清，机会也就越多、越大。往后看，2011年4月22日公布的一季报就显示谢贞贞大量增持，增持数量接近首次建仓的一倍（也称倍量），谢贞贞的股东排名也从第8位跃升至第2位。谢贞贞如此大胆看涨并大量持股，并且在公布一季报时股价还没有出现大幅拉升的主升浪，主升浪是否会一触即发？得此信号后我们是否还可继续跟同增仓？

股价在公布一季报当天小幅低开，直到尾盘一个小时才封上涨停板，这区间有充足的时间给投资者增仓，随后股价一直上涨至“财富密码”9.98元时结束上涨行情，在此期间股价涨幅也翻了一倍。

图34　浙江东日（600113）K线技术图解

俗话说：“好马不吃回头草”，但在股市当中，投资者对有潜力价值的个股就必须来回做，甚至经常杀回马枪。如图34所示，浙江东日（600113）在2011年四季度时被牛人谢贞贞再次轻仓进场，谢贞贞时隔两个季度后又操作该股，此事可引起我们高度重视。从2011年四季度K线走势来看，牛人谢贞贞仍然没有获利，我们又会联想到，在2012年一季度后股价是否会有奇迹出现？果不其然，在2012年一季度股价呈稳步攀升之势，但成交量仍没有出现如前几次见大顶时的大堆量，按此分析该股远没到顶。从2012年二季度公布的财报来看，“私募一哥”掌管的“华润深国投信托有限公司-泽熙4期集合资金信托计划”位列该股十大股东第二，这再次展示了其在浙江宁波“敢死队队长”的风格，股价在此阶段一连拉出11个涨停板。

【案例三】

【图解说明】

受大盘影响，个股下跌，直到大盘止跌企稳，市场主力机构和散户牛人们都会在同一起跑线上进行建仓。如果这个止跌企稳的时间段刚好在一个季度的末期，那么在接下来公布季报时，我们就可发现“股东池”中的牛人大多数都是刚刚进场的，特别是如果季报公布时间较早，我们就能更早地发现牛人持有的个股，此时牛人有可能正在震荡中吸筹建仓，也有可能正在拉升，甚至有可能在拉升后回调洗盘，更有可能受大盘反复而影响市场，使股价再度跌回建仓成本之下。这几种现象只要发现便是难得的机会，可遇不可求，因而更值得把握。

例如，图35为神秘牛人钱小妹持有六国化工（600470）的阶段，公司在2011年二季度（6月30日）后不到一个月，第16个交易日即7月22日就公布二季报，此时就可发现神秘牛人钱小妹已进场。打开该股K线图形可见，当时的股价仍在建仓成本之内，受大盘一直下探影响，该股在后面再次触及前低点，但是按钱小妹的操作风格，她一般很少失手，所以我们仍不应放弃跟踪，而应该加强关注接下来的每一根K线变化。牛人刚进场、牛人被套的两种情况是能钓到“大鱼”的机会。如图35所示，有在跌破前低点后迅速长下影回升，随后连续上涨形成V字底，由于上涨过于急

图35　六国化工（600470）操作手法图解

速，也有太明显的抢筹动机，所以短期需要稍做打压回踩。回踩时仍然在保护前下影高点和首次进场的涨停板低位，在有牛人驻场的基础上，结合这几种信号，此时便是我们所追求的跟庄买入机会。当然，这样的机会不是很多，但在一年中能遇上一两次也足够了。总之，机会是给用心学习的人的，也是给随时有准备的人的。

【案例四】

【图解说明】

前面提到“吃回头草、杀回马枪”，在一个牛人、一只个股上面出现并不奇怪，如果在几个牛人身上和同一只个股上面出现，结果又会怎么样？如图36所示，“私募一哥”掌管的最强悍的一只私募基金“山东省国际信托有限公司-泽熙瑞金1号”，在2012年一季度进场云投生态（002200），排名第7位。从图37中可见在二季度其不见踪影，说明已离场。在时隔一个季度后，该基金三季度又再次接近倍量进入，排名第5位。这中间停止的一个季度说明大盘还没见底，仍存在下探空间，该基金才出来暂作观望，从三季度再次大量进场来看，该股的潜力仍然存在。笔者在“做精一只股-搜索流通股东分析跟庄软件”中还发现，这只个股前期有多位牛人参与，包括陈智明等人也曾反复进出该股。牛人众聚，反复进出，这说明该股背后有巨大潜力待挖掘。同时我们也可将其加入自选股进行长期、密切跟踪，股价异动时、信号出现时，就是我们的买入时机。

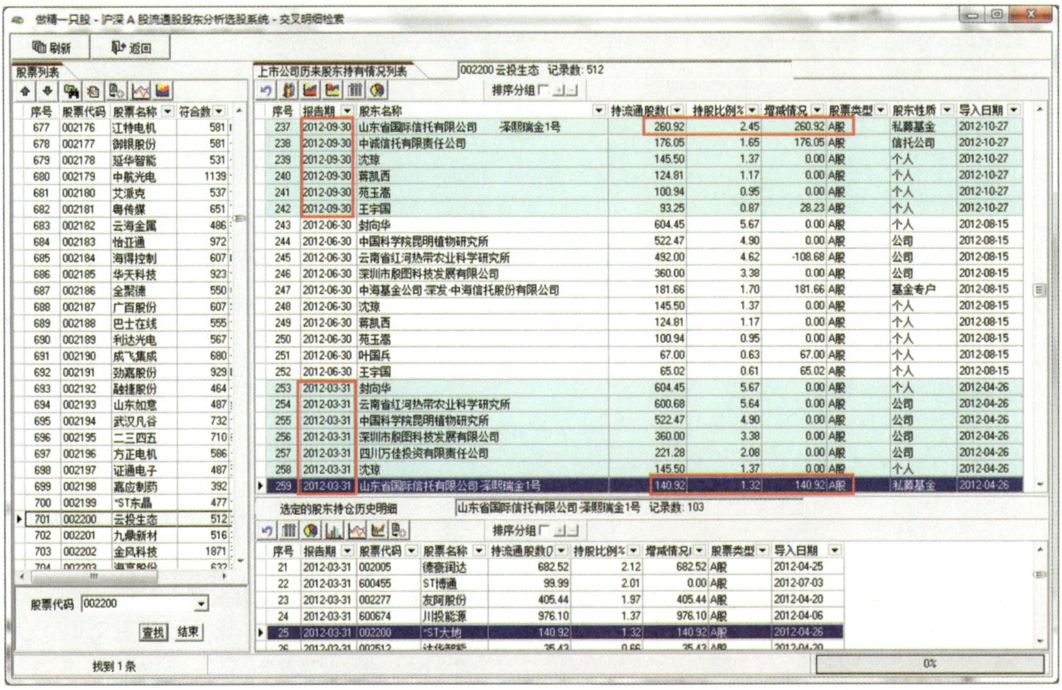

图36 “私募一哥”持股列表图解

有时候我们从牛人持股数量、仓位比例以及是否持股中可获知后面大盘的强弱。再例如，牛人钱小妹在2011年四季度后就不再有持股动态，在其空仓的情况下，大盘在后期会怎么样可想而知。从散户的角度来讲，有时可借鉴牛人的眼光和思维，但有时也须提防该牛人不再投资股票或更换其他账户名，在季报中没有牛人出现并不意味着大盘不会再上涨。

【图解说明】

对于云投生态（002200）过去的基本面，笔者暂且不说，估计大多数投资者对此都略知一二，在此笔者只讲解牛人结合技术面的分析，相信这样解读投资者学习起来会更轻松。图37中在前期牛人进场阶段的K线图非常复杂，也正处在一轮巨幅大跌之后的低位，相信牛人在此时进入也是为了潜伏基本面的转化和在超跌后抢一轮反弹。但在季报公布后从技术图形上看我们根本就没有可操作的机会，只有静待技术图形顺畅再寻求机会。虽然股价后面再度下跌近50%，但当时大盘也是向下走的，因此还不能低估牛人参与的潜力，所以该股还可进一步跟踪，待大盘好转时再观察该股技术上会有何表现或异动。

图37 云投生态（002200）K线技术图解

2012年10月27日公布的三季度财报显示，“私募一哥”掌管的“山东省国际信托有限公司–泽熙瑞金1号”再次重返并同比前一次较大量参与。从技术图形再结合三季度（7—9月）期间来看，建仓位置应该在前面低位箱体内。公布日股价处在突破箱体后又接近前高点，成交量也偶尔放大，说明这一轮上涨中必然会有不少解套盘流出。试想一下，牛人大量进场不可能只因这20%的涨幅，也不可能仅为他人解套，所以牛人为了不让自己被套盘占便宜，就必须洗一洗、压一压盘。所以他们在后面的一轮回调到达前箱体处时，再构造“一字平台”企稳，其最低价为“财富密码”9.88元止跌。

综合来看：其一，牛人两次参与，说明股票有潜力；其二，在季报公布发现牛人后，股价涨幅不大还正好遇上洗盘阶段；其三，在洗盘至前建仓区域时出现小平台止跌，说明其有较强的支撑和保护成本力度；其四，在小平台中，最低价9.88元为吉祥数字，笔者称为“财富密码”，在低位出现一般可作为见底的信号；其五，股价在小平台后以“串阳组合”温和上升，说明这组小串阳是在增仓吸筹。因此，投资者在出现“财富密码”时就可少量潜伏跟进，在出现串阳回升时就可进行增仓，跟随其后面的一轮波段涨幅也会有50%左右的盈利。总之，投资者应在学习笔者的技术图解的同时学习主力操作手法，最后熟悉几位牛人、做精一只股，要相信奇迹无处不在。

【图解说明】

每年5月份后在年报公布结束时，有不少ST股将在退市和留下来之间抉择，而摘星摘帽的一般会在7月份后陆续申报和公布，一般提交摘帽申请后1～2个月会有审核结果，通常在提交申请后股价就有预期异动。因此，每年在此期间都有一轮ST股热炒潮。例如，业绩扭亏为盈的、摘星摘帽的、资产重组挽救局势的、股价一直下跌至冷点但能躲过退市这一劫的，都会受到超跌反弹热炒。

图38为中科合臣（600490）在2012年9月4日摘帽前后的K线图形。摘帽前一年，K线均在高位横盘状态，区间波幅为20%左右。从图中左上角分时图可发现“泽熙瑞金1号”正是在2012年三季报公布日（2012年10月31日）进入的，当天股价高开冲高，刚好突破前一年多以来的横盘上轨，随后受到前高对市场心理上的承压回落。从分时图中可见其回落至当天最低点时迅速被主力接盘拉起，直到尾盘收盘价也在此之上。在季报公布日必会有不少人发现有新牛人进驻，同时股价在技术上才刚刚起涨突破在即，股民中还有“横盘有多长竖有多高”之说，更重要的是该股在一个月前刚刚摘帽后还没有上涨的表现，这几种迹象表明该股在后市的上涨潜力可期。

图38　中科合臣（600490）K线技术图解

一般公布季报当日若个股报表较好，在当天早盘股价都会有上涨的表现。如果股价处在高位，主力可能会顺势冲高获利；如果股价还没有明显上涨，主力就会在盘中打压跟风投资者。

接着再看次日的K线，它是极为缩量的长下影阳星线。有的人最怕出现放量阴线，其实它如果在股价不是很高的情况下出现，且在次日能立即明显缩量缓解，投资者都不必担心，下一步股价还有上涨的动力。但要注意放量阴线的次日缩量震荡中分时图是否有各种主力护盘的迹象。投资者可从区域分时图中去观察轨迹。上述个股从发现之日起到后期最高价24.25元，涨幅足有一倍。只要你有技术基础，只要你能熟悉几位牛人并时刻关注其持股动态，只要你能细心观察，这一倍的涨幅就非你莫属。

【图解说明】

牛股中有牛人，牛人自会有牛股。笔者继续讲述“泽熙瑞金1号”持有的另一只股永辉超市（601933），从图39的持股明细中可见，“泽熙瑞金1号”所持有股的数量是基金中最多的，这种现象必然会引起我们关注，大家最重视的是在季报公布发现日和技术形态所处位置是否还有可参与的机会，请见下一张图的图解说明。

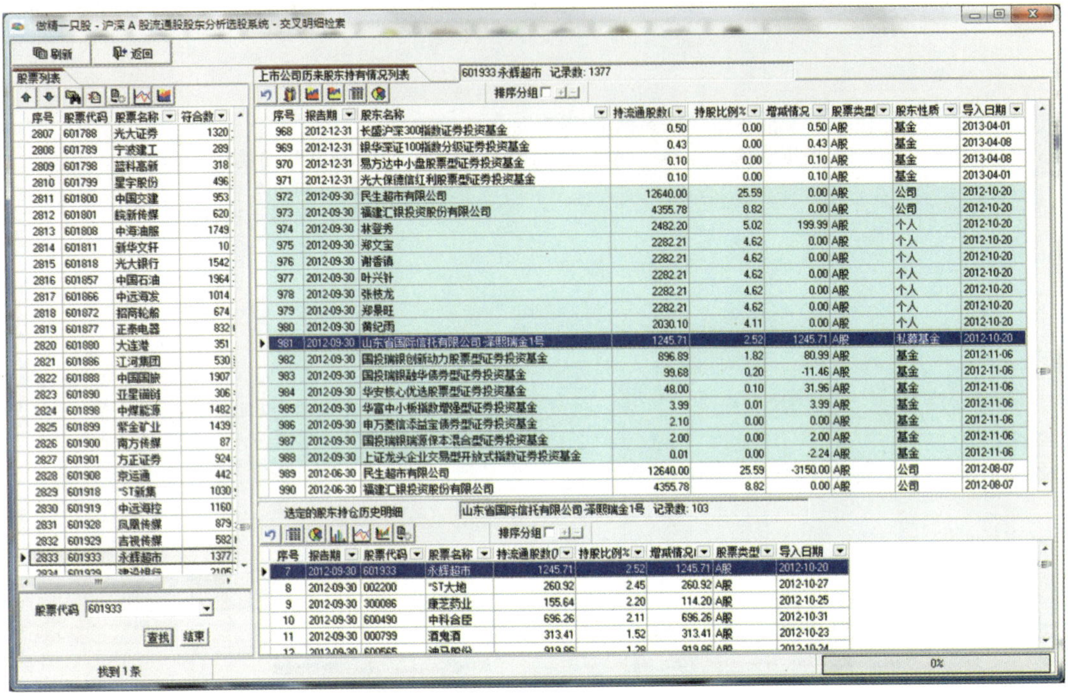

图39　永辉超市（601933）股东列表图解

【图解说明】

笔者认为众多基金扎堆的个股有好的方面，也有不好的方面。好的方面是股价走势较趋稳，因基金的要求是能稳健获利；不好的方面是股票活跃性不强，犹如蜗牛一般，因谁也不愿为谁抬轿，除非在大势向好时才会顺势上涨。从图39中可见股东从第10位后全是基金持股，再看图40中的K线图形。虽然表面上走势较为复杂，但经过笔者解析，读者仍可清楚地看出种种技术性的节奏规律。

笔者再讲讲在季报公布日之后的分析方法。首先如笔者在前面提到的，主力往往在利好兑现时或季报公布后就开始出货或洗盘，打压所有发现后跟风的人。是出货还是洗盘？先看前面主力建仓位置和起涨浪幅度是否满足洗盘的要求，再看回调中的成交量是否由大到小再到地量，最后看回调中的成本价保护位和支撑点位。例如，图40中的成交量规律最为明显，先由大到小再到地量，后由小到大再到巨量出现后不久就见顶。

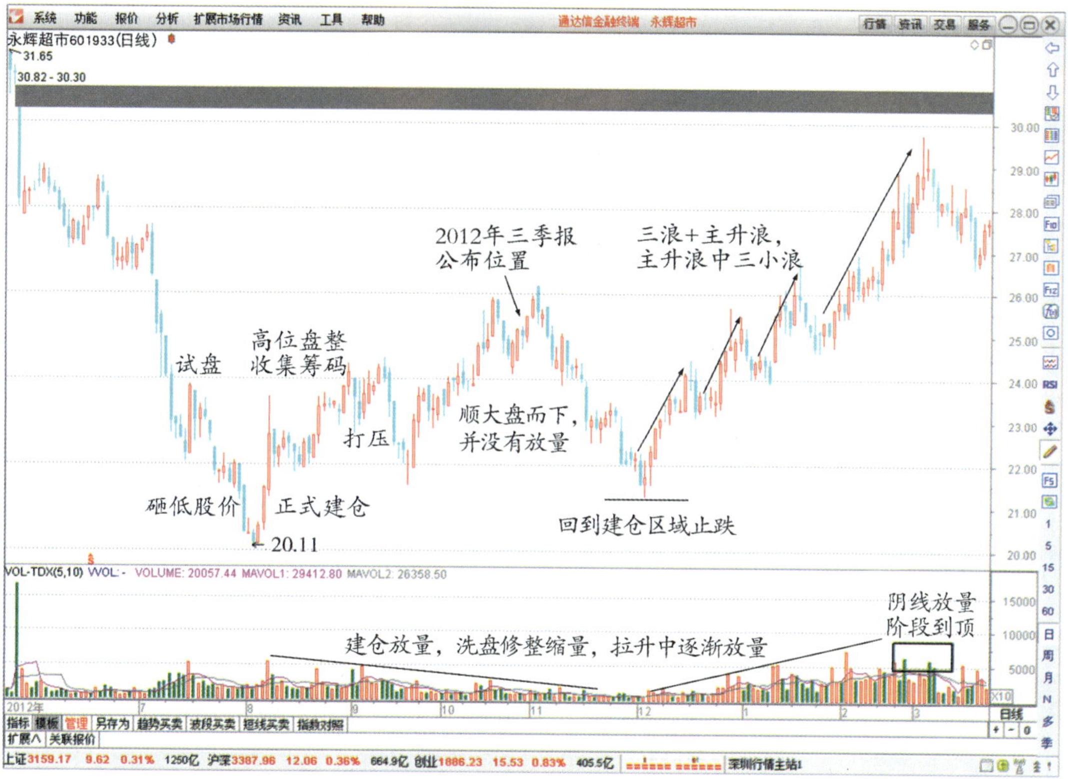

图40 永辉超市（601933）K线技术图解

综上所述，牛人重仓，基金扎堆，该股的基本面必然会有一定的吸引力。此时散户投资者就不必去证实基本面有何吸引力，重要的是把技术图形从前到后分析透彻，集中精力跟进才有机会。

【案例五】

【图解说明】

近年来股指起起落落，牛人们的财富故事也跌宕曲折。曾经名噪一时的牛人有一些渐有退意，也有一些沉寂一时后重出江湖，还有一些后起之秀风头正劲。笔者统计发现有部分牛人久经沙场，无论是牛市还是熊市都照样持股，并且每一个季度都持有5只左右个股。除了图41中的赵建平之外，还有宋戈、刘伯新、李军，也包括前述的ST牛人吴鸣霄，这些牛人持股周期都比较长，持股期间时常使用增减反复操作的手法。如图41中标记的赵建平持股佐力药业（300181），从2011年一季度起至2012年三季度一直在逐渐增持，分别持30万股、40万股、58万股、60万股、100万股。

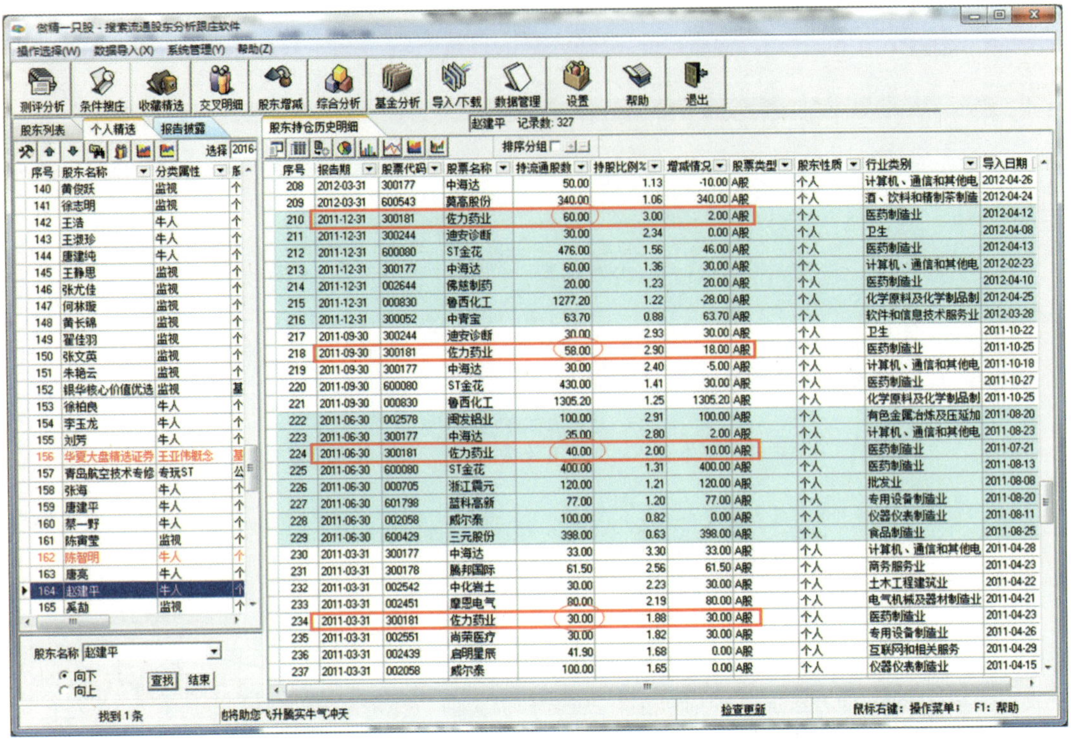

图41 赵建平持股列表图解

其中牛人吴鸣霄也是焦点，例如，他2011年四季度报首次进场乐视网（300104），到2012年三季度分别以156.58万股、169.33万股、321.74万股逐渐增持，股价从他进入位置的10元左右上涨至近30元（截至笔者统计2017年）。该股股东名列中还有一位牛人李军，他排在吴鸣霄后面，同一时间有两位牛人进场。

最值得大家借鉴、学习的是“做精一只股”的榜样许磊，据传其是南方航空广州总部的一名空姐。笔者将她的持股明细列表附上（表7），大家可以查看她在每个季度同一只个股上增减持的数据。其实在“做精一只股”的手法基础上也可以这样在同一只个股上一进一出、一增一减反复来回操作。

表7 牛人许磊持股明细列表记录数：93

报告期	股票代码	股票名称	持流通股数/万	持股比例/%	增减情况/万	导入日期
2012-12-31	600483	福建南纺	290.00	1.01	−26	2013-03-26
2012-12-31	002040	南京港	183.10	0.74	20.8	2013-02-28
2012-12-31	600336	澳柯玛	130.00	0.38	0	2013-04-02
2012-09-30	600483	福建南纺	316.00	1.10	−7	2012-10-31
2012-09-30	002087	新野纺织	337.20	1.01	13.3	2012-10-24
2012-09-30	002240	威华股份	230.11	0.77	30	2012-10-27
2012-09-30	002040	南京港	162.30	0.66	8.7	2012-10-23
2012-09-30	600336	澳柯玛	130.00	0.38	−56	2012-10-27
2012-06-30	600483	福建南纺	323.00	1.12	52	2012-08-21
2012-06-30	002087	新野纺织	323.90	0.97	2.5	2012-08-22
2012-06-30	002240	威华股份	200.11	0.67	−28	2012-08-29
2012-06-30	002040	南京港	153.60	0.62	−46.4	2012-08-17
2012-06-30	600336	澳柯玛	186.00	0.55	28	2012-08-22
2012-03-31	002087	新野纺织	321.40	0.96	21.1	2012-04-19
2012-03-31	600483	福建南纺	271.00	0.94	3	2012-04-28
2012-03-31	002040	南京港	200.00	0.81	−0.9	2012-04-25
2012-03-31	002240	威华股份	228.11	0.76	−22	2012-04-24
2012-03-31	600336	澳柯玛	158.00	0.46	8	2012-04-28
2011-12-31	600483	福建南纺	268.00	0.93	−22	2012-03-22

（续表）

报告期	股票代码	股票名称	持流通股数/万	持股比例/%	增减情况/万	导入日期
2011-12-31	002087	新野纺织	300.30	0.90	18	2012-03-15
2011-12-31	002240	威华股份	250.11	0.84	25.01	2012-02-29
2011-12-31	002040	南京港	200.90	0.82	47.9	2012-03-27
2011-12-31	600336	澳柯玛	150.00	0.44	−52.3	2012-04-19
2011-09-30	600483	福建南纺	290.00	1.01	−93	2011-10-28
2011-09-30	002087	新野纺织	282.30	0.84	282.3	2011-10-22
2011-09-30	002240	威华股份	225.10	0.75	25.1	2011-10-20
2011-09-30	002040	南京港	153.00	0.62	3	2011-10-22
2011-09-30	600336	澳柯玛	202.30	0.59	52.3	2011-10-29
2011-06-30	600483	福建南纺	383.00	1.33	−167	2011-08-16
2011-06-30	002240	威华股份	200.00	0.67	87.5	2011-08-20
2011-06-30	002040	南京港	150.00	0.61	150	2011-08-12
2011-06-30	600336	澳柯玛	150.00	0.44	−52	2011-08-30
2011-03-31	600483	福建南纺	550.00	3.45	−275	2011-04-23
2011-03-31	002240	威华股份	112.50	0.90	8.95	2011-04-16
2011-03-31	600336	澳柯玛	202.00	0.59	202	2011-04-26
2010-12-31	600483	福建南纺	825.00	5.17	25	2011-03-26
2010-12-31	002240	威华股份	103.55	0.83	1.7	2011-02-25
2010-09-30	600483	福建南纺	800.00	5.02	38.5	2010-10-30
2010-09-30	002240	威华股份	101.85	0.82	1.85	2010-10-23

（续表）

报告期	股票代码	股票名称	持流通股数/万	持股比例/%	增减情况/万	导入日期
2010-06-30	600483	福建南纺	761.50	4.78	110.4	2010-08-31
2010-06-30	002240	威华股份	100.00	0.80	0	2010-08-10
2010-03-31	600483	福建南纺	651.10	4.08	0.1	2010-04-28
2010-03-31	002240	威华股份	100.00	0.88	0	2010-04-19
2010-03-31	002259	升达林业	51.00	0.60	51	2010-04-29
2010-03-31	002127	新民科技	26.80	0.57	−21.2	2010-04-27
2010-03-31	600319	亚星化学	55.00	0.17	55	2010-04-28
2009-12-31	600483	福建南纺	651.00	4.08	131	2010-03-31
2009-12-31	002127	新民科技	48.00	1.02	16	2010-03-09
2009-12-31	002240	威华股份	100.00	0.88	40	2010-04-12
2009-12-31	002113	天润发展	52.00	0.72	52	2010-05-05
2009-09-30	600483	福建南纺	520.00	3.26	188	2009-11-02
2009-09-30	002239	金飞达	52.00	0.94	4	2009-10-26
2009-09-30	002127	新民科技	32.00	0.68	32	2009-10-20
2009-09-30	600566	洪城股份	60.00	0.56	10	2009-10-28
2009-09-30	002240	威华股份	60.00	0.53	22	2009-10-26
2009-09-30	600319	亚星化学	58.00	0.18	−12	2009-10-26
2009-06-30	600483	福建南纺	332.00	2.08	232.3	2009-10-08
2009-06-30	002239	金飞达	48.00	0.86	48	2009-10-08
2009-06-30	002026	山东威达	60.00	0.65	−23	2009-10-08

（续表）

报告期	股票代码	股票名称	持流通股数/万	持股比例/%	增减情况/万	导入日期
2009-06-30	600566	洪城股份	50.00	0.47	50	2009-10-08
2009-06-30	600992	贵绳股份	48.00	0.41	12	2009-10-08
2009-06-30	002240	威华股份	38.00	0.34	38	2009-10-08
2009-06-30	600319	亚星化学	70.00	0.22	70	2009-10-08
2009-06-30	600218	全柴动力	60.00	0.21	60	2009-10-08
2009-03-31	600562	高淳陶瓷	90.00	1.45	90	2009-04-30
2009-03-31	002026	山东威达	83.00	0.90	−67	2009-04-21
2009-03-31	600273	华芳纺织	120.00	0.86	−12.2	2009-04-20
2009-03-31	600483	福建南纺	99.70	0.63	36.1	2009-04-30
2009-03-31	002193	山东如意	28.10	0.34	28.1	2009-04-22
2009-03-31	600992	贵绳股份	36.00	0.31	36	2009-04-22
2009-03-31	600448	华纺股份	60.00	0.26	60	2009-04-23
2008-12-31	002026	山东威达	150.00	1.63	−26.6	2009-03-24
2008-12-31	600273	华芳纺织	132.20	0.95	32.2	2009-04-20
2008-12-31	002263	大东南	35.80	0.56	35.8	2009-02-17
2008-12-31	600483	福建南纺	63.60	0.40	0.6	2009-03-30
2008-09-30	002026	山东威达	176.60	1.95	−10.4	2008-10-28
2008-09-30	600273	华芳纺织	100.00	0.72	−21.6	2008-10-31
2008-09-30	600483	福建南纺	63.00	0.40	63	2008-10-27
2008-06-30	002026	山东威达	187.00	2.06	4	2008-08-26

（续表）

报告期	股票代码	股票名称	持流通股数/万	持股比例/%	增减情况/万	导入日期
2008-06-30	600273	华芳纺织	121.60	0.88	9.6	2008-08-20
2008-03-31	002026	山东威达	183.00	2.02	68	2008-04-24
2008-03-31	600273	华芳纺织	112.00	0.81	112	2008-05-07
2007-12-31	600566	洪城股份	111.20	1.48	11.2	2008-03-05
2007-12-31	002026	山东威达	115.00	1.27	−4	2008-03-05
2007-09-30	002026	山东威达	119.00	1.42	68.5	2008-03-05
2007-09-30	600566	洪城股份	100.00	1.33	100	2008-03-05
2007-06-30	002005	德豪润达	100.00	1.37	100	2008-03-05
2007-06-30	000010	*ST华新	46.00	0.68	46	2008-03-05
2007-06-30	002026	山东威达	50.50	0.60	50.5	2008-03-05
2007-03-31	600273	华芳纺织	73.00	0.61	73	2008-03-05
2007-03-31	600986	科达股份	20.00	0.40	20	2008-03-05
2006-12-31	600984	*ST建机	34.20	0.62	34.2	2008-03-05
2006-12-31	600483	福建南纺	37.30	0.26	37.3	2008-03-05

【图解说明】

新股+新低=新机会。笔者2012年在博客、文章、微博、QQ群中时常提到次新股的机会。例如，某一只新股自上市后没有出现明显上涨，再随着大盘熊市下挫，只要该股基本面没有破坏，当跌至一定位置被新主力进驻后，必然会有一轮较大的涨幅。特别是在新股停发后，新股资源短缺的情况下，次新股的机会会逐渐引起市场的重视。笔者特意用图文和案例给大家解读，可为大家选股提供借鉴，其中最重要的一点在于强弱指标和主力资金线指标，在行情下跌时，这两大指标会产生持续一个月以上的背离现象，投资者应以此作为首个条件。

例如，图42中的佐力药业（300181），发行价23.5元，上市首日最高价31.22元、收盘价28.18元，随后股价一路下滑至17.7元，时隔一年股价再次涨到39.6元（不复权价），图中为现在的前复权价。牛人赵建平从2011年一季度起至2012年三季度一直在增持，分别持30万股、40万股、58万股、60万股、100万股。随着持仓比例增加，股价也逐步攀升，直到一轮急速上涨的5个涨停板才结束上涨行情，主升浪的K线组合完全符合笔者的“三外有三”选股条件，总涨幅超过60%，前后两轮上涨幅度均在30%以上。

图42 佐力药业（300181）K线技术图解

除此之外，更经典的还有佛慈制药（002644），赵建平持股数从2011年四季度20万股涨到2015年二季度690万股，2015年三季度后全部离场，增持期间股价上涨10倍多，投资者在发现这种跟庄技巧后，中间4年会有很多跟庄机会。

长线牛人所持有的个股中凡是在不断增仓的，都值得我们去重点关注，特别是如果在下跌弱势中这些长线牛人仍在持股，那么当大势稳定后，该股必然会跑赢大势。

【案例六】

【图解说明】

前面讲到季报公布发现牛人后，如何去分析是否还有可跟进的机会以及操作中的细节，现在给大家讲讲在季报公布发现牛人之后，如何从K线技术图形中分析出牛人已获利出货的特征。

如图43所示，为牛人钱小妹持股过的城市传媒（600229）K线技术图解，对图中标记的季报公布时间和K线位置，可采用《做精实盘手法（彩图版）》一书中提到的先长看一年高低点的方法来分析，该股从5.33元到11.74元，股价涨幅已翻倍，形态上行大三浪带主升已完成，需要满足长时间的修整要求。接着看其近半年是否有过大涨幅的炒作，其前面的主升浪涨幅超过60%，短期一轮巨大的涨幅意味着明显的炒作现象，当炒作完后，一旦主力或牛人离场，那该股极有可能由此转为冷门股。再看近三个月有没有主力运作迹象，如在季报公布时我们就知道牛人钱小妹早已进场，因此在主升浪完成后必然会锁利。最后看一个月内有没有洗盘现象，从图中下跌过程来看，在下跌过程中曾出现过B浪反弹的双顶，说明主力已经出尽，其次股价又已回吞整个主升浪，所以这不是洗盘的现象，而是大调整的状态。因此，在这个位置发现牛人投资者已无操作机会，更何况以钱小妹的操作风格，其持股周期都比

图43 城市传媒（600229）K线技术图解

较短。

类似的还有凤竹纺织（600493），其2011年8月30日公布的二季报显示牛人钱小妹持股，但从公布日和K线图位置来看，股价已处在顶部阶段，此情况之下应放弃跟踪，更不宜参与。

值得一提的是，平常有不少主力跟上市公司打好关系，或者同上市公司共谋利益，上市公司往往会配合主力提早公布季报或推迟公布季报，具体要根据主力控盘需要而定。例如，只要主力有了这种意图，上市公司要么提早公布让大家去抬轿，要么推迟公布让大家去接盘。

【图解说明】

据悉，董荣亭是一位上海超级富豪，经营餐饮生意，同上海王朝酒店的董事长同名同姓，或许应该是同一人，喜欢收藏名画，曾派人参加刚泰控股（600687）股东大会。

北方稀土（600111）从2010年4月开始，股价从26元起步一路上涨至10月28日的最高点96.30元。其发布的三季报显示，其十大流通股东中，董荣亭名列第四，同时另外两位牛人成碧娥和王素芳也分列第7位和第9位。如图44所示，董荣亭从二季度起进驻北方稀土（600111），随后不断加仓，三季报显示其持有673.34万股流通股。以当时的价格计算仅他持有股票的市值就高达4亿元。这位上海超级富豪再度上演了

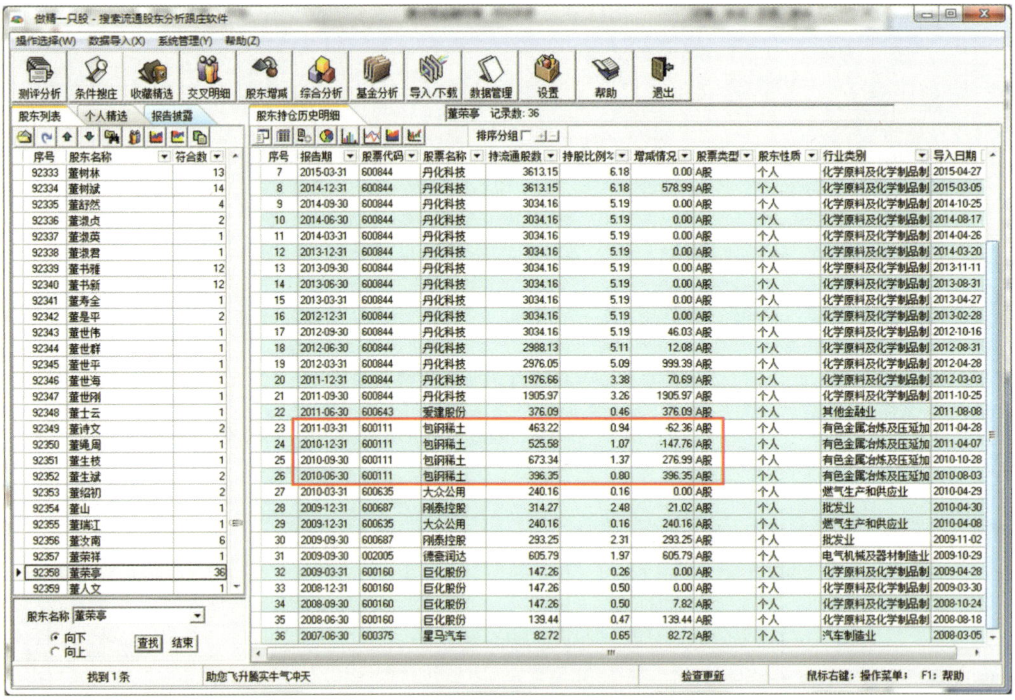

图44 董荣亭持股列表图解

2010年的暴富神话。2010年四季度和2011年一季度其不断减持，随后股价又会怎么表现呢？请见下一张图解。

【图解说明】

图45中的股价为前复权价格。从图中标记可清楚地看到每个季报显示的持股数量，前面第一次发现的位置刚好是在洗盘后回升时，此时也是不错的跟进机会。再看第一次和第二次减持，时间很接近，理性一点的投资者此时就应逐步撤退。就算是在图中最后一个显示无“董荣亭”身影的标记处立即斩仓出局，也可以避免深套。

图45　北方稀土（600111）K线技术图解

从图44来看，其目前还持有“煤化工板块”中的丹化科技（600844），排在十大股东第四位，并且不断增持，成为真正的股东。

【案例七】

【图解说明】

牛人的眼光、牛人的智慧、牛人的经验、牛人的资金、牛人的手法、牛人的关系等，都是一般散户难以超越的。因此，牛人选中的个股、操作过的个股，其基本面一般不会差到哪去，上市公司的前景等方面都是值得期待的。所以，有时虽然牛人已从股东列表中消失，至于什么原因不便猜测，但只要基本面信息没有发生破坏性的转变，该股在后期就仍然有进一步上涨的可能。笔者将之简称为“牛人选股有后劲”，当然这仅是个例。

例如，图46中的国内幕墙龙头——江河集团（601886），牛人钱小妹是2011年四季度进场的，在2012年一季报公布时已不见其身影，但随后的股价一路攀升，从2012年一季度的最高价16元左右，到后期一轮上涨后的最高价26元附近，也就是说，钱小妹少赚这10元的利润。至于钱小妹为何离场，笔者的推测是：钱小妹自2011年四季度出现持股，从2012年一季报后至今不见其有新持股记录，也许是因为大盘预期下跌空仓休息，也许是永久性消失，或是已更换了账户名称。江河集团（601886）2012年二季报显示流通股东前35位全是基金持股，其中华夏两只基金名列第一、第二位，钱小妹是否因基金进驻太多而让出了该股呢？

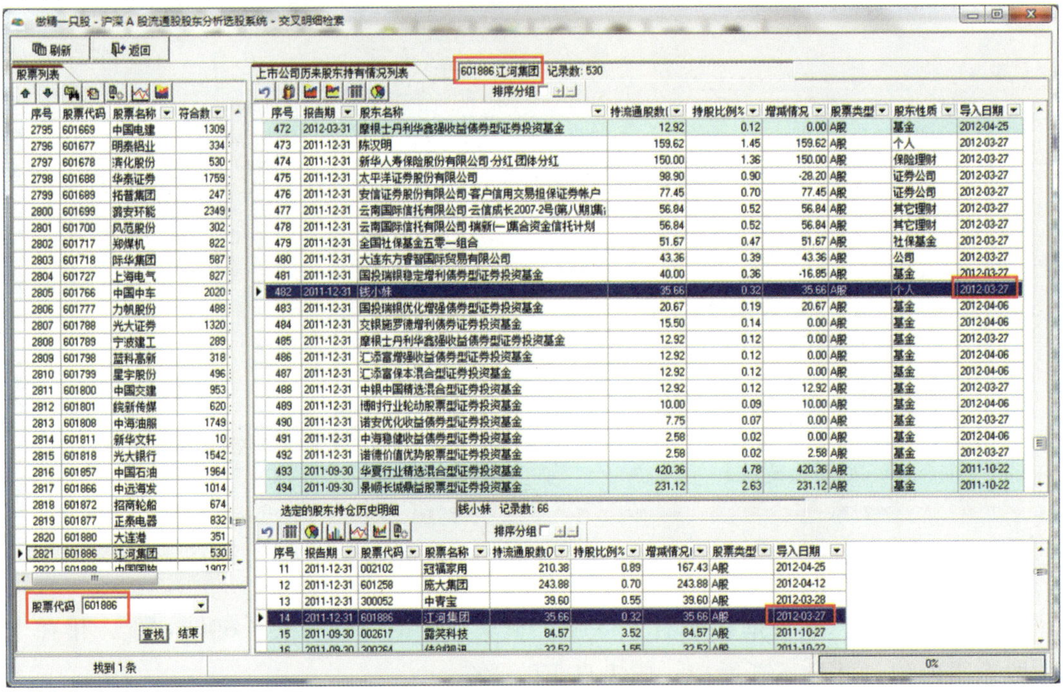

图46　江河集团（601886）股东列表图解

【图解说明】

看图47之前我们先不说钱小妹后面已离场。从图中得知，此时K线正处在惯性下跌中，下跌中不断放出巨量，这里可理解为最后一跌，或者是在急跌中有人割肉也有人在接盘，这样才导致如此大堆巨量。接着我们再看2011年公布的年报，发现牛人时的K线位置正好处在一轮起涨浪后的洗盘阶段，此时可能还想象不到钱小妹会在一季度时离场，但我们仍可按照惯性思维去理解，即在有牛人驻场的情况下，洗盘结束回升时就是跟进参与时。2012年4月19日公布一季报时我们发现钱小妹已离场，但K线在技术图形上已突破前高点，在前高点之上进行平台整理，此时就可按照技术条件进行操作，只要后市不破此平台低位便可一直持股。虽然该股接下来在逐步缩量中震荡，但每一次拉升时阳线放量，回踩时阴线缩量，同时仍在前述平台之上运行，即使在波动中被震出局，从前低点发现牛人时的点位来买进计算也是盈利的。该股从趋势上看，整体远强于大盘上涨。

图47 江河集团（601886）K线技术图解

其实，所谓牛人也是人，是人就会有犯错的时候，也会有踏空上涨行情的现象，这并不奇怪。但是，有一点我们必须相信：一般有牛人进驻过的个股，其一定会有吸引牛人买进的潜力。在此基础上，我们需要结合技术面的节奏和信号去把握机会。

【图解说明】

由图48可见，叶晶和刘芳夫妇进场后小赚离场，而吴鸣霄经过一进一出，中间反复来回操作，最终盈利还是比较丰厚的。对此，我们不妨从另一个角度来解读：吴鸣霄是ST股专家，而刘芳的特长是做基本面优质或带有题材性的个股，因此不同的选股风格将产生不同的操作风格和手法。为何三位牛人同时看中该股？这对于一只ST股来说，无疑是炒作摘星摘帽的预告。

图48　金杯汽车（600609）K线技术图解

组合牛人叶晶和刘芳夫妇在2010年三季度共同持股金杯汽车（600609），金杯汽车（600609）原名为ST金杯。在2011年一季度时刘芳全身而退，但该股还有一牛人吴鸣霄，他比刘芳进场要早，离场要迟，却赚取了2012年8月22日摘帽后的惊人涨幅。

在前期，叶晶、刘芳夫妇同时进场，他们理应对该股信心十足，为何未能坚守？这点我们不必去猜测，我们只需要明白牛人看中个股，必然会有其看中的理由，个股必然会有潜力。至于后市有没有产生“后劲”的可能，就由实际技术或基本面来证明了，表8为金杯汽车（600609）股东列表。

表8　金杯汽车（600609）股东列表

报告期	股东名称	持流通股数/万	持股比例/%	增减情况/万
2011-12-31	沈阳市汽车工业资产经营有限公司	26642.47	24.38	0
2011-12-31	沈阳新金杯投资有限公司	9798.30	8.97	0
2011-12-31	沈阳工业国有资产经营有限公司	8404.02	7.69	0
2011-12-31	中国第一汽车集团公司	3960.96	3.63	0
2011-12-31	上海申华控股股份有限公司	3477.00	3.18	0
2011-12-31	孟令翠	347.84	0.32	0
2011-12-31	俞佳娜	308.00	0.28	0
2011-12-31	罗予频	230.00	0.21	230
2011-12-31	沈阳市国有资产经营有限公司	218.25	0.20	0
2011-12-31	陈家强	186.79	0.17	186.79
2011-09-30	沈阳市汽车工业资产经营有限公司	26642.47	24.38	0
2011-09-30	沈阳新金杯投资有限公司	9798.30	8.97	0
2011-09-30	沈阳工业国有资产经营有限公司	8404.02	7.69	0
2011-09-30	中国第一汽车集团公司	3960.96	3.63	0
2011-09-30	上海申华控股股份有限公司	3477.00	3.18	0
2011-09-30	吴鸣霄	348.07	0.32	0
2011-09-30	孟令翠	347.84	0.32	0

（续表）

报告期	股东名称	持流通股数/万	持股比例/%	增减情况/万
2011-09-30	俞佳娜	308.00	0.28	0
2011-09-30	沈阳市国有资产经营有限公司	218.25	0.20	0
2011-09-30	吴广来	161.01	0.15	161.01
2011-06-30	沈阳市汽车工业资产经营有限公司	26642.47	24.38	0
2011-06-30	沈阳新金杯投资有限公司	9798.30	8.97	0
2011-06-30	沈阳工业国有资产经营有限公司	8404.02	7.69	0
2011-06-30	中国第一汽车集团公司	3960.96	3.63	0
2011-06-30	上海申华控股股份有限公司	3477.00	3.18	−496
2011-06-30	吴鸣霄	348.07	0.32	0
2011-06-30	孟令翠	347.84	0.32	0
2011-06-30	俞佳娜	308.00	0.28	0
2011-06-30	沈阳市国有资产经营有限公司	218.25	0.20	0
2011-06-30	陆志根	166.00	0.15	166
2011-03-31	沈阳市汽车工业资产经营有限公司	26642.47	24.38	0
2011-03-31	沈阳新金杯投资有限公司	9798.30	8.97	0
2011-03-31	沈阳工业国有资产经营有限公司	8404.02	7.69	0
2011-03-31	上海申华控股股份有限公司	3973.00	3.64	0
2011-03-31	中国第一汽车集团公司	3960.96	3.63	0

（续表）

报告期	股东名称	持流通股数/万	持股比例/%	增减情况/万
2011-03-31	吴鸣霄	348.07	0.32	0
2011-03-31	孟令翠	347.84	0.32	0
2011-03-31	俞佳娜	308.00	0.28	63.2
2011-03-31	沈阳市国有资产经营有限公司	218.25	0.20	0
2011-03-31	刘芳	203.76	0.19	0
2010-12-31	沈阳市汽车工业资产经营有限公司	26642.47	24.38	0
2010-12-31	沈阳新金杯投资有限公司	9798.30	8.97	0
2010-12-31	沈阳工业国有资产经营有限公司	8404.02	7.69	0
2010-12-31	上海申华控股股份有限公司	3973.00	3.64	−1454.99
2010-12-31	中国第一汽车集团公司	3960.96	3.63	0
2010-12-31	吴鸣霄	348.07	0.32	348.07
2010-12-31	孟令翠	347.84	0.32	347.84
2010-12-31	俞佳娜	244.80	0.22	244.8
2010-12-31	沈阳市国有资产经营有限公司	218.25	0.20	0
2010-12-31	刘芳	203.76	0.19	58.46
2010-09-30	沈阳市汽车工业资产经营有限公司	26642.47	24.38	0
2010-09-30	沈阳新金杯投资有限公司	9798.30	8.97	0
2010-09-30	沈阳工业国有资产经营有限公司	8404.02	7.69	0

（续表）

报告期	股东名称	持流通股数/万	持股比例/%	增减情况/万
2010-09-30	上海申华控股股份有限公司	5427.99	4.97	0
2010-09-30	中国第一汽车集团公司	3960.96	3.63	0
2010-09-30	沈阳市国有资产经营有限公司	218.25	0.20	0
2010-09-30	叶晶	158.61	0.15	158.61
2010-09-30	吴林珍	152.04	0.14	152.04
2010-09-30	刘芳	145.30	0.13	145.3
2010-09-30	吴蓉	140.95	0.13	140.95
2010-06-30	沈阳市汽车工业资产经营有限公司	26642.47	24.38	0
2010-06-30	沈阳新金杯投资有限公司	9798.30	8.97	0
2010-06-30	沈阳工业国有资产经营有限公司	8404.02	7.69	0
2010-06-30	上海申华控股股份有限公司	5427.99	4.97	0
2010-06-30	中国第一汽车集团公司	3960.96	3.63	0
2010-06-30	王建新	616.14	0.56	121.55
2010-06-30	孙淑荣	373.40	0.34	14.1
2010-06-30	迟长全	357.26	0.33	357.26
2010-06-30	孙贻财	353.80	0.32	−153.46
2010-06-30	沈阳市国有资产经营有限公司	218.25	0.20	−189.33
2010-03-31	沈阳市汽车工业资产经营有限公司	26642.47	24.38	0

（续表）

报告期	股东名称	持流通股数/万	持股比例/%	增减情况/万
2010-03-31	沈阳新金杯投资有限公司	9798.30	8.97	0
2010-03-31	沈阳工业国有资产经营有限公司	8404.02	7.69	0
2010-03-31	上海申华控股股份有限公司	5427.99	4.97	−145
2010-03-31	中国第一汽车集团公司	3960.96	3.63	0
2010-03-31	孙贻财	507.26	0.46	33.69
2010-03-31	王建新	494.59	0.45	494.59
2010-03-31	吴鸣霄	442.25	0.40	−328.73
2010-03-31	沈阳市国有资产经营有限公司	407.58	0.37	0
2010-03-31	孙淑荣	359.30	0.33	0
2009-12-31	沈阳市汽车工业资产经营有限公司	26642.47	24.38	0
2009-12-31	沈阳新金杯投资有限公司	9798.30	8.97	0
2009-12-31	沈阳工业国有资产经营有限公司	8404.02	7.69	0
2009-12-31	上海申华控股股份有限公司	5572.99	5.10	−1499.83
2009-12-31	中国第一汽车集团公司	3960.96	3.63	0
2009-12-31	吴鸣霄	770.98	0.71	770.98
2009-12-31	黄小敏	568.44	0.52	568.44
2009-12-31	孙贻财	473.57	0.43	−46.43
2009-12-31	沈阳市国有资产经营有限公司	407.58	0.37	0
2009-12-31	孙淑荣	359.30	0.33	40.68

【本章综述】

在选择牛人和跟踪牛人时，首先要认清牛人的性质。如果某牛人的选股比较有远见，或者该牛人在历史中持股周期都超过一个季度，甚至在以往持股过程中的盈利期望值比较高，投资者即使在季报公布后才发现其所持仓的个股，后期也有跟踪价值和跟进的机会。另外一种机会是：牛人进入后，恰好遇上一轮大盘下跌，牛人参与的个股也随市下跌，导致牛人也被套，一旦有此良机，千万不要错过，要把握低吸跟随的机会。

值得注意的是，通过牛人选股仅是一种便捷的方法，更重要的是能通过K线技术分析牛人建仓位置，判断其是否还存在持股，随后观察是否有出货现象。不能等到下次季报公布时发现牛人不再持股才卖出，那就晚了。

切记，选择牛人不宜太多，即“股东池”不宜太大，跟踪的牛人过多会导致精力不集中而失去不少机会，因此一般选择适合自己风格的3位牛人即可。在每一年、每一轮行情中都会出现新的牛人，而部分老牛人会退出市场或更换名字再入场。

看到牛人“进”不要冲动，要冷静分析并等待机会；看到牛人“减”不要猜测，要理性判断价值趋势；看到牛人“出”不要犹豫，要果断卖出后再观察。

通过上述方法，如熟悉牛人的习性和相关技术图解，你早晚会你抓住市场中的机会。熟悉几位牛人，精通几种手法，再做精一只股，成功非你莫属。

市场中牛人有很多类型，若你做不了大资金的财主牛人，那就做跟庄牛人和技术牛人。希望大家在学习笔者的著作之后，早日成为散户中的跟庄牛人和技术牛人。

下篇

XIA PIAN

从技术面做精一只股

第一章

认识股性：股性如人性，性质决定未来

不同股性会走出不同的K线图形，K线图形不同的股票有着不同的发展空间。了解个股股性有助于投资者作出更深一层的分析和综合的评价。个股股性可划分为成长性、活跃性、潜力性、趋势性、规律性等。人的性格决定其未来的发展，股票的性质决定其未来的趋向。顺着个股的股性去操作则步步顺利，若不了解个股的股性则容易步步踏错。这一章我们来认识不同股性的股票，并学习如何得心应手地操作它们。

第一节
成长性特征

一、成长股的基本特征

成长股是指由成长性公司（处于飞速发展阶段的公司）所发行的股票，成长性公司有如下特点：

1. 主营业务突出

通常来说，成长性公司的主营业务非常突出，因为公司会把较多的精力投入自己的主营业务和拳头产品。主营业务不但在公司的产业结构中占主导地位，其利润也占总利润额的80%以上。公司通过主营业务的高速增长从而获得规模效益，无须跨行业经营。多元化经营使公司业务不能突出重点，反而会造成一些边缘化的风险，总的来说，缺少主营业务的上市公司都不能称为成长性公司。

2. 净利润增长幅度较大

成长性公司净利润增长幅度会一直保持在较高的水平，其每年净利润增加幅度不低于30%。一家上市公司是不是处在高速成长期，可从每年的净利润是否大幅增加来判断。有的上市公司有自己的主营业务，但股票净利润较低且增长较慢，这样的股票不能称为成长股，只能算是绩优股。还有的上市公司具备主营业务，总利润额也很高，但是管理不善导致开支增大，使净利润偏低，其股票也不能称为成长股。一般而言，在未来5年预期每年业绩在0.8～3元/股之间，未来5年累计业绩不低于8元/股的股票才能称为绩优股。一年增长不算什么，能够持续几年高增长才可贵。

3. 行业优势明显

成长性公司所处的行业一般是那些在行业和产品上存在巨大的发展潜力，并且有政策大力扶持和有发展前景的行业；另外，该行业也处在成熟发展和高速成长的阶段，同时不会轻易受到经济周期和宏观调控的影响，也不会在经济衰退时被淘汰。特别是那些在未来10～20年的行业或板块中处于绝对龙头，行业具有广阔发展空间和长远趋势的股票，其行业优势显著。

4. 市场份额大

产品市场是公司的命脉，对公司的发展有极大影响。公司产品能够吸引更多消费者，公司才能占领市场较大的份额。

5. 技术研发投入大

公司只有不断加大对新技术研发的投入，才能在未来不断成长。虽然研发新产品的利润不高，甚至会出现亏损，但可观的发展前景也能带来高增长的潜在利润。

6. 股本结构合理

成长性公司的总股本结构具有流通盘小、总股本小的特征。由于股本小，公司扩张的需求强烈，适宜大比例的送配股后除权，而填权又为下一次送配做了准备。如此一来，周而复始，股价看似不高，却早已翻番数倍。其实，股市的真正收益主要来自两方面：一是在波动中赚取差价，二是资本利得再投资。所以很多老炒家非常喜欢高送转、高分红的股票。由此，上面讲到的特征完全符合“成长性”股票的资产、利润和股本的三重扩张原则。

其实，能完全符合上述特征的股票只占少数。所以，投资者在选股方面需要有一定的灵活性，能符合上述一半特征的股票可作为候选对象，符合特征越多的越应重点关注。

二、成长股的技术特征

1. 建仓特征

成长股在大涨前期会有不少长线资金流入，往往提前于大盘起涨。其上涨效应不是很明显，但用心观察会发现阳线有量阴线缩量，经过2～6个月的主力建仓后，它才会引起投资者的注意，而到那时很有可能会出现技术修整期中的横盘或洗盘。关于这一点，投资者可从技术上分辨主力运行特征和建仓成本区域，只要在修整或洗盘中价格离主力成本非常接近时具有保护特征，这时就是最佳的买入机会，关键是投资者能否慧眼识真金。

2. 运行特征

成长股的整体运行一直保持强于大势的状态，特别是在大势调整中，它会以小幅震荡，平时洗盘力度也不会太大，同时在下方支撑接盘力度很强，如果从周线上看，它一直处在5周线、10周线之上运行，且上升通道保持良好。从日线上看，平常出现涨停板的现象很少，但股价仍一直呈上升趋势。总之，股价随着市场经济发展和公司利润增长一并增长，直到经济出现衰退时，或者是该股票出现高估值泡沫时才会有大调整的可能。一些成长性较强的股票在一年中上涨1～3倍，还不会引起市场的轰动，甚至还有一些股民没有发现。例如，笔者在2009年5月操作的山西汾酒（600809），当时股价还不到20元，至2010年10月股价达到70元。其股价从2008年10月20日的最低价8.2元到笔者操作时的19元多，股价已经翻了一倍多，为什么笔者还做多呢？有两个原因，一是该股具备成长性，二是技术上正是半年线金叉年线时，随后股价进入强势状态。从整体来看，每一次调整到趋势线下轨时就是低吸的机会。

在前些年，中小板涨幅超过10倍的股票并不少见。其基本面特征同主板的高成长股大同小异，比如，苏宁电器（002024）是中小板中表现较为出色的一只股票，具有出色的网络扩张型业务模式。

三、小盘股的高成长特征

（1）面对较大的消费市场，公司要拓展新的业务模式，特别是消费和服务行业的企业，要积极开发创新产品，最终以新技术、新产品、新服务等赢得市场份额。

（2）行业竞争结构好，分析行业竞争结构要先看大行业，再看细分行业，最后分析当前的市场需求和该公司的占有率。

（3）拥有出色的管理体系和公司治理体系在新兴市场中非常重要。比如，雨润食品（01068）在香港上市，公司曾在中国民营企业500强中排名前十，被评为“AAAA级标准化良好行为企业”。2004年雨润集团通过国内A股市场收购南京中商（600280），在全国范围内发展百货连锁业。拥有如此优秀的经营规模和管理能力的上市公司必然具有成长潜力。管理层诚实可信，而又具有出色水平，这样的管理层一定会把股东利益放在首位。大家可以打开南京中商（600280）这只个股的股价走势图，观察其在前几年是否一直强于大势演绎着5年10倍的大增长，且当时其股本和流通盘都不超两亿股。

（4）业绩高速成长，年均增长超过40%，并且波动较小，能够超出机构投资者的预期。以美国为例，一些创新产品推出时市场潜力巨大。①苹果公司：公司在高科技企业中以创新闻名，苹果几年前开发的iPod数码音乐播放器大获成功，其小巧、性感的设计迷倒了广大消费者。这一成功案例是商学院的经典故事，而证券市场也给苹果贴上了“高成长标签”。目前来看，这种“成长性”已得到众多投资者的认可。② 泰瑟枪械公司：公司开发、装配和销售主要用于执法和劳教的非致命动量武器。泰瑟枪械股票的大涨是符合美国现实背景的，即反恐和安全问题。这样一个既能护身又不致人死亡的产品当然会很有市场，各国警局也很关注它，一个基本是空白的市场完全由一家公司来填补，自然会引发投资者无穷的联想。③ 系统健身公司：这是一家领先的提供体重（减肥）相关产品和服务的供货商。这家公司在该领域做出了自己独特的模式，导致盈利迅速增加，使得该公司股票成为一只大牛股。在美国，这样的单纯服务性公司有很多，里面也出了不少大牛股，其拥有低成本（超高净资产周转率）的优势，且完全靠大脑和执行力，形成了独特的业务模式，目前国内该类上市公司非常少。

【温故而知新】

2008年至2010年的中小板指数远远强过大势，其中翻5倍以上的个股层出不穷。这不是一种炒作现象，而是相关成长性基本特征得到了投资者的认可。相反，投资中小企业相当于股权风险投资，因为中小板个股的流动性普遍较差，在后市很有可能走出择优分化的趋势。操作上，可以在最具高速成长期的5年左右时期内，运用中线策略或者捂股不超三年的策略。

重要提示：市场上一些研究员普遍采用“市盈率法”对企业进行估值，无论其成长性多高，均按照20～30倍市盈率乘以每股收益来给出目标价格，其实这是一种错误的倾向，如百度上市后市盈率达到1000倍，这唯一能说明的是大众都看好其未来的成长。

在中国改革开放以来经济高速增长的背景下，不同时期对应着不同的高增长行业。自20世纪90年代一轮行业开始快速增长，其中的高增长行业主要为基础设施行业和基础行业，如公路、港口、电力、钢铁等，新一代家电产品，如彩电、冰箱、洗衣机、空调等也属于高增长行业。

2001年12月11日，我国正式加入世界贸易组织（WTO），这是中国积极参与经济全球化的重要体现，中国的加入为经济全球化的进一步发展注入了新的生机与活力。同时，中国享受到了更加稳定的国际经贸环境，享受到了在其他国家和地区贸易投资自由化的便利，这也促进了中国的改革开放和经济发展。一系列经济政策不断出台，刺激不同产业迈上新的台阶，步入高速发展期，受益的相关上市公司都具备“高成长”的潜力。

历史已成为过去，现只能借鉴与参考。众所周知的老龙头个股曾经的辉煌笔者在此就不再多提，下面阐述未来新兴成长行业中较有前景的板块。

1. 新科技

科技进步是时代的进步，也能加快同国际接轨的步伐。被称为“国家火炬计划重点高新技术企业”的上市公司中，三花股份（002050）在2008年至2011年间股价从2.86元上涨至19.18元。比如，为什么巴菲特没有第一时间发现微软？因为他不懂电脑行业。由此可见，目前在一些高技术含量的产业中高成长性股容易被忽略。又比如机器人（300024），在前几年很多人会认为机器人的运用范围不广，前景未卜，但现在机器人不但可运用到各项探测中，而且可运用到制造业的工厂中，满足招工难引发的市场需求。

2. 新能源

国家建设需要资源，经济发展更需要能源。从以前的几次中东战争，到21世纪初的美伊战争，我们可以看出各国对于能源的重视程度。新能源已成为世界各国高度重视的一种资源，也是行业未来发展的必然选择。

3. 新材料

以高新技术的基础为先导，新材料的应用极其广泛，它同信息技术、生物技术一起成为21世纪最重要和最具成长潜力的领域，新材料产业始终是我国重点发展的高新技术产业之一。大家细心观察后会发现，凡是股票名称带有“新材”“磁材”或“新”字的个股走势大多数都不会落后于大盘。

4. 节能环保

在节能减排的大背景下，投资者对环保行业可以长期看好。在环保行业中，固废处理行业处于发展初期，未来5年将进入建设高峰期；目前约25%的城市和近80%的县城未建污水处理厂，因此，污水处理行业的市场需求将保持快速增长。例如，近年最热的关键词“美丽中国”和“雾霾天气”，对它们的治理都属于节能环保领域。

5. 新一代信息技术

新一代信息技术将聚焦下一代通信网络、物联网、三网融合、新型平板显示、高性能集成电路、高端软件等范畴。这一行业的毛利润较高。

6. 生物科技

“十二五”规划出台的生物产业发展规划，对生物科技行业在产业发展和财政支持上给予了明确规划，生物医药产业将获得更大的支持，并将进入快速发展时期。

7. 新能源汽车

在“2010年中国汽车产业发展国际论坛”上，科技部部长万钢指出，电动汽车“十二五”专项规划草案已拟定完成，财政部经济建设司处长吴海军在论坛上表示，下一步考虑坚持节能汽车与新能源汽车并重的发展战略，通过财税手段扶持节能与新能源汽车发展。此后正是行业的兴起阶段，未来投入和市场使用范围将不断增加。

8. 奢侈品行业

高档轿车、高档消费品、高档会所、高档保健品等均属于奢侈品行业。虽然中国人均收入并不算高，但是中国富裕人群的总数是相当惊人的，而且他们所拥有的财富数额也是极其巨大的。特别是大量的“暴富一族”和“富二代”们，他们更愿意奢侈消费。中国的消费额在全球所占的比重在稳步增长，且已经进入世界前列。消费行业在未来的发展不可限量，近几年，中国将是世界奢侈品市场最重要的增长点。未来，中国市场必将占据奢侈品消费的大块份额。随着经济增长、社会进步，追求时代潮流成为一种趋势。一些国内自主民族品牌和中高端消费品在未来会加速增长。另外，随着生活质量的提高，人们对旅游的兴趣逐渐增加，从一些旅游胜地门票逐年涨价，便可看出今后市场中的需求会不断扩大，相关旅游股股价也会随着国内经济一并增长。

【慎重提示】 通常情况下，投资者很容易选错成长股

（1）把打着成长幌子的伪成长股当作持续成长股。历史上著名的有蓝田、银广夏、东方电子等。

（2）把存在短期爆发性业绩增长的股票当作成长股投资，因而长期持有，导致获利平平甚至亏损。

（3）为成长股支付过高的价格，好的股票需要合适的价格，否则投资收益仍然不会理想。如中国人寿（601628）和中国平安（601318）等，它们只有在市场大调整之后才能给出高的价格期望。

（4）没有分清平稳增长和高速增长的区别，很有可能出现过早或过晚参与，例如，在股票高速成长的前期和后期都有极大的风险，长期持股要特别注意。这点可以反映出“选股还要选时”的重要性。

（5）随便买入一只自己没有完全了解的个股，或是完全凭个人观点买入成长股，进行长期投资，其后果十分严重。尤其要注意这些个股没有具备笔者前述的特征，或是只有一小部分特征的情况。当决定长期投资一家上市公司时，必须保持一份理智和一份清醒，不要听别人劝说就冲动买进。

（6）买入之后，没有经常跟踪信息变化，不管不问，企业基本面发生了变化也毫不知情。

成长股也可分为一线成长股和二线成长股，或老牌成长股和次新成长股。总之，现在以几元或低估的价格买进，在未来几年中有人给出几十元、上百元的价格跟你抢筹，这就体现了该股的成长性，也代表你投资成功。俗话说“预知三日便富可敌国”，那么提前预见一月、一年甚至三年又将如何？要投资成长股，首先要熟悉成长股的基本特征和技术特征，符合特征后再择机选时参与，并做好捂股的心理准备。

第二节 活跃性特征

活跃股可分为短期活跃股和中期活跃股，这一点可以从技术特征和主力建仓特征来判断。股性活跃与否主要取决于基本面的吸引力度大小，基本面的吸引力度大才能聚集市场投资人气，人气越旺，其股性就越活跃。

不管是短线还是中长线投资，强市还是弱市，投资者都必须选择比较活跃的股票进行操作，盈利效果才会明显，同时也不会影响心态。笔者在此介绍活跃股的特征、操作要点以及风险防控的细节。

一、活跃股的基本特征

1. 内在价值

活跃股具有如前述的牛股特征和成长性的特征，这一类的个股在日常走势中较为出色，非常活跃，因为它们都具备内在价值成长的特点。

2. 题材概念

题材概念股是指那些受到市场利好、兴起市场热点、引起众人关注和参与的股票。这类股票在热点持续期中会不断走强，且活跃性也非常高。

3. 消息炒作

消息分为市场公开消息和内部消息，A股市场历来就是消息市和政策市，任何一只股票受到消息的影响，股价都会在短期快速上涨。这一类型的股票很活跃且最为强势。

4. 资金推动

有庄的股票不一定会活跃上涨，特别是一些券商重仓股和基金重仓股，它们的参与不是为了从快速大涨中盈利，而是以慢涨的趋势进行资金保值。只有一些游资、私募或敢死队等短期资金才能营造个股的活跃性，但这类股票通常属于高风险、高收益的品种，其股价犹如坐电梯，上下都很快。

二、活跃股的技术特征

1. 成交量

活跃股最大的技术特征体现在量能上，如果成交量低，是不可能出现活跃性的。先有量再有价，随后才有均线指标的移动，成交量动态可分为三种现象：一是萎缩低迷现象，盘中交易稀疏而冷淡；二是温和现象，同比前期有所放大，又不太明显，但后期会逐步放大，一般出现在该股的建仓期；三是天量和巨量，天量后必见天价，摸顶为派发信号，投资者对巨量后修复时以缩量为主的仍可关注。在成交量上，投资者可分别从30分钟线、60分钟线、日线、周线，甚至是月线当中判断短中长期的活跃度，通常情况下，量价齐涨才能走一波上涨行情。大盘成交量分析也是一样，如上证成交量在1200亿股以上可称为活跃市，此时个股机会层出不穷。

2. 换手率

“换手率”也称“周转率”，是指在一定时间内市场中股票转手买卖的频率，也是反映股票流通性强弱的指标之一。其计算公式为：换手率（周转率）＝某一段时期内的成交量 ÷ 发行总股数 × 100%。例如，某只股票在一个月内成交了2000万股，而该股票的总股本为1亿股，则该股票在这个月的换手率为20%。

【日换手率高低反映出的股票活跃性】

（1）热烈（换手率大于7%，通常会超过10%）。股票的换手率越高，意味着该股票的交投越活跃。若投资者购买该股票的意愿较高，则表明该股属于热门强势股。这种股票一般出现在底位启动浪和高位主升浪，这也是筹码急剧换手的时期。这种情况如果发生在高位，很可能是庄家出货，这时往往会有相应的消息配合；如果发生在低位，很可能是强庄积极进货。然而值得注意的是，换手率较高的股票，往往也是短线资金追逐的对象，其投机性较强，股价起伏较大，风险也相对较大。

（2）活跃（换手率为3%～7%）。活跃性换手率一般意味着股票流通性好，进出市场比较容易，不会出现很难买进或很难卖出的现象，关注的人较多，变现能力较强。这种情况一般出现在主力建仓期或上升通道中，操作机会较多，盈利比较稳健而且可观。

（3）冷清（换手率小于2%）。股票的换手率低，表明该股少有人关注，属于冷门股。但有三种可能：一是该股没有活动的庄家，属于散户行情；二是庄家已经高度控盘，不想吸引大家跟风买进，如在低位或一浪上涨后出现缩量修整以及洗盘时为了锁定筹码，此时量能和换手率会同时缩小；三是该股为慢牛股中的高价股，因为股价太高，上涨速度较慢，跟风参与的人少，导致换手率低，但是其股价一直稳步上移。

将换手率与股价走势相结合，可以对未来的股价做出一定的预测和判断。某只股票的换手率突然上升，成交量放大，可能意味着有投资者在大量买进，股价可能会随之上扬。如果某只股票持续上涨了一段时期后，换手率又迅速上升，则可能意味着一些获利者在套现，股价可能会下跌。

3. K线图形

股票在交易时任何变化都会表现在K线图上。整体来说，活跃股在K线图上最明显的特征有：

（1）阳线比阴线多，阳线长，阴线短。

（2）阳线放量，阴线缩量，“红肥绿瘦”。

（3）阳线的上下影线都较短，实体较长。

（4）急跌慢涨，牛长熊短，常常出现阳包阴的K线组合。

（5）经常出现串阳组合，或者一连串阳线上升。

（6）日线上股价一直沿着上升通道中运行，以5日线、10日线为运行轨道线，以20日线为下轨线。

（7）周线和月线分别运行在5周线和5月线之上。

（8）MACD线一直处在0轴之上强势区域运行，股票只要达到这一点无论其是否处在箱体中都属于活跃股。

4. 综合分析

东阿阿胶（000423）在2008年至2011年的上涨趋势中，成交量均为饱和状态，没有出现剧增或持续放大的现象；在换手率方面日常上涨多小于1%。量价上去了，但换手率没有明显放大，说明单边买进较多，当换手率在某一日达到5%以上，次日回调的可能性很大。这种规律性跟主力的操作手法也有关：如果是慢牛上涨，换手率平均在2%上下运行；如果是快牛急涨，换手率平均在10%以上运行；如果处在低迷趋势中，换手率很难超过1%。

三、活跃股的操作要点

1．追涨不追高

投资者可在上涨启动阶段、阳包阴起涨信号时或成交量和换手率同比增长一倍左右时追涨进场，短线有利可图。如果持续上涨三天以上就不宜追高了，除了个别以涨停板起涨的强势股和存在炒作现象的个股。如2010年8月的联环药业（600513），笔者在第三个涨停附近追进，不足一个月时间盈利接近翻倍。

2．买跌不买涨

再活跃的股票都会有回踩支撑或洗盘的时候。在上涨后股价缩量回踩下方5日或10日支撑线时可低吸，稳健一点的可在回踩后再突破5日线时买进，最好在趋势下轨处回升时低吸。因为有一些活跃个股走牛时会出现进三退一的现象，所以要注意通道中的高低点节奏。

3．趁机买入

一只股票上升趋势形成后会一直保持活跃状态向上运行，甚至出现单边行情上涨，中途的阴线休整可谓“千金难买牛回头”。特别是在温和的串阳组合（4～6根连续小阳线）后，出现缩量小阴线或十字星线进行短暂休整，此时可在当日尾盘或次日早盘逢低及时跟进。或是在持续几天上涨约20%后出现短期缩量平台时，在平台内逢低买进，这一点符合“空中加油”形态条件。总之，一直强于大盘的个股、上升趋势形成的个股，在上涨中途出现任何缩量小阴或平台休整的都可趁机买入，投资者可以进入行情软件“强弱分析表”，从20日强、60日强的股票中筛选目标股。

4．中长线操作

对于中长线投资者来说，进行中长线操作的一个重要的前提就是选择的股票要有长线资金流入，而不是没有主力活动或短期炒作。如果个股在底部没有出现长时间活跃性建仓的情况，它是不具备中长线技术特征的。

【底部活跃性建仓】

（1）中长线布局必须选择调整后的低位才能降低成本。

（2）底部建仓阶段会出现两三次“串阳组合”，这是明显的吸筹信号。如2010年7月的金发科技（600143）在底部出现11根小阳线走出V形底，中长线投资者可在那些底部活跃的股票中选择涨幅不超出20%且处在回调休整中的个股买入，具备这一特征的股票均可买入。

如2008年后的包钢稀土（600111），其在每一次调整后的低位都有一组串阳回升。如2008年至2010年中的獐子岛（002069），其在每一次休整后起涨时几乎都是以涨停板的形势起涨，这是主力在逐步增仓的信号。

无论你是短线投资者还是中长线投资者，只要发现在底部出现上述四大活跃现象的个股，完全可以根据“追涨不追高”的信号买入，或是在缩量中的休整期潜伏，在后市均有可观的利润。其实，股性活跃与否也可从每一次回调或短暂的回踩后是否有串阳吸筹或涨停抢筹的信号中看出来。如果有，则该股不但股性活跃，而且后市具备上涨空间。

在股市里，任何类型的股票都有风险，活跃性的个股也不例外，在操作过程中，投资者不能没有风险防控的意识，时时刻刻都需提高警惕。

四、活跃股的风险防控

1. 仓位风险

为了能规避仓位风险，投资者在追涨买入、空中加油时买入，或是上涨途中回踩时买入等情况下都不能执行全仓操作，因为这些符合高风险中的高收益条件。一旦判断失误或者没有高抛，就存在出现重仓风险和操作风险的可能性，所以特别要注意一些游资炒作现象的个股和主力诱多现象的个股。

2. 技术风险

技术风险包括量价、换手率及均线指标方面的判断风险。成交量突增越大，风险就越大。如2010年9月16—17日的弘业股份（600128），其在这两天的成交量比之前放大了3倍以上，无论你是追高买入还是在次日买进风险都很大。换手率也是如此，一般而言，换手率比前一日或前一周急速放大2倍以上时风险极大，在比前一日放大1倍左右时最为安全。均线指标有两方面风险：一是下跌破位风险。例如，一根阴线跌回前3～5天的低点或阴包阳时，同时一连失守5日、10日、20日三条均线，都有可能是调整的开始。二是形成死叉风险。例如，在转势初期一般出现5日线死叉20日线后都还有低点。出现这两种情况时，短中线建议及时清仓或减持。上述情况出现在相对高位或大顶期间要特别注意。

第三节 潜力性特征

潜力股是指在未来一段时期存在上涨潜力的股票或具有潜在预期价值的股票，又称“黑马股”。

潜力股的共性特征如下。

1．业绩有明显的改善

相对于业绩始终比较优良的绩优股而言，原来业绩较差，在经过重组或开发新品种、转换经营方向等过程后，业绩有扭转现象或已扭亏为盈等的潜力股在市场大趋势向上的情况下都具有较大的潜力。

2．具有翻番潜力的个股的启动价往往比较低

这种个股的启动价一般为3～8元，启动价较低通常由两方面造成：一方面是个股由于盘子较大、缺乏炒作题材、股性不活跃等，不受大多数投资者偏向，市场反应冷淡，导致股价偏低。另一方面是主力选中该股后，为了能在低位建仓，故意大肆打压，造成个股严重超跌，股价明显偏低。股价偏低几乎是所有实现翻番黑马的共同特征。

3．有丰富的潜在题材

股价容易翻番的个股均有实质性的潜在题材作为原动力，如资产重组、资产注入、并购重组、高比例送转、摘星摘帽等。但是，中国股市历来有见利好出货兑现的习惯，因此，投资者如果发现个股在预期中涨幅巨大，而原有的潜在题材也逐渐明朗，则要注意提防主力借利好出货。

4．有市场主流资金入驻

从不理会大盘涨跌起落或提前大盘探底起涨，始终保持强者恒强走势的个股，在后市也存在较大的上涨潜力。这些个股一般有实力雄厚的市场主流资金入驻其

中。从股价走势上可以看出，这些个股在启动前都经历过一段潜伏期，其间，成交量有明显增大迹象，筹码分布逐渐趋于集中。当主流资金得以充分建仓后，一旦时机成熟或大盘企稳回升，其股价往往涨幅惊人。

5. 有周期潜力

许多股票的业绩表现常常要受行业周期的影响，如近年来的钢材、有色金属等板块，它们已明显体现出周期性质。每一轮经济周期都会淘汰一些行业，也会让一些行业兴起，带动经济增长。因此，能够带动国家经济增长的行业，就是市场中的主流投资品种，这种个股未来的潜力无法估量，这主要看主力资金如何对待，比如是短炒还是长炒。

6. 有超前的逻辑思维

一些个股可能有潜在题材，但要到未来某一时刻才能表现出来。“超前预期”的主要含义就是善于从真实信息中挖掘出其内在的价值。例如，曾有报道称，日本证券大亨野村被称为情报财阀，1914年6月，奥匈帝国皇储被刺，其海外情报员报告“世界大战即将爆发”，野村依此看到了军工、石油、医药等公司股票的潜力，当即大举收购这类股票，战争爆发后，这些股票价格急升，野村因此稳赚数百万美元。总之，挖掘潜力考验一个人的智慧和眼光，大多数成功的企业家和成功的投资者，都具有独到的眼光，并且善于收集市场中较有价值的资料。

随着我国证券市场的进一步发展，树立中长期的投资理念将成为投资者适应证券市场发展的必然趋势。选择有潜力而又带成长性的个股，必会是后市永久的投资主题。但是，股票的潜在价值也许要经过一段时间才会显现出来，在操作中必须以中长期战略分批入场、善捂待涨。随着证券市场的成熟，国内经济快速发展，上市企业不断提升经营能力，投资者的心理也逐渐成熟，随后定会有更多的长期投资、价值投资机会出现。

第四节
趋势性特征

炒股过程中什么最重要？笔者认为最重要的是两方面：一是重趋势，二是重规律。在大趋势向上的前提下，去察觉主力在技术上留下的种种轨迹和每一个环节下的节奏，把握大趋势的同时踏上节奏，操作方面才能得心应手。当决定进行一笔交易之前，务必看清当前的趋势是否支持交易方向，20世纪最具传奇色彩的投机客——利弗莫尔曾说："在我的交易生涯里只有一个盟友，那就是趋势，它比任何人的力量都强大。"把握大趋势赚大钱，把握小趋势赚小钱，把握不准趋势牛市也亏钱；上升趋势捂股，下降趋势捂钱。从这些原理中大家可以充分认识到趋势的重要性，不管是大盘还是个股，趋势都如此重要。

从趋势的级别来说，趋势按时间长短和波动大小可分为短期趋势、中期趋势和长期趋势，以下笔者用简单易懂的语言对其进行描述。

1．短期趋势

短期趋势，通常是指一个月以下的股价波动趋势，通常5日均线代表的是一周的股份波动趋势，10日均线代表的是半月的股价波动趋势。所以，我们经常以5日、10日均线代表短期趋势，股价在此线之上为短期强势，在此线之下为短期弱势。短期均线波动起伏通常较大，过于敏感，对短线投资者来说不可或缺。实盘中，在弱市的情况下笔者常打开30分钟图、60分钟图进行分析、判断，重点是观察30分钟图、60分钟图中的量价关系，例如，30分钟图中K线不管是收阳线还是收阴线或是收星线，只要出现放巨量（同比近期或远期以来的量都要大），短期都会有回调的要求。特别是9：30—10：00早盘第一根30分钟K线出现放巨量，短期回调的可靠性更大。另外，在下跌中看30分钟图、60分钟图中的阴线量是否有释放和收敛的状态，由此判断短期是否还有下跌空间；当下跌后反弹时看30分钟图、60分钟图中的阳线成交量是否温和放大，由此判断短期反弹的力度和反弹的高度。

2. 中期趋势

中期趋势是指一个月以上、半年以下的股价波动趋势，常用20日、60日均线。这是因为20日均线代表的是一个月的股价波动趋势，60日均线代表的是三个月的股价波动趋势，这又正好是一个季度，因此又叫“季线”，也经常有投资者采用此说法。一般而言，20日均线为上行通道中的下轨线，当股价跌破20日均线或当5日均线死叉20日均线时，均为中期卖出信号，相反为中期买入信号。中期均线走势既不过于敏感，又有沉稳的一面，因此最常被技术派人士使用。实盘中，在强市的情况下笔者对中期趋势分析常用的是“周线”，本书中的所有方法都可运用到周线图形当中；特别是某只个股在日K线上走势较为复杂，不易发现其中的技术规律时，不妨打开周线用EXPMA（趋势移动均线）来分析、判断，这样就简单多了。

3. 长期趋势

长期趋势是指半年以上的股价波动趋势。比较常用的是120日均线与240日均线。120日均线代表半年的股份波动趋势，又叫“半年线”；240日均线代表的是正好一年的股价波动趋势，又叫“年线”。总的来讲，长期均线走势过于稳重、不灵活，因此对其不能单独下定论。实盘中，在牛市的情况下笔者对长期趋势分析常用的是“月线”，方法同上述“周线”中的技巧一样。如果仅针对大盘分析，只要大盘指数在5月均线之上，那么个股行情将会十分精彩，此时不管是弱市还是强市只管做精个股即可，不要被大盘指数左右而失去个股的机会。

在对趋势力度的分析中，只有看清趋势的级别，才能较好地把握趋势性的操作。上升趋势可分为“主升趋势”和“反弹趋势”，下跌趋势可分为“主跌趋势”和“回调趋势”。涨跌两种性质完全不同，主升趋势应该大胆做多，而反弹趋势只能在反弹到位后出局或逢高看空；主跌趋势可以大胆放空，而回调趋势则应在回调到位后低吸进场做多。同样是上涨的股票，有的上涨很有力，有的上涨软弱无力，其中，软弱无力的可能是反弹。同样是下跌的股票，有的下跌很厉害，有的下跌力度很小，其中，下跌力度很小的可能是回调。趋势的力度决定趋势的性质，没有力度的上升与下跌大多是对原有趋势进行修正。上升趋势回调一般不会跌破前一高点的水平支撑线，反弹趋势回落的低点往往会跌破前一高点的水平支撑线。

在上升趋势中，存在两种不同的趋势特征：30°～45°的上涨和90°的上涨。国内A股较多的是呈90°的上涨，是典型的牛短熊长的特征，少有45°匀速上涨的。若在下一轮牛市中能有以45°左右匀速上涨的模式，则投资者将拥有更多操作机会，股价上涨持续时期会更长，市场也会显得更加健康。呈90°上涨的股票的主要特征是上涨猛速，几乎是直线上升或跳空上升，在两三天或一两周之内完成一个波段行情，当大多数人还没反应过来时，一个阶段的行情就已经走完，等反应过来再去追时，该股可能即将进入调整期。一般来说，出现90° 上涨的个股看似很诱人，但其实参与的人多而盈利的很少，因为高收益、高风险的情况极为考验一个人的胆识和技术。

大多数牛股主要特征是开始上涨速度很慢，然后不断加快，临近高位的时候加速上涨，到最后进入疯狂阶段。这种股票开始上涨时很不引人注意，大多数人都把它当反弹看待。当发现时可能会认为涨得过多需要回调，但事实上这样的股票每次回调都较浅，下方支撑很强烈，在你还没有买到的时候又开始上涨。这种走势的角度演变一般为20° —30° —45° —90° ，最后多数以放量上攻为见顶标志。换一种说法是由20° （构底）—30° （蜗牛）—45° （慢牛）—90° （大牛）—放量上攻探顶（疯牛）。仔细观察，两年翻5倍、10倍以上的个股均以这样的趋势运行。

45° 是较稳健上涨的模式，欧美市场这种图形最多，国内A股市场非常少见，仅在反弹行情或短中期行情才有这种走势出现。

总之，无论运用什么理论来判定趋势，都必须是在趋势图形走出来后。敢于冒险的投资者可以结合以往经验和技术上的先兆特征进行分批试探。大资金或稳健者可在大趋势明朗后再入场。一般投资者可结合前期运行节奏把握后市的操作机会，如笔者在《做精一张图（彩图版）》一书中讲述过的“上升三浪+主升浪”“下跌三浪+主跌浪（主力集中杀跌挖坑抄底）”“有一浪就有二浪，有二浪就有三浪和主升（跌）浪的可能”等知识点。投资者应灵活运用笔者在书中讲述的EXPMA趋势线（又称“操盘线”），并养成运用不同周期图形分析的习惯。以下附上几张案例图解以便投资者加深理解。

【图解说明】

强市重势，弱市重质。每年都会有数十只大牛股在强庄进驻后上涨幅度势不可当。这种股票一般都在较大的热点题材和政策利好的配合下产生，而现实中大多数投资者并不敢在起涨阶段追进，但也不会就此放弃跟踪。如图49中直线（几乎呈90° ）上升后的两个加油平台，下方趋势线明显获支撑，突破平台的第一根放量阳线出现时为“起涨买入信号”。若换日均线来看，图中是以5日均线为运行轨道线，以20日均线为通道下轨线。

牛股少有，做好牛股的人更少有。牛股要跟，而跟对牛股的人不多。善于做强势股的人，都会收集一些主力异动、强势启动上攻的个股。倘若在起涨浪没有机会跟进，那么还可以继续跟踪后面的机会，直到股价明显大幅上涨显示见顶信号后再放弃，或者短期一轮上涨后在修整时图形明显破坏之时再放弃跟踪。

图49　直线式上涨的牛股日线图

【图解说明】

图50所示是上升趋势中走势较复杂的个股，在没有明显的浪形可数的情况下，我们可以用画线法画出通道，或者运用BOLL布林线的上下轨原理。但在操作上必须注意上下轨的节奏，进行高抛低吸反复交易，直到回调至下轨再无支撑时再放弃。

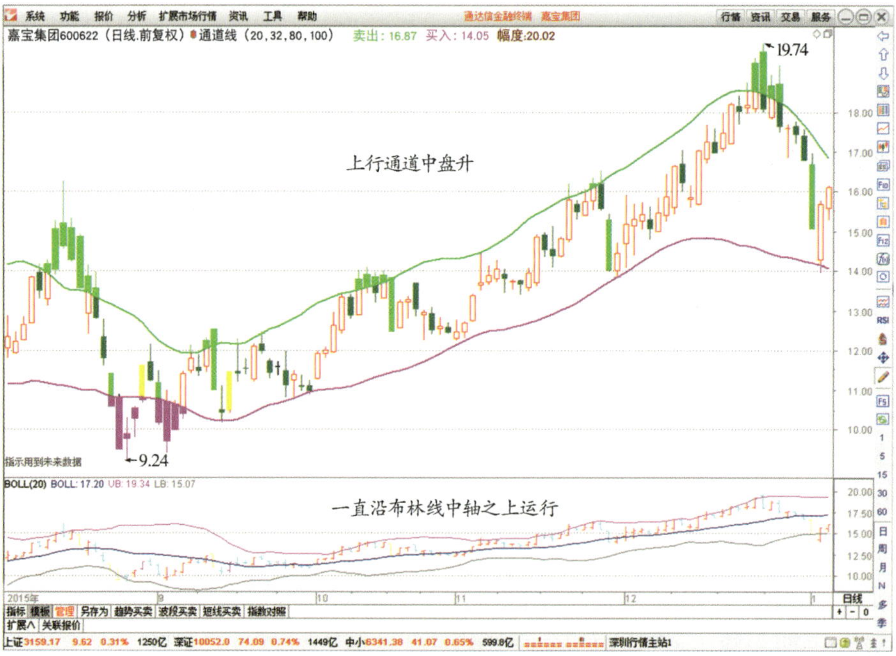

图50　通道型上涨的牛股日线图

【图解说明】

除了日线上的画线和布林线分析之外，对于长时间上涨的个股，也可查看周线的图形。如图51所示的个股，虽然日线反复波动，技术规律不明显，但周线一直在趋势快线之上运行，中线投资者可以一直沿这条均线捂股。成交量方面每次回踩时都以缩量为主，投资者应等到高位收放量长上影阴线时再见顶卖出。

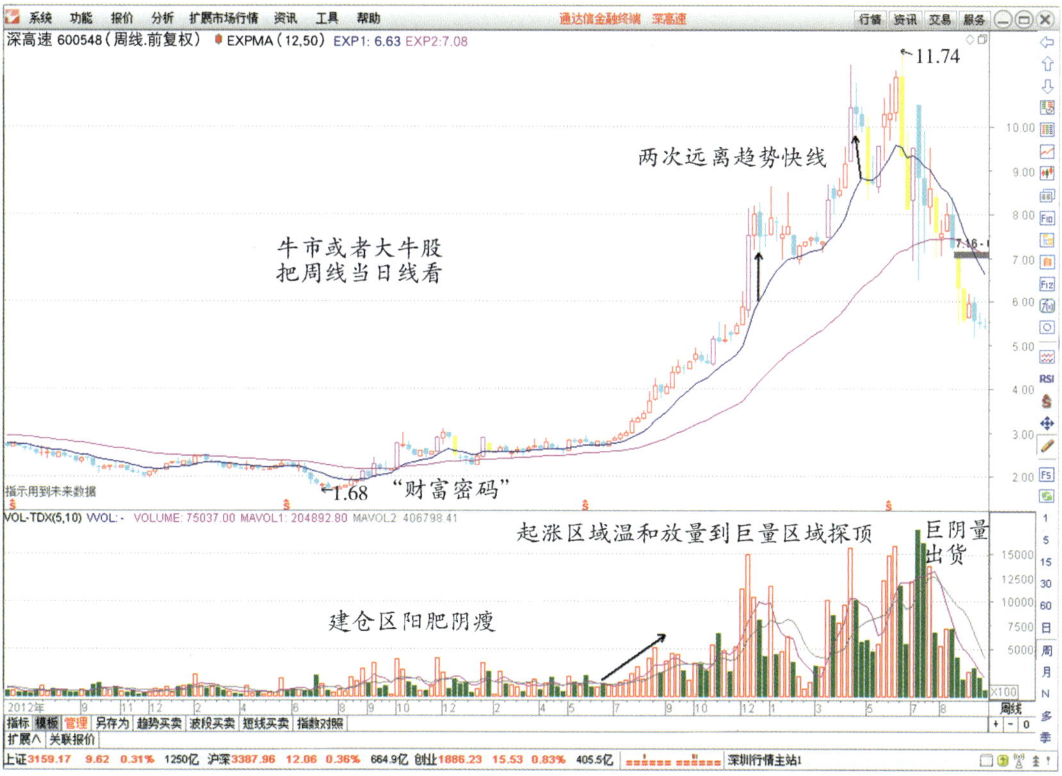

图51 通道型上涨的牛股周线图

【图解说明】

如图52所示，进三退一和进二退一往往是慢牛股的一大技术特征，整体图形上出现阶梯式上涨，仔细观察可发现，股价每一次回踩中低点都在抬高且都是以缩量为主，获支撑后再以放量中大阳线回升，甚至出现串阳回升。投资者懂得这点规律技巧后，便可轻松把握每一次低吸机会，直到快速上涨后远离均线时再减持或全部锁利，或者在高位来回反复震荡时（磨顶阶段）放弃跟踪。

图52 阶梯式上涨的牛股日线图

【图解说明】

如果对大趋势感到迷茫，那么应该有信心去看中期周线。将笔者的技术运用到各个周期图形一样实用。如图53中的趋势线金叉后往往会有回踩，和图中后面的回调形成“蜻蜓点水”，同时MACD死叉后短期又出现快速金叉等看多信号。

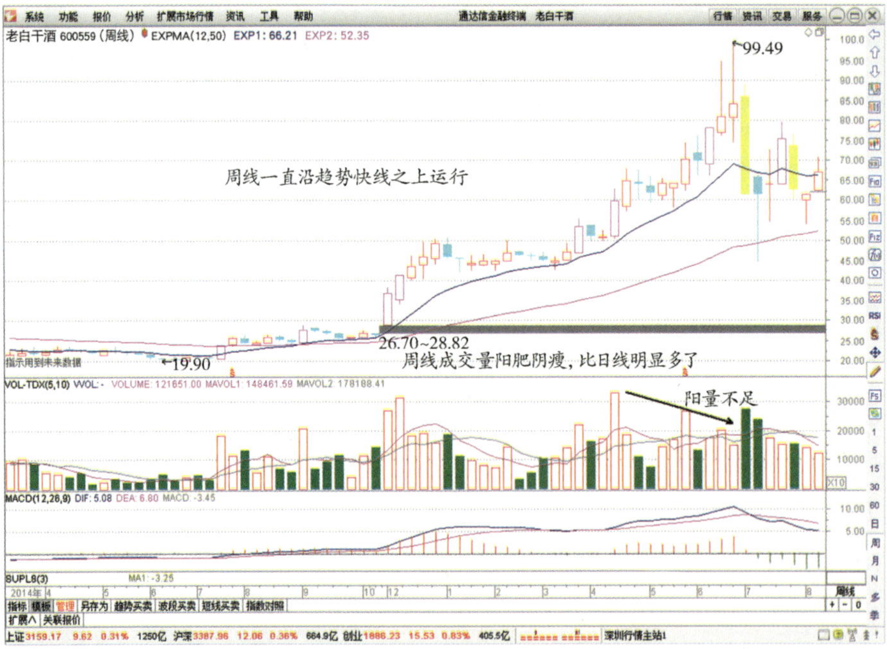

图53 阶梯式上涨的牛股周线图

【图解说明】

从图54中的日线走势来看，股价只有一个明显的特征，即低点在上移，稳步攀升，但短线涨幅并不大，而从长时间来看，涨幅仍是惊人的。从图中的日线成交量来看，初期持续放大，但整体涨幅并不大，后期的成交量又逐渐递减。前后的成交量表现会让很多投资者感到疑惑，但股票从前后整体趋势看是大慢牛股。无论你是短线投资者还是中长线投资者，单从日K线图形分析难以理解，更难以捂股，那我们从周线角度来看又会怎么样呢？请看图55。

图54　震荡式上涨的牛股日线图

【图解说明】

在图55中我们仍可以分两段来分析。前一段放量攀升，直至趋势线金叉时放出最大巨量，试想一下，如果是见顶的特征，那么接下来趋势线必会再次死叉，可结果并没有死叉。后一段却是在趋势线金叉后沿着趋势快线震荡上行，此时不管主力有什么意图，大盘趋势怎么样，都可以不去理会，只以此趋势快线为捂股依据便可。

通常情况下，从主力最底位逐步建仓后，直到重要均线金叉时、图形走好时，或多头形成时，都是主力洗盘最好的时机。如图55所示，趋势线在金叉后便立即回踩，这时不管是洗盘还是回踩或是出货，只要趋势线不再死叉就大胆做多。越往后，主力的意图就越明显，因为在前面低位埋进大堆量的筹码必然是长线布局，至于后期成交量递减那是因为主力在间歇中，走散户行情，到顶位阶段时主力就开始放量抛售了。

总之，对于趋势方面的分析、判断，投资者应在弱市中多看30分钟、60分钟的量价关系，在强市中多看周线以免错过牛股，在牛市中多看月线以免错过大牛股。均线方面，笔者建议运用好5日、10日、20日这三条均线和EXPMA趋势线这两大指标的技巧；形态方面，能看懂的就按图形条件来操作，看不懂的图形就画线按区间上高抛低吸操作，如画出来的通道线不明朗、无规律的，就放弃该股。特别建议阅读此书的投资者，在买进一只股票后一定要给自己找出一个合理的捂股依据，由此可防止受该股日常波动和大盘指数波动的心理影响。

图55　震荡式上涨的牛股周线图

第五节 规律性特征

投资者应掌握运行规律，踏准操作节奏。政策是暂时的，市场规律是永恒的。只有跟着市场规律炒股，才能成为真正的赢家！任何事物皆有正、反两面，即上升和下降，股价也有涨跌之别。牛市吹泡泡，熊市挤泡泡，泡泡迟早会被吹破，泡沫也终究会被挤干净，周而复始。每一次的底部，都在市场大众彻底绝望之时形成，同样，每一次的顶部，都在市场大众一片疯狂之时来临。

市场包括一切，价格沿趋势运行，历史也会重演。股价循环波动规律是股价运行的内在实质，由高到低、由低到高、涨跌互换、牛熊交替循环复始的规律，是自然定律。在实盘操作中，投资者应通过准确分析把握股价的具体循环位置、方向、策略，在操作上制订投资规模、获利大小、进出场时机，制订和采取风险控制的严密操作计划和应对措施，以获取最大的投资收益。

股市中有二八规律、江恩理论、波浪理论、斐波纳奇数列与股市规律、股市春夏秋冬二十四节气规律等，这些理论也是按股市运行规律的原理编制的。这几大理论笔者就不必多做解释，不少人都已熟知。以下笔者描述现实中的常见规律，它们也是中国股票市场多年来的固定规律。

1．缩量震荡：小盘股

大盘稳健但能量不足时是小盘股的活跃期，因大盘能量不能满足规模性热点的施展，所以个股行情“星星点火”，其中又以小能量下小盘股行情更为亮丽。由于小能量难以满足行情的持续性，故小盘股行情往往涨势较迅捷，持续周期较短，适于短线操作。

2．突发利好：次新股

无论大盘处于什么状态，若遇突发性重大利好公布，则往往是低价次新股的活跃期。因为老股中往往有老资金进驻或者受困，新资金不愿为老资金抬轿，更不愿为老资金解套，所以，重大利好公布后，上市不久的次新股往往成为新资金“先入为主”的攻击对象。特别是一轮大调整后出现政策底时，次新股的这种表现更为明显。

3. 调整时期：庄股

大盘调整时是庄股的活跃时期，由于市场热点早已湮灭，故会有不少主力受困自救，或是潜在题材趁疲弱市提前建仓。疲弱市道中的庄股犹如夜幕中的一盏“豆油灯”，虽不能照亮整个市场，但也能使投资大众不至于绝望。同时，还能诱惑“投资小众”一起来“往豆油灯里添加燃油”，但这也可能引来“飞蛾扑火”的惨局。

4. 波段急跌：指标股

大盘波段性急跌后是大盘指标股的活跃期，急跌后能令大盘迅速复位的，必然是能牵动全局的指标股。其一是因为“四两拨千斤”的功效大，另一原因是低价权重股护盘的成本较低。

5. 调整尾声：超跌低价股

大波段调整进入尾声后是超跌低价股的活跃期，因为前期跌幅最大的超跌低价股风险释放最干净，技术性反弹要求最强烈。由于大势进入调整的尾声，尚未反转，新的热点难以形成，这便给了超跌低价股表现的机会。

6. 牛市确立：高价股

牛市行情确立后是高价股的活跃期，高价股是市场的“贵族阶层”，位居市场最顶层，大盘进入牛市阶段后，需要它们打开上档空间，为市场创造牛市想象空间，对中低价股起到“传、帮、带”的作用。

7. 休整时期：题材股

大盘休整性整理是题材股的活跃期，因为休整期市场热点分散，个股行情开始涨跌无序，增量资金望而止步，只能运用题材或概念来聚拢市场的视线，吸引市场开始分散的能量。

8. 报表时期：双高股

年（中）报公布日及其前夕是高“公积金”和“高净资产”股票的活跃周期，因为这样的上市公司有股本扩张的需求和条件，有通过高分红来降低每股净资产值的需要。在股市开始资本利得和低风险稳定收益后，高分红的股票也已经成为市场大资金的保值宠爱对象。

股市投资有着其独特的运行规律。在一轮上涨行情中，一般都是几个龙头板块纷纷大涨带动指数和市场人气，然后市场再进行板块轮动上涨；而在下跌行情中，一般都是以几个熊头板块为首纷纷大跌，然后市场再进行板块轮动下跌。有人说：在上涨行情中，赚钱的秘诀就是狙击那些涨幅不大并且有业绩支撑的补涨品种；而在下跌行情中，赚钱的秘诀就是狙击那些前于大市下跌，基本面良好并且跌得面目全非的超跌品种。

另外须注意，当牛市和熊市成立时，或者个股进入疯狂阶段，形成一种惯性上涨和下跌时，技术往往会失灵，没有规律可循，投资者只能顺势而为。

【本章综述】

成功不稀奇，关键在速度，那就请“8小时以内，我们求生存；8小时以外，我们求发展，赢在别人休息时间”。在股票学习中还有一种速成的方法：首先将笔者的书阅读5～10遍，再打开股票行情软件功能里面的“强弱分析表”，在笔者的“做精一张图-强势股形态选股软件”中直接输入“.402”，再按回车键。打开界面后可点击20日强、60日强，从排名最靠前的20只个股中研究分析是否还有操作机会，因为这些个股均强于大盘，即使再强的个股也会出现回踩、打压、洗盘等现象，所以只要勤于跟踪就还有机会。

笔者建议读者们在读书后进行复习时，最好能翻看大量的案例个股来证实理论和加深印象，可以点“强弱分析表”中的“年度强”选项，将一年以来涨幅最大的前50只个股，在《做精一张图（彩图版）》这本书的技术基础之上，再结合《做精实盘手法（彩图版）》书中的主力操盘手法环节，把这50只年度最强的个股一只一只地复习一遍。这50只个股起涨前有什么特征？如何建仓起涨？如何试盘建仓？如何震仓吸筹？如何洗盘？如何拉升出货？中途还有哪些个别特征？经典图形组合和变盘信号以及浪形有怎样的变化？分别是在什么样的市场环境下产生的？分别是由什么题材引发的？

读者每复习一只个股都应将这些细节记录在笔记本上，这50只案例个股复习完后，再整理笔记，去总结它们有哪些共性，哪些是重中之重，然后结合前期出现过的强势股进行比较，判断是否有吻合的地方，最后分析当前的强势股来判断你的理解和总结是否正确。由此，举一反三、活学活用，只要读者肯按笔者的方法付出3个月的时间和精力，一般1～3个月后必然会有奇迹发生。

谁能看懂主力手法，谁就能跟好庄；谁能看懂运行规律，谁就能踏上节奏；谁能细心跟踪，谁就能抓住大机会；谁能一眼识出股性，谁就能选到强势股；谁能低价买入、耐心捂股，谁就能大赚。切记，人性跟股性是有紧密关系的，不同性格和风格的人会喜欢不同性质的个股，针对性学习或许更有帮助。

前面笔者讲到为什么要做精一只股，也讲到大趋势下如何选股以及跟庄，本章讲到识别股性有助于精选个股，后面将讲到操作中的细节。笔者希望从前到后每一环节连贯性的讲解能让读者易学、易懂、易会。

第二章 中长线牛股形态：选股与操作手法

笔者常常在课堂上讲，你对强势股的特征认识多少，就能赚到多少；你对涨停板的技巧掌握多少，就能抓到多少；凡是有K线图的市场，你有多少K线技术，就能赚到多少钱。股票基本面好只是基础，其技术面上会一波三折，因为容易受到各种因素的干扰和影响，不认识K线特征，踏不准运行规律节奏，牛股也会被浪费。中长线牛股K线走势多种多样，但整体都是趋上运行，笔者在本章将精挑几种进行描述。

第一节 年月周日线形态

本书前面也讲过，分析应当由大周期到小周期，目的是大周期有机会就做大周期，大周期没有机会就找小周期做。大周期决定前景和操作空间，在有K线图的市场中真正能赚大钱的，必然是波段+中长线的机会。

很多人仅为眼前角分利润，而忽视了几元甚至几十元的大机会，特别是在牛市背景下，这更是一种浪费行情和机会的做法。笔者甚至发现有的人都没有这种由大周期到小周期分析的习惯，也没有看年K线的意识。以下笔者就从指数和个股两方面分别做出图例说明，希望能引起大家重视。

一、年线分析

1．上证年线分析技巧

【图解说明】

图56为上证年K线图。

（1）从图中浪形来分析，前面共为三浪，且一浪比一浪长。第三浪后的回调低点并未完全回补，其低点还在第三浪起点之上，这意味着低点在上移，大趋势保持向上。

（2）从图中回调浪来分析，第一浪后的回调浪中以上下影线修复完成，与当前类似。第二浪后的回调与第三浪后的回调节奏一样，都是阴线逐根收短。

（3）从图中再看阻力位和支撑位，在2015年高涨时笔者就提到6124.04点处那根K线实体处为强阻位，在2016年春节后笔者就已画出全年的区间，下看2800～2500点的区间，上看4000～4500点的区间，看开年后是先上再下还是先下再上，最终选择最有利的先下后上，收出长上下影的组合，这在上涨中途出现一般为“上涨中继”的特征。

（4）从图中看两个红箭头处，近乎百分之百的相似度，都是上影阳线，下影阴线，低点都以趋势快线为支撑，随后都是缓慢向上修复长上影，所以笔者将长上影分为三段来观察其修复进度和情况。修复三分之一为偏弱，修复二分之一待观察，修复三分之二后再酝酿新高。总之，按照笔者的上下影后收阳偏多，收阴偏空的技巧，随后再观察上影三分之二和下影三分之二的修复情况，最终确定多空确认信号。

图中笔者在三分之二的位置画了一个十字星，类同第二浪中的那个阴十字星（整体图形来看两阳后都有回调要求），当然最终是否会有十字星还得看市况，但根据笔者的假设性画线，股价会在未来三四年内创下6124点的新高，最迟2025年之前挑战万点，这或许不是梦。原因很简单，2007年股市中才1000多只股票，2017年的股市有3000只股票，再过几年会有近5000只股票，上万点不再困难。最主要的是这几年是国家经济转型成功后的成长期，或成为改革开放后的发展趋势。

先看年线的缘由很简单，投资者应把图56当作平时所看的日线图一样去分析，有了对大趋势的判断后采取恰当的个股操作策略才能得心应手，否则逆境求生很困难。

图56　上证年K线图

2. 个股年线分析技巧

【图解说明】

图57为上汽集团（600104）年K线图。

笔者随便挑一只个股作为案例，图57中附图为上证指数年K线，笔者的目的是将其与个股年K线对照，清楚地观察出这只个股是否强于大盘指数。如图中数字标注处的K线都是强于上证指数的，若按照个股的现处位置，上证指数就应在5000点之上，明显强于当时上证指数的2000多点，并且该股的相关指数近几年以来一直强于上证指数。试想一下，选择类似的个股操作，还怕收益会落后于大盘吗？相反，如果你选一只同步于指数或落后于指数的个股操作，赚钱效应会明显吗？哪怕你的技术再好，收益也有限。

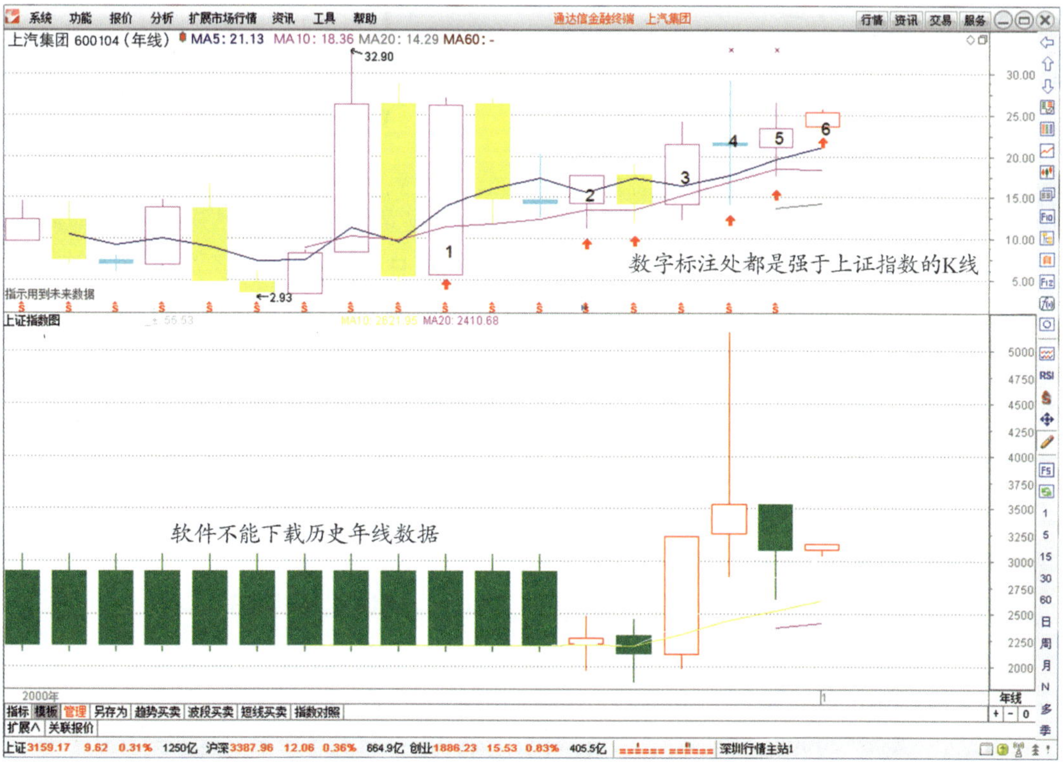

图57　上汽集团（600104）年K线图

【图解说明】

同理，将600开头的个股对应上证指数，000开头的个股对应深证指数，002开头的个股对应中小板指数，300开头的个股对应创业板指数。如图58所示，这是笔者在软件上专设的一个模板界面，在副图中可添加上证指数图，双击可放大，以便快速参照。

图58　上汽集团（600104）日K线图

【图解说明】

图59所示为设置指数图的公式代码，以通达信为例，999999代表上证指数，399001代表深证指数，399005代表中小板指数，399006代表创业板指数，大家只需修改公式中的代码数字和板块名称，再将其添加到副图即可。以下为公式。

DRAWKLINE("999999$H","999999$O","999999$L","999999$C");

上证："999999$C",COLORWHITE,NODRAW;

_±："999999$C"-REF("999999$C",1),COLORLIGRAY,NODRAW;

双击鼠标放大MA5：MA("999999$C",5),COLORWHITE;

MA10：MA("999999$C",10),COLORYELLOW;

MA20：MA("999999$C",20),COLORMAGENTA;

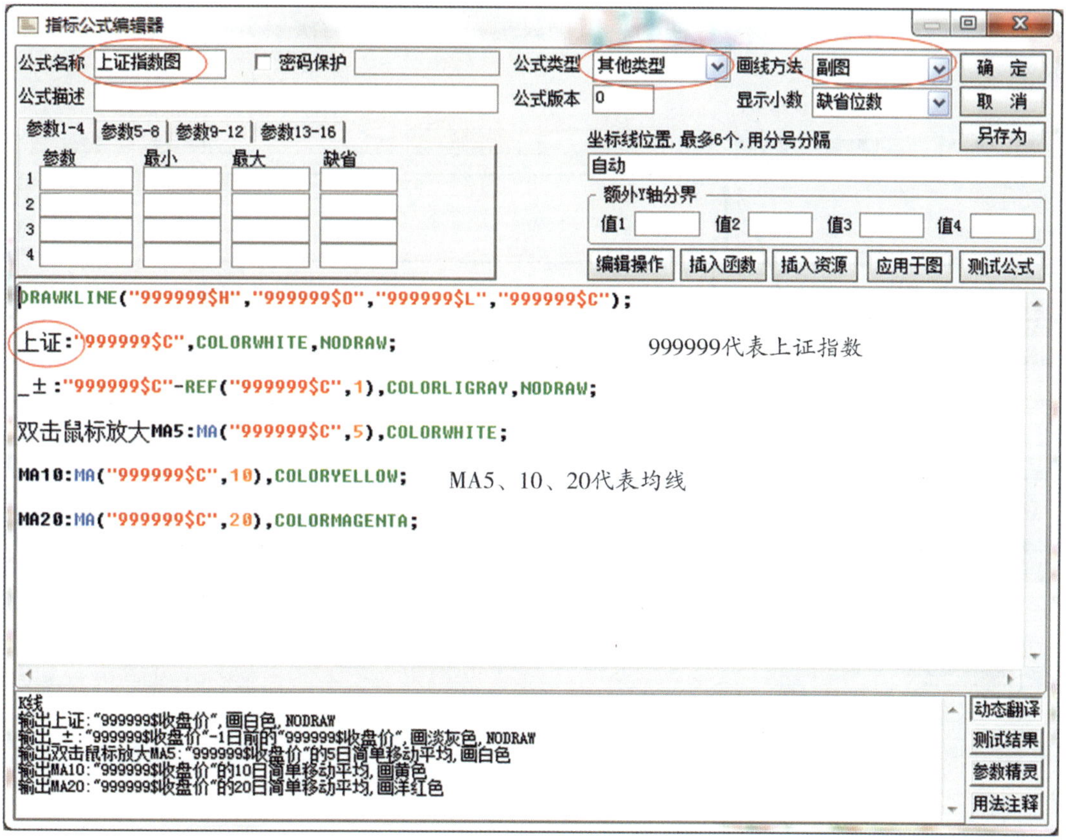

图59　附图设置指数图的公式代码

二、月线分析

1. 上证月线分析技巧

【图解说明】

图60为上证月K线图。

（1）图中的黄金分割画线由黑色箭头方向的6124.04点拉至998.23点，可见6124.04点后回调的低点1664点正好是0.809区域。再如，图中红箭头从1664点拉至6124.04点，可见2009年小牛市反弹的高位正好是0.382位置。再从2015年高点5178点往2013年1849点下拉，2016年的2638点正好是在0.809附近，犹如6124.04点到1664点附近的跌幅位置一般。最后再从2638点往5178点上拉，0.382的位置是3600点左右，0.5的位置是4000点附近，0.809的位置是4600点左右。画线方式：股价一轮上涨后下跌时，投资者应预判下跌目标位置，就从前面最高点往左边最低点画；一轮下跌后反弹上涨时，预判上涨目标位置，就从前面下跌的最低点往左边最高点画。值得一提的是，黄金分割法虽经常被使用，但仍只是一种参考，为次要分析工具，而不是分析的主要依据。

图60　上证月K线图

（2）图60中的两根紫色箭头处的图线，可被称为最后疯狂冲刺的主升浪，巧合的是它们都为四根阳线。两箭头之前，图线都呈现出小阳、中阳、大阳、阴十字星修整、四阳赶顶的顺序。而2009年那一轮上涨后期，图线在阴十字星处走坏，收成了实体长阴终结涨势。这可成为未来牛市规律的参考资料。

（3）如图60中的圆圈处，当时笔者还提示客户注意“下跌三部曲”的形成。一旦图线收阴回补前1根阳线时，可初步认为“下跌三部曲”会形成；当图线收阴回补前2根阳线时，“下跌三部曲”就已经确定形成了；当图线收阴回补前3根阳线时，投资者就可顺势判定股价会创新低。这就是K线组合的逻辑分析技巧。回想一下，若当时你能发现这规律技巧，手中的个股是该减仓还是清仓？并且圆圈中的三根阳线是一根比一根要短的三小阳，且第二、第三根小阳还带有长上影线，稍有技术经验的人都能预感到股价会形成“下跌三部曲”，因为这是明显的多头乏力现象。

2. 个股月线分析技巧

【图解说明】

图61为上汽集团（600104）月K线图。

图61 上汽集团（600104）月K线图

（1）同上证的月线比较来看，2015年在上证收阴十字星后，个股随后上涨了6连阳，而上证随后只上涨了4连阳，这说明该个股强于上证。

（2）图中箭头处，上证创下了新低，而该个股低点在上抬。随后上证在横向盘整，而该个股明显在上移。虽然节奏差不多，但该个股上行的幅度明显要大于上证指数。

（3）图中的最低价为11.17（有“要要要起”的寓意），说明在此或之前就已经有主力参与了。

（4）凡是大牛股，其月线必然沿着5月线持续上行，直到远离5月线后才会有回抽过程，或收长上影，此时要观察成交量是否放大，如未放大，成交量便还有新高。

（5）上证的5月线也极其重要，上证站在5月线之上，盘面个股才会普遍活跃，交易机会才会更多，否则相反。

（6）除上述情况外，在月线中还有更多K线组合、K线形态的运用技巧，类似平常在日线使用的方法，只不过周期长一些、空间大一点而已，对这些方法投资者在牛市中一定要善用。

三、周线分析

1．上证周线分析技巧

【图解说明】

图62为上证周K线图。

图62　上证周K线图

（1）图中K线整体为三浪上行、三浪下行、三小浪盘升。一般三浪加主浪为一个完整的技术周期，随后回调时看第三浪的三分之一、二分之一、回补第三浪（黄金分割理论）。若K线在三分之一上方盘整则存在酝酿主升浪的潜力，二分之一为多空分界线，回补第三浪或超出第三浪后则会构成中继平台，然后回补前面三浪。可能有人会认为当K线回补前三浪后，行情应该还会顺延，但据笔者的经验事实并非如此，股价会在被打回原形后再盘整，并重新选择方向。

（2）图62中1号横线是前面第三浪的低点，只要股价不跌至此，就不会再有低点去回补前面整个三浪。然而，周线要向上突破2号线回补前面下跌中的第三浪，只有回补才有望到达3号目标位置，到达3号目标位置后再横盘选择新方向，若是在高位盘整就有可能继续上涨，此时投资者应善用黄金分割。

（3）MACD在0轴之下两次金叉一般都是关键时候，这或成为转机，包括月线、周线、日线，它们均可能出现变化。

2. 个股周线分析技巧

【图解说明】

图63为上汽集团（600104）周K线图。

图63 上汽集团（600104）周K线图

笔者讲过上证周线的分析技巧，现在我们再来对照个股分析。如果上证的月周线是多头组合K线，而你持有的个股也是多头组合K线，则形成共振，这时你不妨在持有的个股上进行短期增仓。最重要的是，通过大周期图形来分析未来一定时间内的趋势，你可以看得更远，操作上更有把握。例如，当指数或个股大周期图形走势不好时，一定要以短线看待它们，一旦走势好便要以中长期看待并学会捂股。个股最好一直强于指数，若个股与指数同步，便可把指数当个股，看着指数进行操作。

四、上证日线分析

1. 大盘日线分析技巧

【图解说明】

图64为上证日K线图，日K线可分析的范围和方法就太多了，日K线也是投资者日常盯盘最多的界面，对日K线的分析略分为以下几类。

图64　上证日K线图

（1）形态、浪形、K线组合、单根K线长短与上下影的关系，详细请阅读《做精一张图（彩图版）》。

（2）阶段位置，如图中最近的三次顶、三次底后的转折点关系，还有横盘和中继的关系。

（3）切线分析如黄金分割、时间窗口、变盘区域等。

（4）顶底背离如SUPL、MACD，还有随机波动较强的指标，如KDJ、CCI超买超卖信号、BOLL通道关系等。

（5）指标和均线金叉、死叉、远离或共振关系等。

（6）成交量的变化，如稳定、急增、急减、地量关系等。

2. 个股日线分析技巧

【图解说明】

图65为上汽集团（600104）日K线图，日线分析的目的主要是寻找阶段位、形态特征以及买卖点。

图65 上汽集团（600104）日K线图

（1）图中红箭头标记处为构底后的明确反转信号买入点，这几处图线展示的均是突破和回补缺口后的缩量回踩，它们是再次突破时的安全买入信号。

（2）图中红色横线标记处是初次买入信号，其成功率要稍低一些。

（3）图中成交量绿色箭头标记处，是代表明显放量的减持或卖出信号。当然，若想找到更好、更精准的买卖点，还得从30分钟图、60分钟图或分时图中去分析。

（4）指标方面投资者根据自己的偏好去分析，此图仅作为辅助。

（5）有关个股的地雷信息，投资者可在通达信中输入“16”查看。

五、个股图形案例

1. 日线蜻蜓点水20%空间

笔者在此以“蜻蜓点水”的理论，描述日K线、周K线、月K线、年K线，并比较不同周期图形点水后的涨幅。

按照标准来说，日线出现一般会有20%的上涨空间，周线出现一般会有50%的上涨空间，月线出现会有100%的上涨空间，年线出现一般会有几倍的上涨空间。

笔者通过这些技术图形案例介绍图形技巧，除此之外，还有更多的图形组合和形态，它们都可被运用到各周期当中。例如，月线三连阴，逐根收短，下一根极可能会收阳；月线已经出现一根小阳和一根中阳，那么第三根极可能是长阳；月线低位出现阳包阴且阴线带有长下影，下一根K线看涨。把日K线中学到的图形技巧运用到周月年线上去，投资者会发现它们同样实用，但盈利空间随周期放大而增大。

【图解说明】

如图66所示，图线底部频现涨停板，EXPMA（趋势线）出现两次金叉，但不可能再有第三次金叉，这是因为前面太多涨停板，主力也等不及。如果前面没有一个涨停板，图线有可能会继续横向中多次交叉。

EXPMA和MACD上下同时第一次在金叉后在0轴之上点水，实属少见，股价出现上涨的概率在98%以上。

底部有涨停，点水前有涨停，点水后自然会有涨停，这个逻辑很容易理解。这是主力惯用的手法。投资者应等到拉高后MACD出现顶背离时再出货。

“蜻蜓点水”的奇迹不是出现在这两条线上，而是出现在洗盘时回调的幅度在0.382～0.5（黄金分割）之间时，只不过用这两条线可以让大家一目了然，更便于条件选股。这一方法的关键在于点水时一定是缩量和地量依次出现，投资者应在地量或次日温和放量时买进，在前高或之上卖出，这样操作一般都有20%左右的盈利空间。

图66中点水后的长下影阴线放大量，实为假阴线，投资者不必担心放阴量。

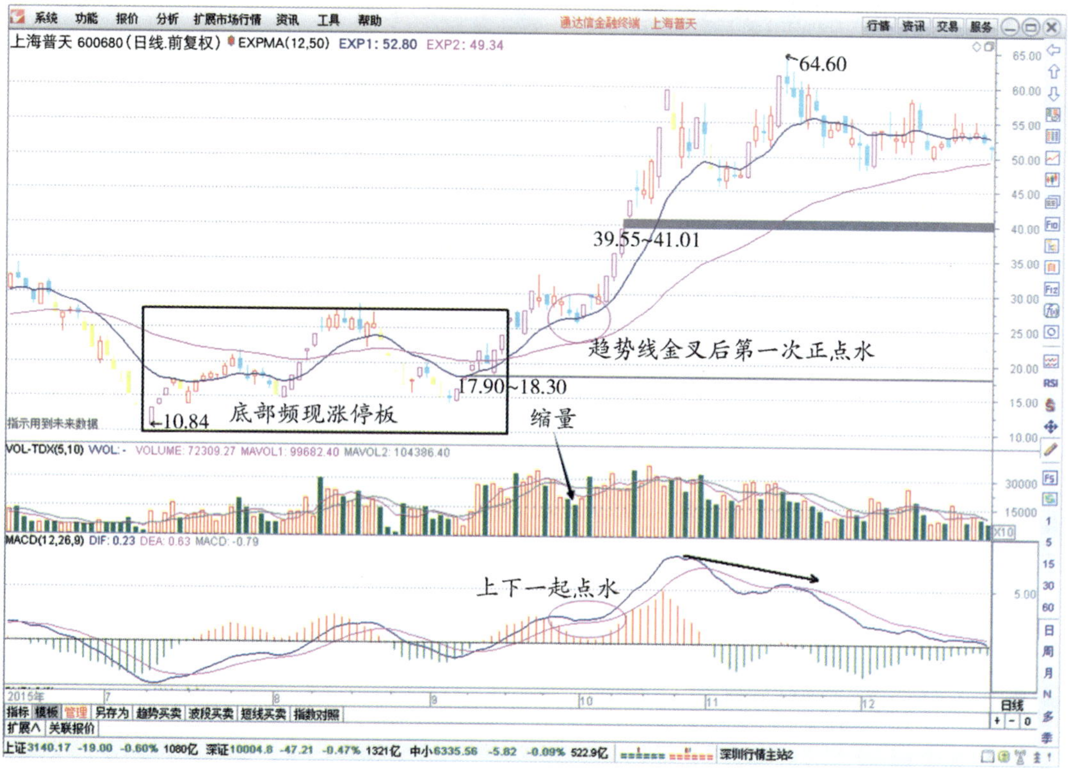

图66 日线蜻蜓点水20%空间示意

2. 周线蜻蜓点水50%空间

【图解说明】

如图67所示，主力做盘一般为三浪，“启动浪”是主力建仓浪，若建仓浪涨幅为30%～50%，则说明主力埋筹较多，后续股价大幅上涨可期。低于30%就相反，大于50%也不利于后续大涨，因为短时消耗过大，或为短期炒作行为所致。“发展浪”是主力真正赚钱的一浪，持续时间会较长。“主升浪”是主力拉高掩护出货的一浪。周线形态类似这样的个股，投资者一年做精一只，一年的利润就足够了。

这种条件选股的操作手法，很适合兼职投资者，因为他们在点水过程中有足够的时间去分析、研究、做准备和买入，并且盈利也非常可观，他们还可确保自身买在波段的起点。

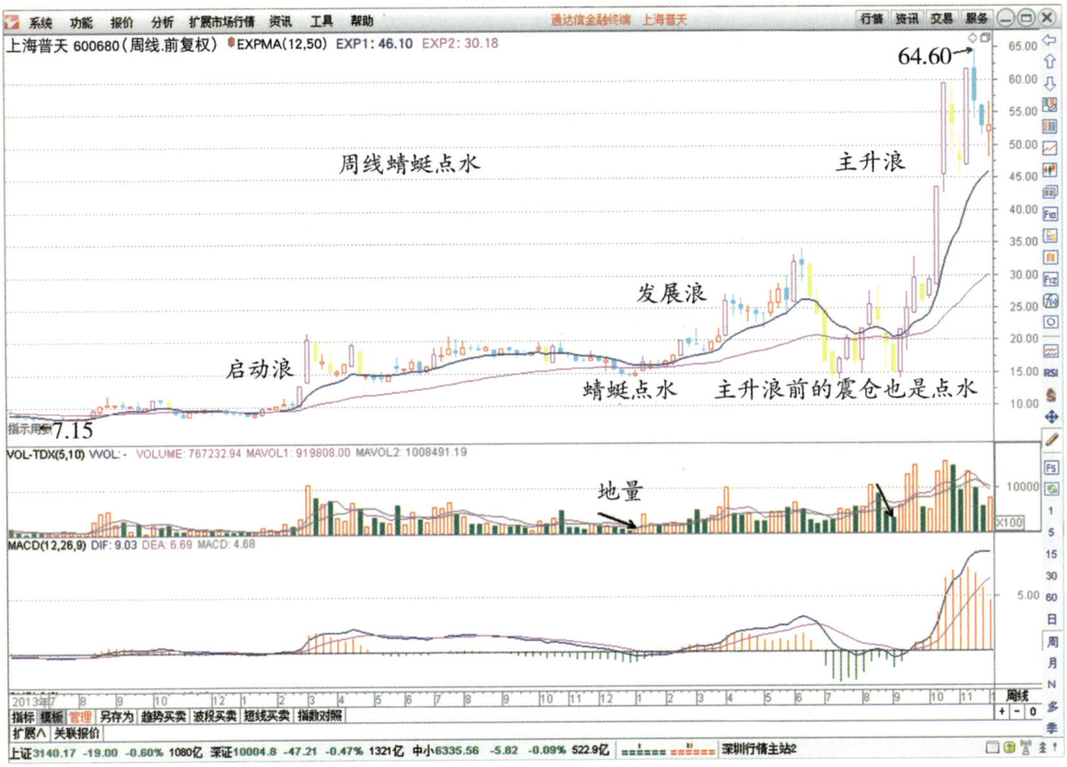

图67　周线蜻蜓点水50%空间示意

3. 月线蜻蜓点水100%空间

【图解说明】

如图68所示，笔者采用的是同一只个股上海普天（600680），从日线、周线、月线不同角度去看，其趋势都非常明朗，这就是切换周期分析的好处。所以，笔者要告诫大家的是，先从大周期去选股，当大周期有可做的图形就做大周期、赚大钱。类似这种日线、周线、月线都有“蜻蜓点水”现象和大周期三浪现象的个股不多见，但除熊市外每年都会有，大牛市中会更多。

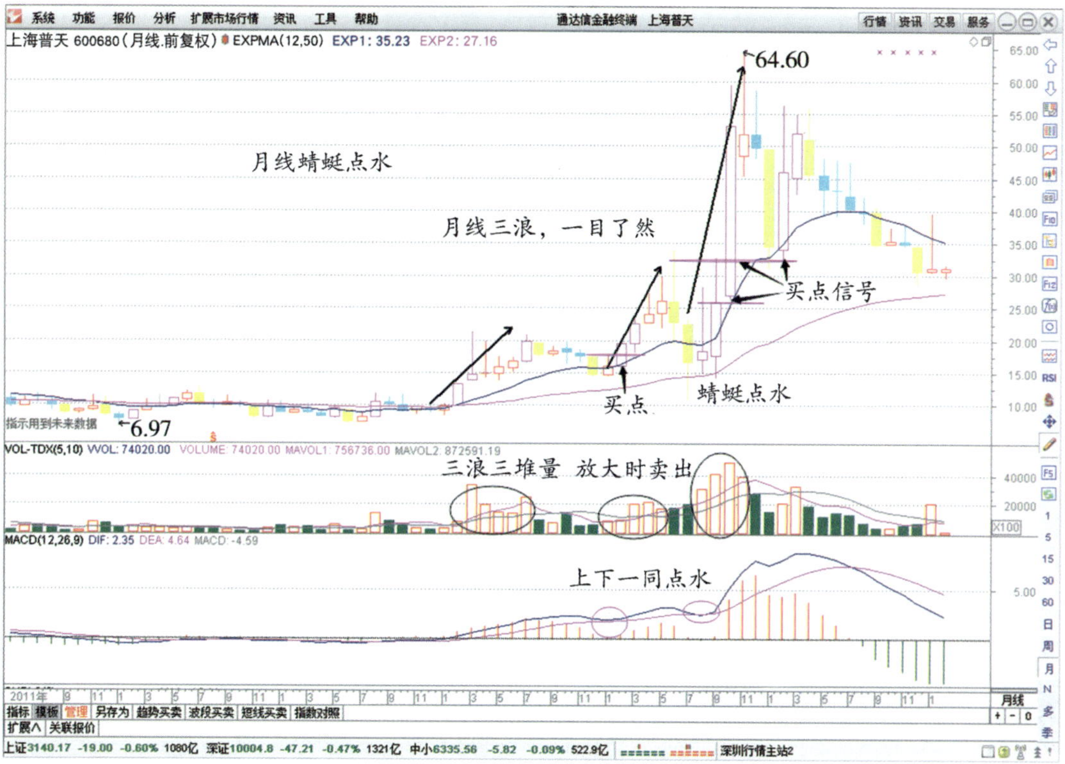

图68 月线蜻蜓点水100%空间示意

4. 年线蜻蜓点水几倍空间

【图解说明】

如图69所示，图中还是同一只股，我们再来看年K线，同样有“蜻蜓点水”现象，可位置是在日线启浪时。成交量的温和放大也是买点信号。

我们再来看图中20元附近的位置，正好是修复前长上影的三分之二和新高时，这两处都是买入信号，因为横有多长竖就有多长，一旦起涨都可买入。再换回日线、周线、月线去看，20元附近的这位置估计没人敢买，因为震荡中信号不明确，但年线显示此时正是买入信号，从20元左右到64.60元也均有三倍利润。

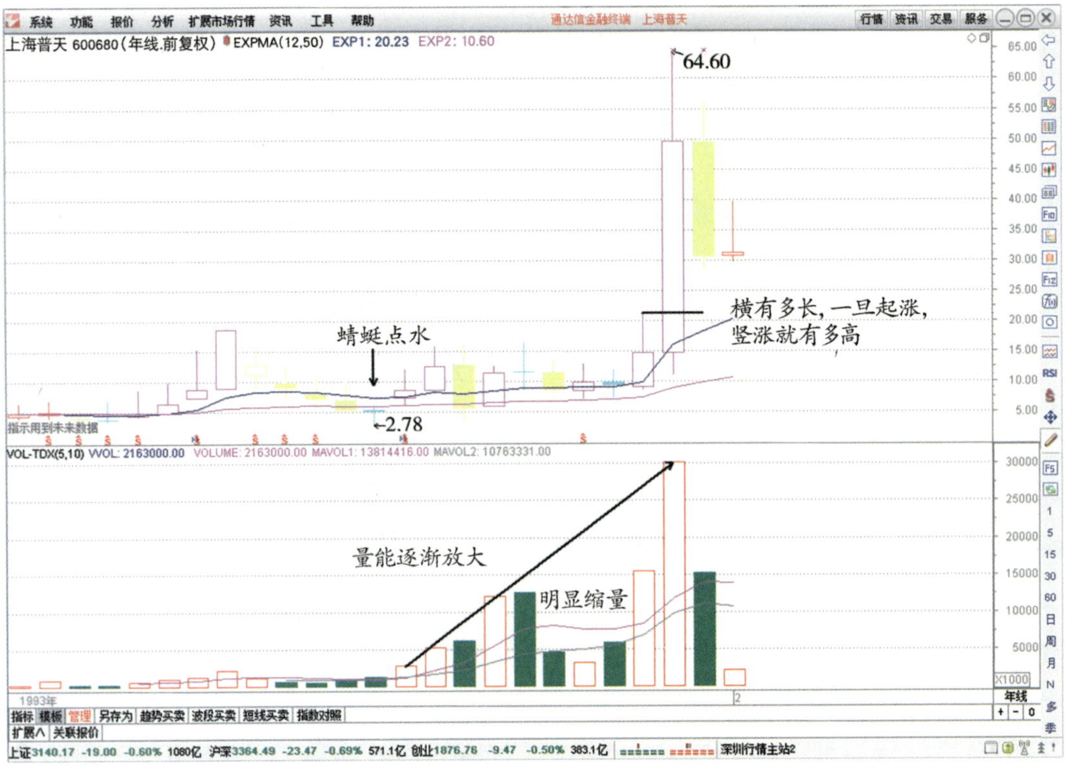

图69　年线蜻蜓点水几倍空间示意

5. 年线蜻蜓点水涨10年

【图解说明】

如图70所示，笔者再换一张国际黄金年K线图，此图展现出了如此标准的“蜻蜓点水”图形，金价在点水后连涨10年。整体阳线逐根拉长：底部三根小阳线逐根拉长后收十字星，中间三根中阳线逐根拉长后收十字星，后面三根大阳线逐根拉长见顶；点水后三阳、三浪，横多长竖多长，估计再过20年中国股市中也会有类似的行情走势。换句话讲，人一生中做精这一张图，做精这一个品种就足够了。

图70　年线蜻蜓点水涨10年示意

【本节综述】

在政策和市场环境的大趋势下，投资者应以看准为前提，个股基本面要看得准、周期图形要看得准、买卖点位要看得准。本节笔者画龙点睛，主要为大家介绍了分析周期的步骤和大致技巧。如惯性作用：市场环境再好，行业和个股没选准，也没用；当行业和个股选准后，周期图形走势不好，也不能贸然险进；当周期图形都走好时，买卖点位没踏上节奏，也只能喝点汤（赚点小钱）。如何将以上各点都做到位？答案可在本书中通过总结得出。

第二节 日线“三外有三”

“山外有山”是指山外还有更高的山，而“三外有三”是指股票在低位三连涨停板后还有30%的潜力涨幅，甚至更高。“三生万物”，在自然界里有很多与“三”有关的敏感关系，这其中包括股市和K线。

一、“三外有三”的K线特征

可能出现“三外有三”的股票会在下跌后的低位出现3个涨停板，因为低位一连三个涨停意味着主力在抢筹建仓，在建仓期他们不会给散户一点机会，这也说明主力非常看好该股的前景，同时也证明该主力的资金实力雄厚，做多意愿也很坚决。随后回踩或盘整中该股在第3个涨停板的低位处会出现支撑迹象，当然也有回补两个涨停板或三个涨停板全回补的情况，此时就要看大盘情况了，如果大盘也在下跌则可以理解，若相反就有问题了。如果全回补过程中大盘也在下跌，此时就要看个股的成交量是否一直在缩量，有没有主力出货的轨迹，若没有则弃之。若股票在回调止跌上升时，再次以涨停板起涨，就更能证明主力增仓的意图。

缩量横盘修整时长不超一个月的是短庄游资行为，连前带后预计3个月内会完成行情涨势。如果是大庄放长线，缩量横盘的时间会持续1～3个月，当大家都忘记它时，它才会慢慢盘升，然后拉出翻倍大牛股。

符合上述三大条件时，投资者可在出现地量区域变盘信号时买进。出现类似图形后上涨空间一般有15%～30%，甚至更高。发现类似的个股一定要收藏起来，短则两周左右见效，中则一个月左右见效，长则三个月左右见效；周期越短，上涨越快，周期越长，上涨越缓慢、涨幅越大。满足这种条件的股票具备大牛股的基因，投资者遇见这样的行情一定要收藏。

二、“三外有三”的注意事项

（1）投资者须注意这三连涨停板是否受当时的利好消息影响，如果是，就要从消息本身去分析股票受影响的程度，从而判断其后势空间；如果不是，那情况就更好，这说明该股背后有故事择机待选。

（2）不是所有股票在低位三连涨停后都会有新高，是否会有新高主要看三连涨停后的休整阶段，休整中阳线有量，阴线缩量，在黄金分割0.382、0.5之上区域休整的为健康股票，是否会有新高还要看当时大盘行情是否配合向好。

（3）如果股票经一周以上的休整开始上拉，但在上拉幅度15%左右就开始放巨量，说明有诱多的可能，要及时卖出观望。

【案例一】 江苏吴中

【图解说明】

图71为江苏吴中（600200）2010—2011年的走势日线图。

2010年、2011年这两年上证呈现出震荡向下的趋势，而这只股的表现却明显大幅强于上证。图中红箭头处日线两次出现“三外有三”的图形特征（低位三连涨停）。该股第二次三连涨停板后正式打开上行通道，上行通道中还频现涨停板，直到MACD顶背离时构出头肩顶结束一轮涨势。一只股、一张图形、一定周期内出现两次三连涨停板，这种情况极为少见，所以才出现了最终的大牛股，大家可以去看该股的月线、年线，它们根本不受2010—2014年的熊市影响，该股2015年最高价42.43元。

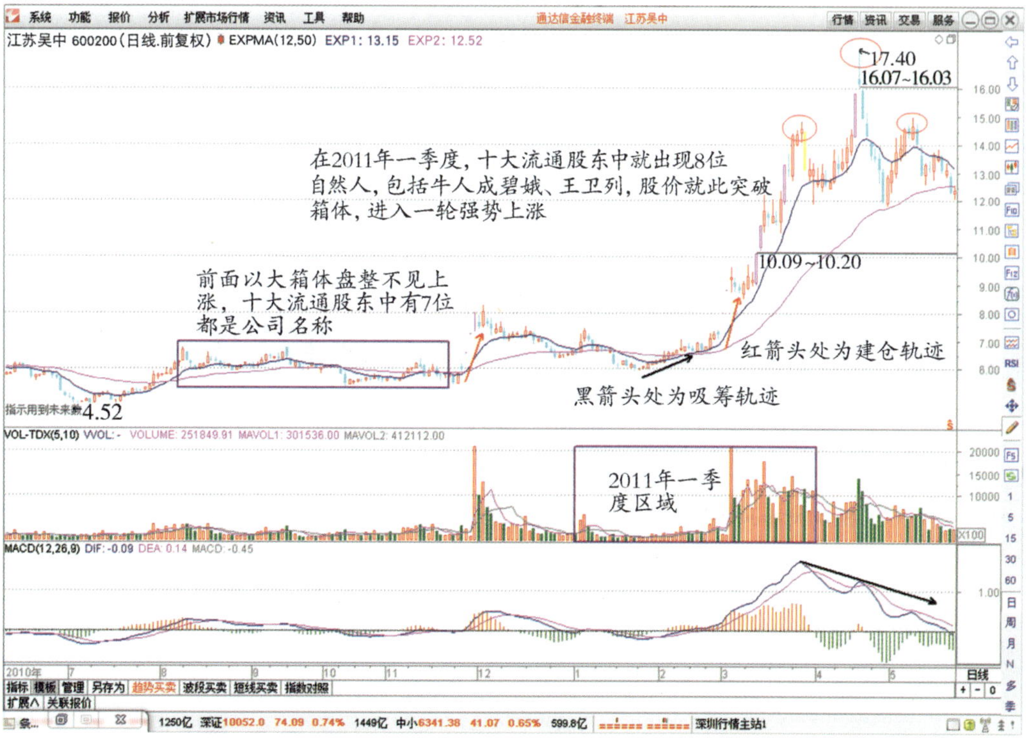

图71 江苏吴中（600200）2010—2011年的走势日线图

【案例二】 红星发展

【图解说明】

图72为红星发展（600367）2016年的日K线图。

该股在前面一轮温和上涨后，急剧洗盘但阴线很快缩量，坑底最低价为8.88元的“财富密码”数字，但在次日中午收盘前就涨停板。笔者认为，能在中盘或早盘涨停的个股都比较有潜力，若尾盘涨停，其潜力就打折扣了。该股能在这种坑底填下三个涨停板的筹码，可想而知其后续的涨幅会有多大！若其涨幅太小，就枉费了主力这番周折，毕竟挖坑也是需要付出成本和代价的。

该股在三连涨停板后回踩0.5附近位置缩量止跌，随后再温和放量突破图中横线，此处为最佳买点位置，后面一根K线也是买入或加仓位置。高位持续放堆量或单日巨量、指标顶背离则是可卖出的信号。

图72 红星发展（600367）2016年的日K线图

【案例三】 中船防务

【图解说明】

图73为中船防务（600685）2013—2015年的日K线图。

该股在前面最低价8.68元（财富密码数字）后一路攀升，中间受到三家造船厂整合更名的利好影响，停牌前6个涨停中有5个一字板。复牌后沿着趋势线向上，投资者在阳线放量、阴线缩量时可买入。在图中方框处曾以跌停洗盘，但很快就出现地量止跌。图中成交量处的圆圈标记处曾多次放巨量，同时MACD也出现顶背离，若投资者只看日K线图估计在此时就被洗出局了，不过也有利润可赚。在这种情况下不妨看周线和月线，或以周线为捂股依据。MACD背离不完全有效，这种情况有时在起涨浪后的洗盘阶段也会出现，此时图线在高位盘整来消化背离。投资者此时理应在后面持续放堆量，急拉快涨、远离均线时的主升浪才是真正的卖出信号。该股在2016年5月的最低价22.77元（对子号）之后又出现过一次类似“三外有三”的图形。该公司原名为广船国际，三厂合一，后市仍值得继续关注，因为经济景气时船舶的需求量会增加。

图73 中船防务（600685）2013—2015年的日K线图

【案例四】 西部矿业

【图解说明】

图74是西部矿业（601168）2016年的日K线图。

该股第三次底部新低价为5.60元，这一数字跟56（我乐）视频网名字相同，这或许也算一种“财富密码”吧。随后该股出现连续三个一字板涨停，历经长达一个月的回调，直至到达黄金分割0.5位置后在地量区止跌。图中红方框标记为上跳缺口，随后图线出现阳线放量、阴线缩量的买入信号，投资者直到放巨量时卖出也有15%以上的收益。笔者在2016年11月长沙“读者现场见面会”的培训中，还特意点评过该股，随后该股就再次出现涨停板。该股从年线、月线来看，后市仍值得关注。

图74 西部矿业（601168）2016年的日K线图

【案例五】 天海投资

【图解说明】

图75是天海投资（600751）2013年的日K线图。

该股在一轮大幅下跌后，连续出现三个涨停板且中间出现一字板涨停。经过三天的缩量回踩及温和放量后，投资者可在分时图午盘前买入，详见图75中的分时图解。随后该股再拉出5个涨停，虽然股价后期再创新高，但中间也有较多震荡，投资者若不懂得成交量技巧也把握不住。其实，从成交量可以看出，该股虽在震荡中有放量急跌，但很快又缩至地量，地量后的再度温和放量也是买入机会，投资者应在低位地量或地量后温和放量日买入、高位放巨量时卖出。

图75 天海投资（600751）2013年的日K线图

【案例六】 金鹰股份

【图解说明】

图76为金鹰股份（600232）2014—2015年的日K线图。

整体来看，该股前面出现三次大底且低点抬高，三次底后是选择大方向的关键位置。该股在第三浪底后再次探底确认，为了保护第三次底，迅速拉出一连四个涨停板。此时该股虽已到达前面第三次顶，但主力不可能刚进就出，必定会使股价创新高诱人进来接盘，从后面的成交量可看出动力明显不足。图中成交量红箭头处止跌后的温和放量中阳线便是买入信号，投资者也可赚取图中的三个红箭头涨停板。但这种短时完成“三外有三”的股票不满足成为能长期持有的大牛股的条件。

图76　金鹰股份（600232）2014—2015年的日K线图

【本节综述】

牛气的低位建仓模式，构成了牛股的一部分基因，笔者估计有三分之一的大牛股底部特征都满足这种条件。如果行业政策好、基本面得到改善、牛人持股、图形条件符合、投资者合理运用量价技巧，想不赚大钱都难。切记，对拥有如图71和图72那种大牛股的条件基因的股票要珍惜。

在选股技巧方面，笔者开发的“做精一张图-强势股形态选股软件”，可将“三外有三”条件选股日期往前调一周、一个月甚至三个月，让投资者选出前面出现三连以上涨停的股票后再精挑细选，并收藏、跟踪，寻找机会。

第三节 涨停板

除熊市外，股市几乎每天都会有涨停板的股票出现，同时多数牛股在上涨过程中都有涨停板现象，本节笔者就讲述有关涨停板的话题。

涨停板的性质如下：

（1）涨停板盘中被打开时，若从10%回调至7%之下，再次封涨停的可能性很小；相反在7%之上波动，就还有再次封板的潜力。

（2）早盘涨停、午盘前后涨停、尾盘前涨停的意义是不一样的。上午或早盘涨停：这说明该股在前夜受到利好影响或未公布的利好预期影响；另外也可能是主力在抢筹建仓，不给市场太多参与和卖出的机会，同时也体现了该主力的决心和资金实力。这类涨停会有一些复杂、多面的因素，当日打开涨停的概率也较高。午盘前后涨停：这说明该股在早盘小幅上涨测试盘面，随后在高位横盘吸筹，在午盘前后直线拉至涨停，这类涨停属于阶梯式的稳步上升型涨停，即使中间有抛盘，主力也全部通吃，这也体现了主力的实力，因此该股当日打开涨停的可能性较小。尾盘前涨停：A股向来有一个通病，那就是每天14：30左右，很容易出现大盘跳水现象，所以很多散户或资金实力不强的小主力，往往喜欢在14：30后大盘不跳水时买入，但这种尾盘涨停的股票在次日大多数会低开，或者冲高回落。

（3）早盘小幅上涨，10点后分时图一直在均价线上方附近的股票，在横盘至下午两点左右时，极有可能火箭发射，甚至涨停板。

（4）涨停的个股在后面很容易再次出现涨停，因为它在前面初次涨停时已被主力掌控，毕竟一只股涨停一般不是散户行为，而是主力行为，所以要常与涨停板打交道，才与涨停板有缘。

（5）投资者要收藏低位持续涨停的个股，一个月后洗盘到位，这种股票极有可能“梅开二度”，出现如前述的“三外有三”现象。

总之，造成一只个股涨停的因素有很多，有的能看出，有的看不出，但这不重要，重要的是涨停板能体现出主力的行为，只要阶段位置好、图形好，随后总有机会留给我们。上述涨停板的性质也不是绝对的，大家要活学活用。下面笔者对在低、中、高三个阶段位置出现的涨停板做一些解析。

【案例一】 频现涨停板图例1

【图解说明】

图77为浙江东日（600113）2015年的日K线图。

（1）图中左边第一个圆圈标记处的涨停板产生于一轮大幅下跌后，也只有主力才有这样的能力和气魄。但由于前面跌幅太深，难免会有套牢盘，所以图线在后面必然会一波三折多震荡。

（2）图中第二圆圈标记位置恰好满足前述的“三外有三”条件，随后回补第一个圆圈的涨停和最低点后的第一个涨停位置为成本价保护。股价在一轮回调中出现两个跌停，想必也震出了不少套牢盘。紧接着该股以小幅盘升吸筹，再走出一字涨停和接二连三涨停趋势，一方面不给散户太多机会，另一方面快速远离主力成本区。但是，只要投资者懂得笔者“三外有三”的技巧，就能在回调中去钻主力的空子。

（3）图中三个方框标记处分别是很有规律性的3个涨停板，试想一下：出现第一个涨停后去抓后两个容易吧？出现前两个后去抓第三个更容易吧？当出现第一个方框图形后去抓后两个方框的概率也大吧?

（4）有些投资者没有太多的技巧，只要缩量回踩就买入，然后等着涨停出现。当然，没有做精一只股的意识，也无法认真、用心去发展这些规律，涨停板也就与你无缘了。规律性越强，成功率就越高，你的仓位也就能适当上调，一年中抓住几次这样的机会，收益率就会比市场中的理财产品高几倍。这也体现出做精一只股、做精一张图、做精实盘手法的真正意义。

（5）该股在大幅下跌后的低位出现过涨停板，说明该股已经被主力看中并已在掌握范围内，不然也不会轻易拉涨停，股票必须在控盘能力下才能做出涨停。

图77 浙江东日（600113）2015年的日K线图

【案例二】频现涨停板图例2

【图解说明】

图78为上海物贸（600822）2015年下半年的日K线图。

这样的个股不在少数，上海物贸（600822）在2015年下半年的6个月时间内就出现了21个涨停板，在底部50%的振幅区域就扎堆出现了12个涨停板，想必主力不可能仅为了这点盈利空间吧，事实上这是一种震荡建仓，同时震出前面深跌中的套牢盘，主力真正赚钱的涨幅阶段是在后面。投资者如果能发现最低价6.86元为财富密码数字，就能更早一步发现主力的轨迹。

除此之外，兔宝宝（002043）在2015年底部最低价5.98元前后，30%振幅区域内出现6个涨停板，到后面最高价15.08元之前又出现6个涨停板。类似这样的底部个股不值得去做精吗？

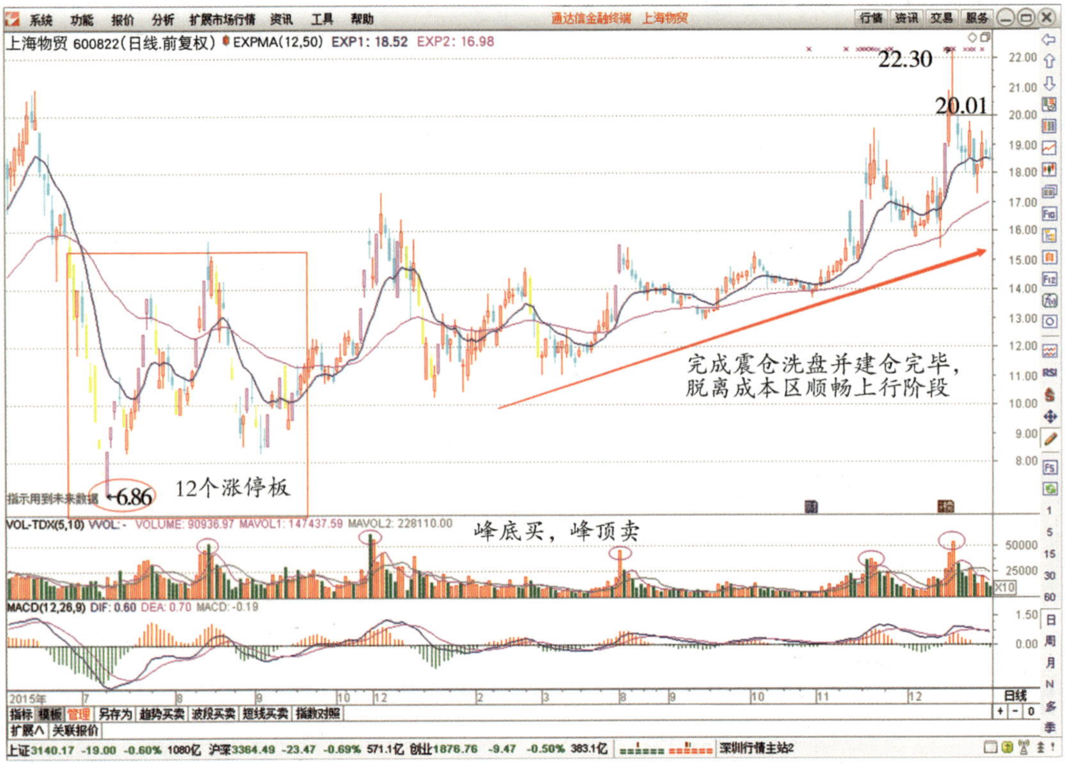

图78　上海物贸（600822）2015年下半年的日K线图

【案例三】 低位涨停图例1

【图解说明】

图79为大连国际（000881）2014—2016年的日K线图。

技术面是最直观的一面，更能体现出背后的故事，我们不去探讨停牌故事，就以这张技术图形论势，毕竟无风不起浪的道理谁都懂。

该股在图中前面两个圆圈位置分别有两个涨停和一个涨停，虽然底部涨停板个数不多，但是股价稳步攀升，呈阶段性上涨，成交量增减有序，这也体现出其牛性风范。

前面也讲过，底部涨停，黄金分割0.5之上的合理区域缩量健康性回踩买入。这样的图形在牛股群中并不少见，例如，圆通速递（600233）在2015年7月后，底部连续涨停，中间连续涨停，高位也连续涨停，其涨幅接近8倍。假设我们不知道圆通借壳的事，仅凭技术图形也能推测出背后有大故事。

图79 大连国际（000881）2014—2016年的日K线图

【案例四】低位涨停图例2

【图解说明】

图80为利达光电（002189）2015年的日K线图。

前面笔者讲到低位多个涨停震荡建仓后上升的方式，现在要讲的是低位多个涨停建仓后主力被套的方式，这对大家来讲是不可或缺的一种选股方式。

该股在图中左边大方框里面共出现了9个涨停板，这种情况换在高位可理解为主力有拉抬股价震荡出货的行为，但该股的频繁涨停是在大幅下跌后的低位出现的，虽然该股流通盘不到2亿，但低位频繁涨停也体现了主力看涨做盘的意图。

该股在图中小方框内新低后又出现3个涨停板，这显然是主力在增仓保护，随后该股以串阳盘升向上修复，当修复前跌幅三分之二位置时，就开始加速上涨，并出现7个涨停板。

投资者在主力增仓区域或之后的串阳中买进，到放巨量阴线时卖出，也足够赚取1倍的利润。

所以说，股市中的机会是跌出来的，风险是涨出来的，大家要珍惜每一轮大幅下跌后的新生机会。当然，前提是你有资金、有仓位去买。很多人宁愿重仓套着等翻身，这自然会失去很多新的机会，所以判断大趋势比什么都重要，一可避免被深套，二可抓住更多新机会。

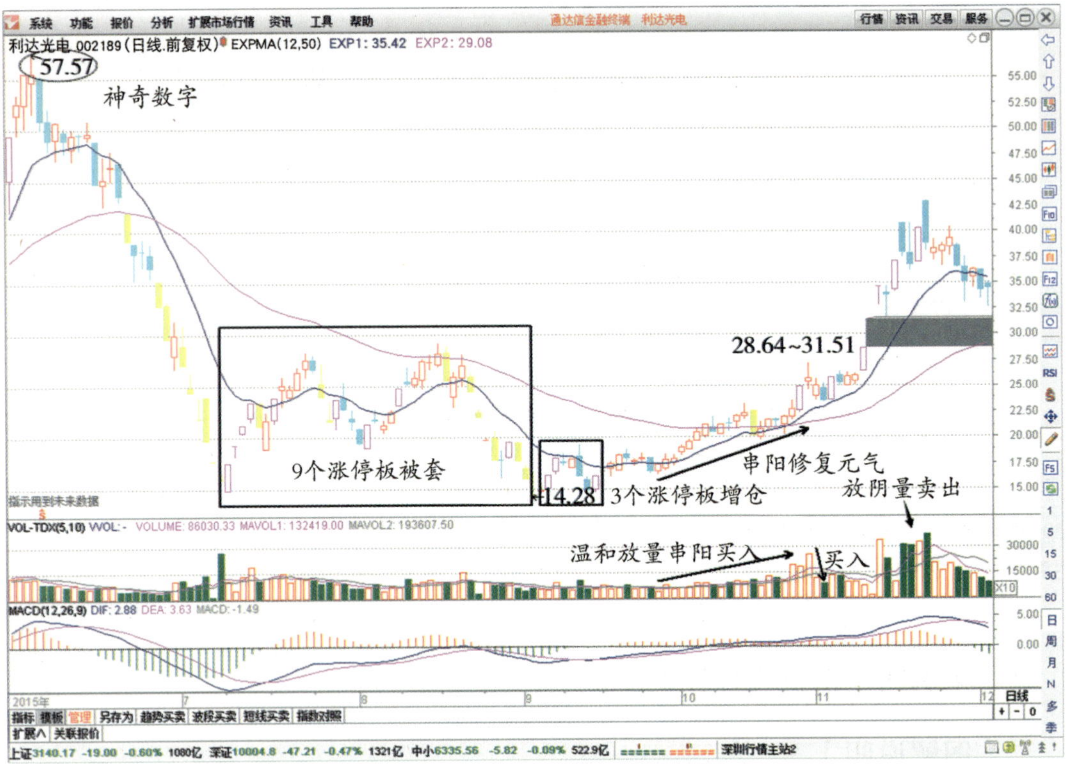

图80 利达光电（002189）2015年的日K线图

【案例五】 中间涨停图例1

【图解说明】

图81为青松股份（300132）2016年的日K线图。

该股的K线图虽然是一张上涨的图形，但上涨幅度远没有前面讲的案例那么大，唯一原因是该股在底部区域没有一个涨停板。对流通盘不到3亿的小盘股，中小主力都有能力控盘，但为什么没有主力强烈看好它呢？因为该股基本面不够优质，这也体现了基本面分析的重要性。

该股在中间阶段位置的涨停是通过酝酿蓄势产生的，不完全是主力的行为所致，该股随后并没有持续涨停，而是高位盘整中阴多阳少。即使股价再创新高也只是一种假象，这是在诱多让接盘侠进去。

类似这种形态的个股太多了，不值得一做，选股时可以弃之。

图81 青松股份（300132）2016年的日K线图

【案例六】中间涨停图例2

【图解说明】

图82为易事特（300376）2015年的日K线图。

该股底部由跌停到频繁涨停，这不是散户行为，属于主力建仓轨迹。

该股震荡上升后并不见顺畅上涨，因为震荡中图形没有做“漂亮”，不能吸引散户参与，所以主力决定挖坑洗盘再填坑，以时间换空间、换时间，也正好将股价打压至底部建仓区域止跌后再次使其涨停填坑。

随后，该股上涨趋势就通畅了许多，上升中再次出现5个涨停板，直到放堆量显示主力出货的轨迹。

该股在底部建仓区有过涨停，那么其在中间急跌挖坑、慢跌缩量洗盘之后的又一次低位出现涨停，就说明主力挖坑和洗盘的目的已经达成，也更能说明主力仍然在，并且该股随后的涨势可能会加速，这是大家值得去做精这一只股的主要原因。

由此，在底部出现频繁涨停建仓或“三外有三”的个股值得投资者收藏和择机参与，在半山腰洗盘或挖坑后出现的涨停也是机会。接下来笔者要讲的是在高位出现涨停个股的解析。

图82　易事特（300376）2015年的日K线图

【案例七】 高位涨停图例1

【图解说明】

图83为中国中冶（601618）2016年的日K线图。

该股在前面底部未出现涨停板，并且阴阳线密集交织，在后面上涨拉升过程中也是如此，可见股票在底部有什么特征，在拉升过程中也会出现什么特征，这是该股的股性所致，也是同一主力和同一操盘手的手法。

虽然该股在后面出现了涨停，但是尾盘30分钟封板（前面解释过该特征），封板次日的成交量明显大于涨停日的量，这表示主力在减持或出货。由于中继型震荡行情的出现，该股在继续上涨中没有出现涨停，还放量上行，图线带有长上影，这时高位顶部特征就已经明确了。类似这种形态的个股也不少，底部无涨停，高位才拉涨停，此时投资者要当心其离顶部很近。

图83 中国中冶（601618）2016年的日K线图

【案例八】 高位涨停图例2

【图解说明】

图84为佳隆股份（002495）2015年的日K线图。

该股前面底部最低价为3.42元（实际可理解为“234”“神奇数字”），让人误以为其还会再跌，但该股次日就涨停，不过是在尾盘20分钟封板，并且仅此一个涨停，同前述案例相比，我们可以发现底部多几个涨停会更有利于后期的上涨幅度。随后该股在盘升中带有串阳组合并附有上跳缺口，笔者的系统培训课程将串阳组合分为三种类型，该图中为其一种，另外两种是标准型和加速型。该股在后面上涨过程中没有出现一个涨停板，整体图形的成交量还算有规律，阳肥阴瘦。该股在高位出现涨停板时也是在尾盘20分钟封板，与底部涨停板的手法节奏一致，次日阴量大于封板量，有主力出货轨迹。虽然该股在底部有涨停板，但封板太晚，上涨途中无一涨停，后面高位虽出现涨停，但离顶部已经较近。所以，在底部和中部都没有涨停、底部有涨停但中部没有涨停的情况下，当高位出现涨停时，投资者就要当心快见顶了，尤其要注意高位涨停后的次日成交量关系。

图84　佳隆股份（002495）2015年的日K线图

【案例九】 涨停过程图例

【图解说明】

图85为一汽夏利（000927）2016年底的日K线图。

该股底部在15%的振幅区域内出现3个涨停板，随后的顺势走高中并不见主力立即套现，所以股价没有顺势继续拉高，而是在成本保护区之上等待该股的故事发生。

在一汽夏利和一汽轿车业绩持续亏损情况下，一汽集团远落后于行业对手，再伴随着国企改革政策的出台，引发了市场对一汽集团整体上市可能性的猜测。倘若该股后期整体上涨成功，这种底部持续涨停板的特征想必也能造就一只大牛股，更何况股价也不高。

在流通股东列表中，笔者还发现在2016年三季度前，“公募一哥”王亚伟旗下三只产品进驻该股，虽然他没赚钱就离场（为何离场不为人所知），但他当初选择该股，侧面说明该股的确有潜力可挖，我们要相信牛人的眼光和研判能力。

图85　一汽夏利（000927）2016年底的日K线图

【本节综述】

大家不妨去找一只从底部到顶部之间没有出现过一个涨停板的个股，该股在此过程中的走势一般都不怎么活跃，大多数阳线涨幅也较小，或者阴阳线频繁交叉，整体走势犹如蜗牛一般，没有强势股的明显特征。

投资者运用涨停板的相关技巧，能在主力的控制之下获利。同样的主力，同样的主力操盘手法，只要股票在低位出现过涨停板，那么在后面的上涨过程中也容易频现涨停，只要投资者懂得封板时段，懂得缩量回踩+温和放量起涨这个组合买入信号条件技巧，就能赚到10%或以上，甚至能抓到翻番大牛股。当然，阶段位置也很重要，如果股价已到半山腰之上或山顶时你才发现，此时估计风险就大于机会了。

【本章综述】

如果只从技术面着手选股，可以倒过来分析，例如，先看日K线底部有几个涨停板，再看月K线、周K线是否走好，后看基本面、查询股东，再从日线中寻找地量+温和放量的买入信号，在买入时再借助分时图和30分钟图、60分钟图中的最佳点位。

副图中“涨跌停变色”为笔者“做精一张图–强势股形态选股软件”特意设置的，涨停为紫色，跌停为黄色，这样在选股和分析中就能对涨跌情况一目了然。笔者经常通过软件条件组合选股，如设置追踪涨停+地量变盘，即可选出类似上述案例中个股形态的股票。

第三章 配置策略：长线短做，慢牛做T

有不少政治家、企业家都从《孙子兵法》中获取智慧，这些智慧同样适用于股票投资。股票账户资金就相当于你的“兵”，而你就是“将”，如何在尽量没有伤亡的情况下取得胜利？这取决于将领的谋略和战术。草率发兵，打无把握的仗，只会损兵折将。而“兵”中不同类型的小队作用都不一样，如果没有将领调遣，它们就是散兵。无队形、无战术、无纪律是不可能战胜对手的。在股票市场中，对手无处不在。所以，笔者要在教大家操作技巧前先讲“战略思想”，因为好的将领不在于“勇”而在于“谋”。

第一节 学习“龟兔赛跑”的精神

“龟兔赛跑”这一则寓言故事，想必大家都听说过。兔子和乌龟赛跑，兔子嘲笑乌龟爬得慢，乌龟说总有一天它会赢。兔子说，我们现在就开始比赛，乌龟拼命地爬，兔子认为比赛太轻松了，它先打了个盹，自以为能很快追上乌龟，乌龟不停地爬行，当兔子醒来的时候，乌龟已经到达终点了。此故事告诉我们：不可轻视对手，乌龟虽慢但能坚持、敢于挑战，最重要的是，乌龟知道自己的短处，爬太快容易使自己翻滚，一旦四脚朝天，便无翻身之计，所以爬行中要稳步、谨慎。

这告诫大家，我们首先要明白自己的短处和欠缺之处，在股市中求的是生存和立足于市场，若不当心，一失足成千古恨，想翻身都困难。所以，要慎行再慎行，既要胆大也要心细。

后来，兔子不服，要求再比一次，此时乌龟明白，兔子不可能再犯同样的错误，所以乌龟说，那我们比“下坡”吧，看谁跑得快！在山林中长大的兔子没有多想就同意了比赛。此时，乌龟把头、脚收进壳里，瞬间就滚到终点，而兔子又一次比赛失败。

这告诫大家，我们要知道市场的凶悍，在不利于自己的情况下坚决不应战，只选择在对自己有利的环境下应战。简而言之，当股市行情赚钱效应不明显时，就该休息和学习，要能管得住手，只在赚钱效应很明显时才出手交易。

再后来，兔子说，输不过三，强烈要求再比一场，这一场咱们比“马路”，因为平行路很公平，看谁先到终点。乌龟同意后比赛开始，当兔子跑到终点时，乌龟早已到达终点。兔子惊讶道：“这怎么可能？”原来，兔子起跑后，乌龟叫了一辆“滴滴”，搭车到达终点。

这告诫大家，在股市里分析、研究、交易的“工具”很重要。举例来讲，在行情分析软件中免费的只能看5档报价，收费的可以看10档或更多；免费的看不明确市场资金流向，收费的可以一目了然；免费的功能太少，收费的更方便分析和盯盘；

等等。再说选股软件：免费的软件靠人工选股，投资者会错失很多更好、更大的机会，收费的可以轻松、便捷地选出自己意向个股。最后说交易通道和网速：主力机构都有自己的交易席位，买卖在时间上比散户要快，在证券公司买卖与在自己家买卖的时间都会有差别。

【本节综述】

笔者并不是强硬提倡大家付费购买一些操作工具，笔者在本节中只想传达两个理念：

第一，在股市中如果早早倒下，恐难翻身，因为股市中赔钱比赚钱要快60%。例如，10元买一只股，先一个涨停到11元，后一个跌停到9.9元；先一个跌停到9元，后一个涨停到9.9元，这还不包括手续费。投资者始终还是赔0.1元。所以，爱兵如子，投资者对自己士兵的生命安全要负责。

第二，在股市中成功的投资者，都会有一套属于自己的交易系统，这个系统里面可以包括理念、技巧、原则、纪律、工具、偶像等，反正怎么对自己便利，投资者就可怎么归纳。

第二节
资金与板块的配置

笔者虽讲到做精一只股，但并不是让大家把所有资金全押在一只股上面，当然，这也要由自己的选股能力和操作能力而定。

俗话说："不要把鸡蛋放在同一篮子里面。"投资者要学会分散投资，分散风险。但笔者认为，春秋战国时期，哪座城池易攻下就集中兵力攻哪座，投资操作也一样，哪只个股正在顺畅上涨中，投资者就集中资金去做精哪只。例如，日线走好、周线走好、月线走好，预计下一根K线会收阳，投资者就应调动资金去增持这一只股，获利后再快速止盈撤回增持部分。所以，投资者要预备这样一部分流动资金，不要把资金全用上。

市场主流资金也会有流向性，如板块之间、题材之间、主板和中小板的交替等。所以，笔者认为，股市资金可分为三部分：三分之一布局波段或中长线，三分之一做短线（可练习盘感、练习技术、赚点小钱弥补中线的时间差、中线股增仓机会时再调过去、在中线股上面做T等），三分之一作为后备资金（如中线股被套可去救援），不能时刻全仓操作。

在股票大盘不好，或没有重仓的情况下，可将空余资金通过股票交易软件购买"国债逆回购"1天期或7天期，这也能带来少许的收益。

外围分散配置如下：家庭资产可灵活配置为五大块，当股票市况好就分配40%到股市，相反则仅分配20%以内，或者分配少部分到期市做T+0，熊市时此部分资金可投向债市；20%投向理财产品，如基金、股权等中风险类型投资，确保每月的生活开支；20%投向固定资产，如产权或物权类；10%分配至保障型保险和理财型保险；余下20%～30%作为流动资金。这么做，低、中、高三种风险类型投资都具备，既能保障家庭正常生活，又有流动弹性空间。

笔者发现，有不少投资者一心想赚快钱，在无操作技能的情况下，将钱全投入高风险市场中，一旦失误，就如乌龟一样难以翻身。笔者还发现有人借钱入市，如使用信用卡或贷款等，笔者一向不建议这一行为，一旦无力偿还，投资者就会将自己逼进死胡同内，所以投资者事前应先想想两面性的结局（赚与赔）。

2016年志尚财富与广发证券达成股票开户的战略合作后，笔者发现广发证券推出的“贝塔牛”机器人（金融+人工智能）投顾服务是较先进又较流行的一种工具，投资者也不妨研究探索一下。投资理财方法与时俱进，将来在大数据的分析帮助下，智能投资理财方面也会给投资者带来高效和便捷。

【本节综述】

通过以上杂谈，笔者只想告诉大家要具有这些方面的意识，有关细节和配置的决定权在于自己，以上仅作参考。

第三节
做T买卖技巧

谈到做T（做差价），估计很多人都喜欢。方式手法虽多种多样，但唯一的前提是你的技术基本功一定要扎实，否则不要去追求，因为一旦T不好，就会反被套。做T对技术的操作方面最讲究“快”和“准”。

做T的好处主要体现在以下三个方面：一是可降低原持仓的成本，二是可在原持仓上扩大盈利，三是由于流动性快可避免行情调整的影响。其唯一不利的是，在大牛市环境下，做T会浪费精力、浪费占用的资金，且单边上涨中也没有过多可做T的机会。一般如2016年猴市行情中，做T的机会较多。

若要掌握好做T技能，不妨参与期货市场，将其当作练习场，志尚财富团队自2016年起与中国国际期货达成咨询与开户的战略合作，有部分读者在团队的交流下已深有体会。期货一般以短线为主，而短线主要做3分钟、5分钟、10分钟、30分钟、60分钟的图形，正常一天可操作三次左右的来回。若有时间、精力以及良好的学习心态，练习3～6个月后，你会发现你的分析能力、应变能力、图形识别能力、交易技能等方面得到了很大的提升。

笔者将在股票市场中做T的条件和技巧粗略整理如下：

（1）首先你要持有一只股性较活跃的个股，通过每天盘中3%或以上的振幅赚取差价。

（2）小到分时图中：分时图股价线远离均价线后，一般都会有回抽的过程，在上涨远离时先减持部分，在回归均价线附近时再买回减持的部分，此时你仍然保持原有仓位。相反，若股价线下跌远离均价线，你也可以先买进部分，然后待其回归均价线附近时再减持买进的部分。除此之外，还有分时图中的三浪上行，如第二浪出现后新买进博取第三浪，当第三浪拉高后再卖出买进部分，而下行三浪也可先在三浪时卖出部分后再买回。另外，分时图在早盘1个小时内和尾盘1个小时内做T机会较多，因为这期间多震荡；或者，早盘高开及低开盘后往往会有一定程度的回补，尾盘向上或向下收盘也可博取次日的差价。当然，还有更多的图形技巧，总之，要想把超短线做精通，就要多从分时图中去研究，建议投资者阅读笔者的《T+0分时图交易技巧大全》这本书，里面讲的全是分时图中的技巧。

（3）中到30分钟图、60分钟图中：SUPL、MACD指标顶底背离，浪形条件、K线形态条件、突放巨量或缩量以及地量，从中去把握高卖低买的做T机会。

（4）大到日K线中：远离3日、5日线可减持，回归3日、5日线再买回；或者回踩10日、20日线后再突破5日线时可买进，然后远离5日线时再卖出买进部分，这方面要看前面一段的运行规律是以5日、10日、20日线中的哪条为下轨运行线来决定。最强势的是沿5日线之上运行，不值得做T；正常的是沿10日线上行，盘升型的个股会沿20日线上行，这两种做T的机会多一些。

（5）运用三连K线的技巧。例如：三根阳线逐根拉长时，在第三根阳线逢高可减持，随后在缩量回踩时逢低再买回；三根阳线逐根收短时，在第三根阳线高点时减持，随后在缩量回踩的低点再买回；相反，三连阴线也是如此。特别是在以周线、月线为依据捂大牛股时，在日线做T也是有必要的。如果是以日线为依据捂波段牛股，可在30分钟图、60分钟图或分时图中去做T。更多增减仓技巧请阅读下一章。

【本节综述】

笔者认为：在有恰当的机会、有把握的情况下，或在大盘及持有的个股在横盘时，或在对持有个股的运行规律很熟悉的情况下，可适当做一些T，除此之外还是少做为宜。当然，做T技巧也是习惯和经验的累积。投资者被套后可通过做T来降低成本，尽早自救可降低损失，例如，几经做T赚到的钱能持平账面亏损时，就可以全平仓换股了。

【本章综述】

本章笔者主要讲述的是理念、行为、习惯、配置、技巧等小细节，因为投资者在股市中往往因小失大，希望本章内容对大家多多少少有一些帮助。

第四章 交易技巧：操作不对，牛股浪费

笔者常把股市的道理和开车的道理进行对比。“公路”为股市趋势，开车不能没方向就上路；“车道线”为股票运行方向的轨道线，代表股票交易中不能随意越线或逆行；“路牌标示”为股市中的各种消息面；“车”代表股票行情软件和交易软件;“开车的人”代表股市中的投资者。车辆安全掌握在开车的人手中，开车技巧熟练，开车的人自然可安全、顺利到达目的地。做个股也一样，天天做陌生、不了解的个股，收益自然会降低；做精几只个股，收益也容易增加。本章笔者主要讲“开车的人”如何把“车”开好。

第一节 建仓技巧

俗话说：会买入股票是徒弟，会卖出股票才是师傅。但笔者所见恰恰相反，因为买入前需要做大量工作去判断大势、分析行业、选择个股、等待机会找买点，而卖出仅需一个动作。当然，若想风险最小化、利润最大化，操作过程中就得学会并懂得“增减”仓，做到该出手就出手、该收手就收手。这就好比开车时，有一种潜意识会直接让你踩油门或松开油门，甚至该点刹就要踩下刹车。这种潜意识源于“熟能生巧”，所以要想安全又有保障，就必须去做熟它。

一、底部建仓案例

1. 试盘挖坑后建仓

【图形特征】

（1）试盘挖坑后建仓试仓特征：

A类：股价在一轮大幅下跌后，出现远离均线的超跌现象，引起技术性反弹，出现涨停板，若只有1～2个涨停板还不能证明全是主力所为，或许只是主力少量带动而已，若持续出现3个涨停板或以上，就足以证明是主力所为。

B类：股价在一轮大幅下跌后，在低位横盘一个月或以上，突然放量上涨大阳或涨停，大致涨幅15%左右就迅速诱多回调挖坑。主力只会用少量资金去试仓，主要用来卖出砸盘，因为一旦盘面出现在大单卖出跳水下跌，就会有散户跟着卖出，以实现主力挖坑的目的。

（2）挖坑特征：挖坑时股票甚至会出现跌停，最好是缩量下跌，下跌的量比前面试仓上涨的量要少，必会跌破前横盘新低之下，因为不破不立，之后会在坑底构地量平台数日。在坑底低点时，MACD有可能会底背离，还有笔者的SUPL指标线或会向上移。一个是低点背离，一个是横向平台背离，两个辅助指标在关键时候派上用场，给了我们强烈的预判信号。

（3）填坑特征：一定要以涨停板填坑，回升到坑顶，由此证明主力试盘后挖坑又填坑的工作完成。

（4）主力大量筹码填在坑底，随后每日只会以少量资金买入，用小幅盘升方式维护盘面稳定，此时图线会吸引部分散户进入，甚至构成串阳上行。如图86所示，串阳中还带有上跳缺口，这实为主力在早盘或开盘前竞价中买入导致高开。此时也正是大家首次参与的买入信号。

（5）当股价回到坑顶时，必然有停顿休整的现象，如图86所示，左边有长时间的震荡密集区，那么右边到达此位也会有同样的震荡密集区；同理，如左边时间短，右边时间也会短。这一区域的特征是阴线明显缩量，若时间短就会以一颗十字星结束。在地量后的次日温和放量阳线为可加仓信号。

（6）死叉后第一次反点水一般会破前低，金叉后第一次正点水一般会破前高，第一次点水的力度是最大的。

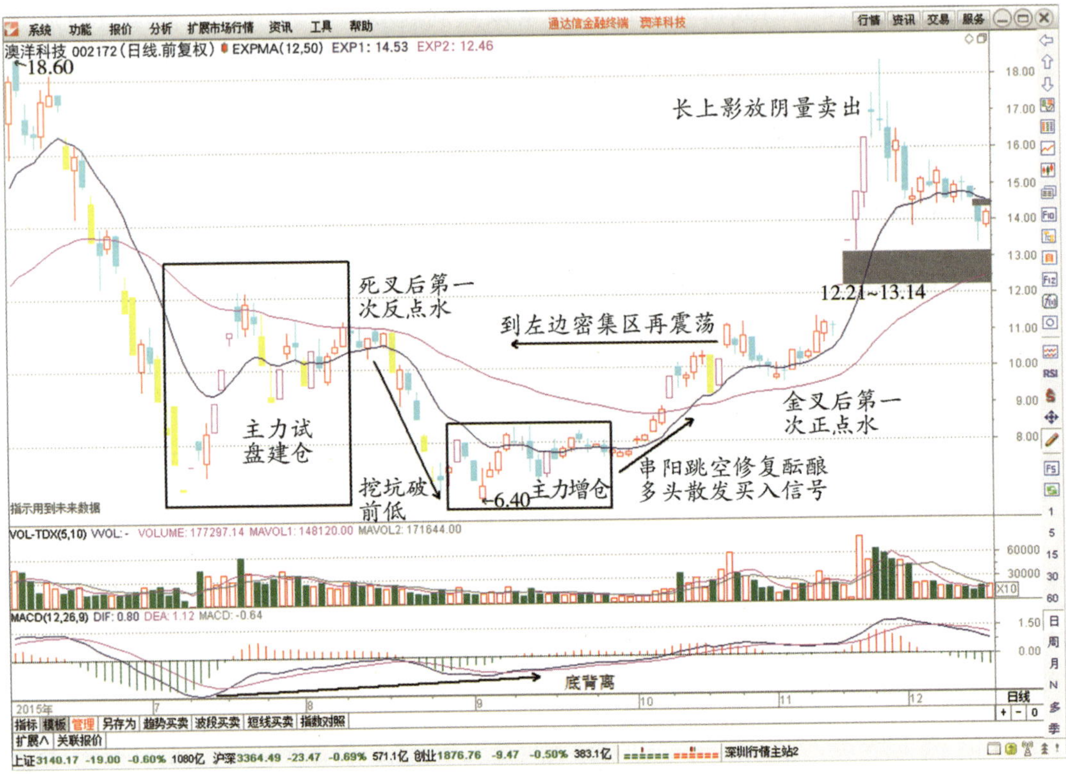

图86 澳洋科技（002172）试盘挖坑后建仓

2. N字形和W字形底部建仓

【图形特征】

（1）一轮下跌后的低位，在N字形和W字形的上行中，均出现涨停板，如图87

所示。

（2）这区域的阴线必定是缩量。

（3）随后图线小阴小阳或串阳上移，其中逢阴线缩量低点都是买入信号。

（4）EXPMA趋势线出现蜻蜓点水中地量的次日+温和放量日可加仓。

（5）放巨量、放阴量或放堆量时逢高卖出。

图87 健民集团（600976）N字形和W字形底部建仓

3. “三外有三”底部建仓

参考本书下篇第二章第二节的描述，此处从略。

4. 头肩底的底部建仓

【图形特征】

头肩底为底部形态中的大底特征之一，底部结构越大，股价后续上涨时间和幅度也就越大。

如图88所示，图中出现了两个左肩和两个右肩的复合头肩底，这是西仪股份（002265）在2015年7月后的走势图，建议大家去复盘看看，因为书中图片可能看不清楚要点。一般来讲，右肩低点要高于左肩，左肩和头底以及右肩后上涨中必须带有涨停板，特别是右肩一定要有涨停，因为右肩该发力时一定要发力，否则影响士气。其他任何形态和K线组合都一样，到了变盘区域后在变盘突破时，一定要发力，力度越大越好，因为起点的力度决定后面的高度。

图88　西仪股份（002265）头肩底的底部建仓

5. 一阳指底部建仓

【图形特征】

（1）该股前面由急跌到盘跌，盘跌中指标背离上移。

（2）不论股票最低点有没有出现符合财富密码数字的价格，只要随后出现涨停板即可，这个以涨停起涨的涨停板要求较严格。例如：涨停板的量不要放太大，放太大会影响能否持续涨停的可能，也会影响后续上涨中是否还有涨停，如图89所示；这种涨停封板最好在上午或下午2点前。

（3）涨停后的阴线一定要以缩量、阳线带量为主，买入信号也就在这其中。这与个股盘子大小无关，与主力实力和其做多的意愿有关。

（4）若单形底部仅出现一个涨停板，这从侧面说明该股有点“单薄”，后续上涨过程中估计也少见涨停。如果股票在相对高位出现涨停板，投资者一定要注意其可能快到顶部了。例如，老白干酒（600559）在2016年1—7月之间的走势中底部和顶部各有一个涨停板，且都是下午近尾盘时才封板。还有笔者近几年看好的中铁二局（600528）在2016年6—12月之间，底部出现一个涨停，中部出现一个涨停，阶段顶部出现一个涨停。毕竟单底和单个涨停板没有多底和多个涨停板那么强势有力。显然，若底部涨停板多，后面上涨过程中的涨停板自然也就多了。

图89 同仁堂（600085）一阳指底部建仓

【本段综述】

（1）综合来看，底部挖坑建仓的最多，因为大盘见底需要时间过程或可能反复震荡，导致个股也会反复；其次是主力要做一只个股时均会先投石问路，再震出持仓不坚定的浮筹；另外，N字形、W字形、三外有三、单底涨停等底部建仓的图形也较常出现，头肩底和圆弧底较少一些。

（2）上述中无论哪一种底，在底部一定要有涨停板出现，这将确保后续上涨中还有涨停板，或者底部最低价有“财富密码”的数字，体现出大牛股的特性，这样的股票才值得大家去做精。

（3）一定要让主力先完成建仓，还要看出明显的建仓轨迹，之后我们才能择机进场。在主力建仓期股价会多震荡，不宜早进。主力没完成建仓，信号不明确也不宜进。没有主力进场轨迹，我们更不能进。

二、中部建仓案例

1. 圆弧底中部建仓

【图形特征】

如图90所示，圆弧底中部建仓一般有如下特征：

（1）圆弧形底部一般不会出现涨停，均是小阴小阳盘升，其中，阳线多、阴线少。

（2）当圆弧形成后，图线在前密集区口沿处一般会有停顿，只要能挺过这个阶段，之后我们就可能寻找买入的时机。

（3）若图线出现停顿休整或空中加油，这时回踩明显以缩量为主，投资者应在地量次日+温和放量时买进，随后股票将迎来加速上涨，在加速上涨过程中极可能出现涨停板。

关于地量+温和放量的技巧可灵活运用，若经验充足，也可在地量日初步信号的尾盘买进，次日当温和放量确认信号出现时再加仓。

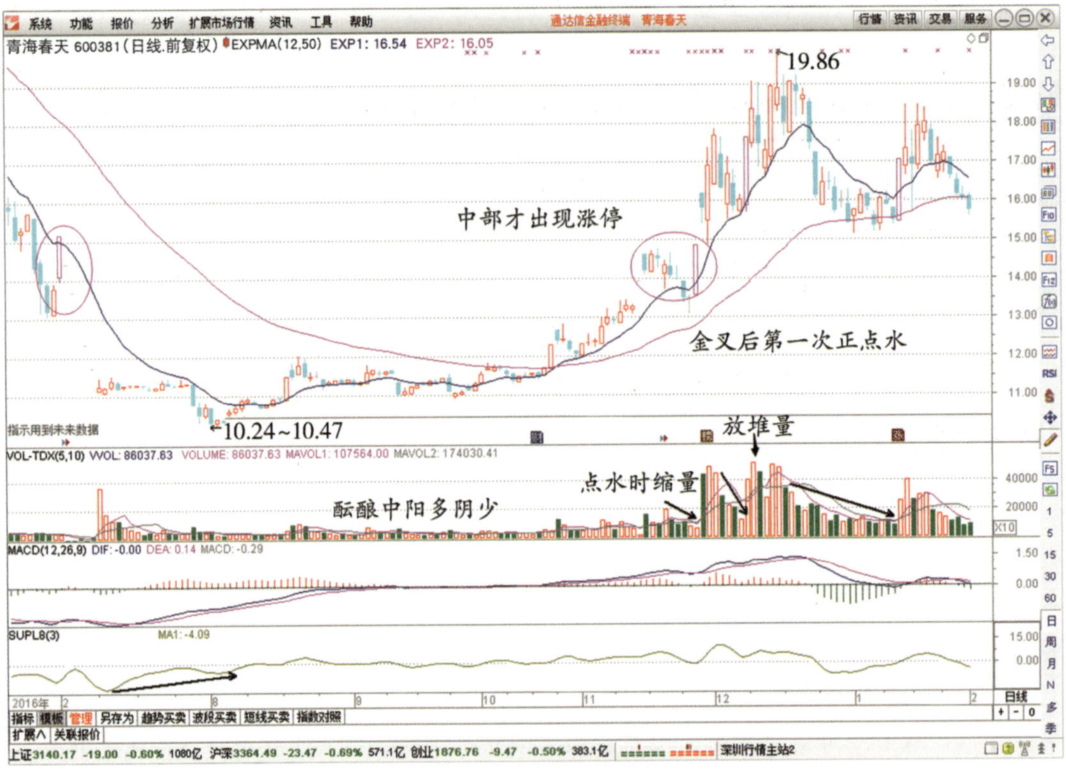

图90 青海春天（600381）圆弧底中部建仓

2. 洗盘挖坑和中继平台的建仓

【图形特征】

（1）笔者只截取了该股的中间一部分图线，图91中前半部分图线为洗盘阶段，洗盘时间慢而长，这意味着后续上涨过程也会慢而长，反之则急而快。

（2）洗盘结束信号有两个。一是预期信号：破前低诱空挖坑，恐吓出持仓不坚定的散户浮筹，但数日后很快就缩量企稳止跌，再到地量出现后起涨。二是明确信号：再以涨停板起涨，这说明主力在增仓，结束洗盘，新一轮起涨开始。

（3）两个或一个明确信号出现后，逢地量低点买入。

（4）再往后若上涨中继前出现涨停板，中继后也还有涨停板，那么可在中继时逢缩量阴线的低点买入或加仓。注意中继平台一般也会打破平台前低诱空的可能，诱空日或次日往往会出现地量。

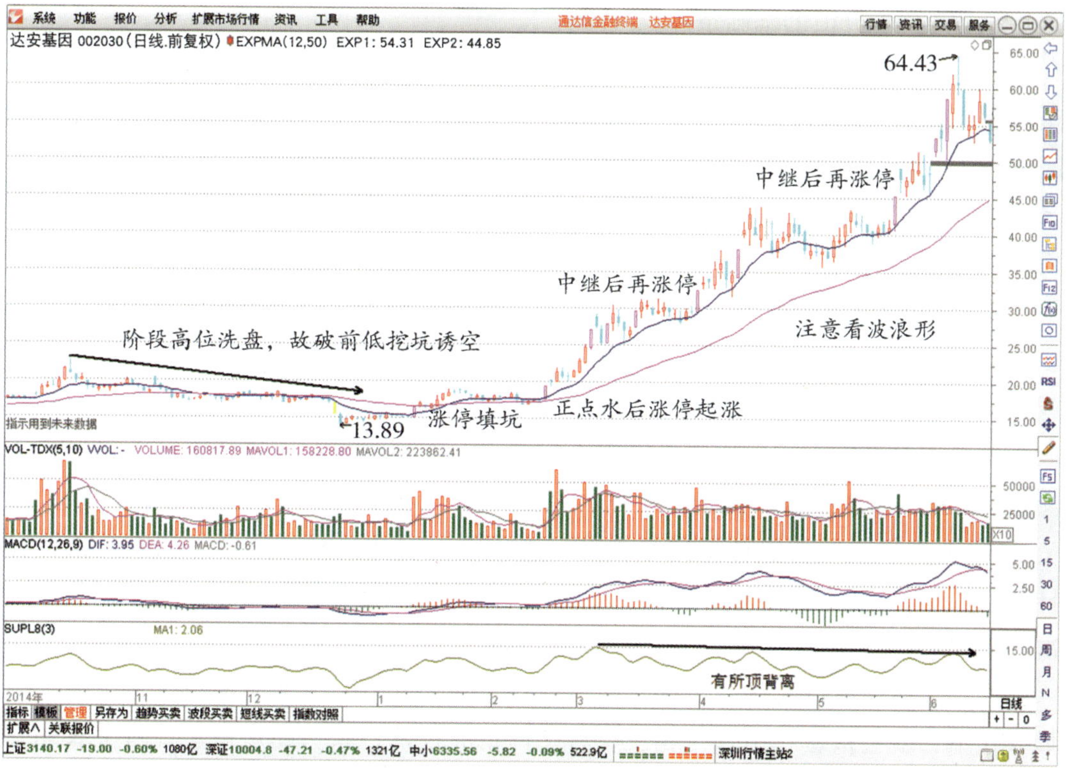

图91 达安基因（002030）洗盘挖坑和中继平台的建仓

（5）大牛股一旦进入上升通道，投资者可注意观察整体大浪形或阶段中的小浪形，如图91中后阶段上涨中类似三浪上行，当投资者注意到该节奏时，增减进出就一目了然。

（6）上涨中继的案例太多，再例如，昆百大（000560）在2015年8—11月期间，底部有涨停，中继前有涨停，中继后连续涨停，中继时显然地量。本书前面也有个别案例图形，属于上涨后的中部出现快速洗盘打压挖坑的情况。

运用笔者本书中的技巧，若还抓不到牛股、抓不到涨停板，那只能说你学艺不精，没有用心去学。

三、高位建仓案例

1. 捕捉主升浪前建仓

【图形特征】

（1）如图92所示，该股前面一直呈45°斜坡上行，其间，没有出现持续大阳，这是最易产生主升浪的基础条件。

（2）主升浪若想涨得急、涨得高，那么在拉升之前的打压砸盘也就砸得狠，甚至以跌停砸盘。缩短时间换空间，表露出主力的一股急性，同时也展现出主力已经高度控盘的情况。因为大多数筹码都在主力手中，因此砸盘一般也砸不了多深。并且，主力拉主升浪目的是掩护出货，在出货之前，主力也不想把盘面砸得太难看，要顾全大局。

（3）主力砸盘一般不会超过三天，成交量不会放大，且一般比前面的涨停量要小。此时个股会迅速缩量或地量止跌，我们的买点就在这，紧接着个股会继续涨停或持续涨停赶顶。当然，若想主升浪中的涨停板多，那么该股在前面底部和中部阶段都要出现过涨停板。后面的涨停中可注意观察，换手率会比以往明显大很多，成交量也有可能释放出放堆量或放大阴量的卖出信号。

（4）由于个股的股性不同、主力行为不同，因此这种高位砸盘的方式多种多样，有急速的，也有缓慢的，有幅度大的，也有幅度小的，有砸一次的，也有反复砸多次的。

总之，这种高位高收益也具有高风险的建仓买入方式，非精通技术者少参与，如操作不当就会被套在山顶。相反，若把握精准技术，就可在短短几日内赚取30%以上的利润。

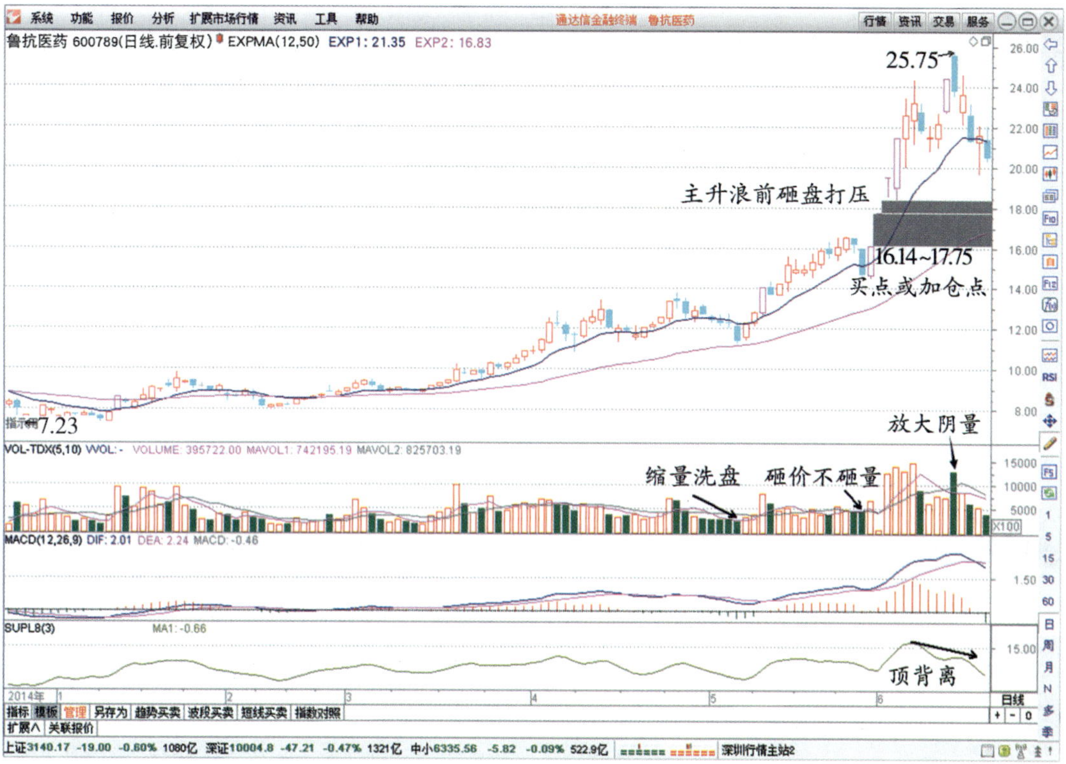

图92 鲁抗医药（600789）捕捉主升浪前建仓

2．第三浪建仓

【图形特征】

（1）高位能建仓的也只有主升浪的波浪理论中的第三浪，但实现这一点的前提是已经走出明显的二浪，这样才会有第三浪的潜力。因为有一浪就有二浪出现的可能，有了二浪，第三浪出现的潜力就大了。同理，若一浪有涨停，二浪中也有涨停的可能，若二浪中有涨停，那么三浪中必然会有涨停，三浪中的涨停板个数甚至还会多一些。如图93所示，图中一浪中两个涨停，二浪中两个涨停，三浪中三个涨停。类似地，若一浪后回调中有跌停，那么二浪回调中也会出现跌停。

（2）跌停不可怕，只要跌停的阴量没有明显放大，甚至比前面涨停的量还要小，投资者就不必担心，随后的放量阳线回补正是买入信号。后面出现指标顶背离或放堆量、放阴量时应卖出。另外，三浪或再加主浪类型的个股会有很多，这一技巧请投资者务必学会并弄明白。

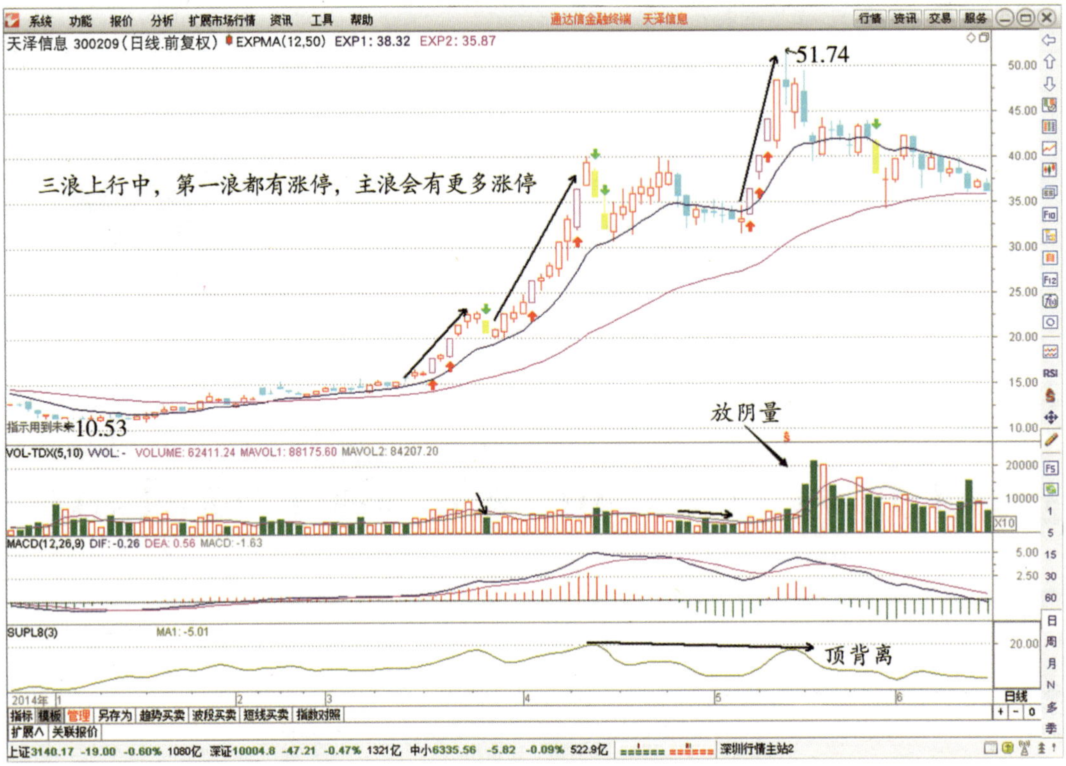

图93 天泽信息（300209）的第三浪建仓

【本节综述】

没有出现过涨停板的个股再强势也只是短暂的，或者只是半强势个股，真正强势的大牛股，必然会有涨停板伴随。我们在选择个股和买点时，必须在前面出现涨停板后的缩量回踩中找机会。简单地说，我们买的是后面潜在的涨停，甚至是连续涨停的个股潜力，这才是我们做精一只股的价值所在。

第二节 增减仓技巧

开车是去往终点的必要步骤，车怎么开决定了路途的安全性。所以，持仓过程中如何通过增减仓降低风险、扩大收益是成功历程中的关键。本书前面也时而提到买入信号和增仓信号，本节将就个别重要案例论述。

一、关键点位增减仓

（1）关键点位增减仓是指当图形条件满足或消息窗口开放时，该发力即要发力，该涨的时候一定要涨，甚至还要有力度性地上涨，一旦实现发力该加仓就加仓，相反就要减仓。

（2）变盘区域要多看少动，没有一定技术基础就少参与左侧交易，实在要做也只做少量仓位。当然，这也根据个人风格而定，例如，笔者的爱好和特长是前瞻性分析，所以有一半的交易都在左侧。笔者的前瞻性一般来自经验、盘感、图形逻辑推算、预见性指标、趋向性均线等技巧。

（3）笔者认为，买点信号可能会有多个，因为主力建仓期和拉升期可以慢慢做，但出货期往往是很快的，一个政策信号、一句国家高层喊话、一个重大利空影响等都会导致主力出货，由于主力要考虑锁定利润，所以出货比进场和拉升要快得多。因此，当发现不妙信号就得减持，若信号在高位出现就得全卖出，一定要果断，不得犹豫。因为市场中不差钱，也不差机会，只差赚钱的手法。

二、修复阶段增减仓

（1）关于向下挖“地坑”再向上修复的加仓信号，笔者在前面已讲过很多案例，在此不重提。与加仓信号相反的就是向上诱多掏“天坑”再向下修复的减仓或清仓信号。

（2）根据长上影线的修复，可将上影线的影线部分分为三段，30%（三分之一）属于较弱状态；50%（二分之一）属于强弱分界线，在之上偏多，在之下偏空；60%以上（三分之二）属于较强状态，在此之上股价只要居高不下并继续盘旋而上，就意味着其有能力完全修复，同时具有再加速创新高的潜力，此时可以加仓。因为人都会这样想，离成功修复就差一步，指日可待，都愿意买进，所以行情被助推加速。相反，长下影后向下修复就要减持或全卖出。

（3）对于洗盘后修复的股票，可借鉴前面上涨中的节奏，如前面上行中串阳居多，那么洗盘后也会以串阳修复；如前面上行中有涨停板出现，那么洗盘后仍会以涨停板来修复。

注意：图线修复至前高点左右往往会有停顿，停顿时可根据前高是有密集区还是单顶来判断右侧停顿时间长短和节奏。其实这只是投资者的心理障碍，一旦投资者越过障碍，股价便会继续上涨。

三、看成交量增减仓

（1）本书大多数图形案例中都讲到了成交量，因为技术的精髓在“量价形态”和操作技巧上，量在前、价在后，这样K线形态才产生出来。“量”代表资金，好比人身体内的血液，血液里面的基因直接决定人的长相和性格。在笔者的系统培训视频课中有专节讲解量价关系的技巧。

（2）上行通道中和中继时：阳线带量、阴线缩量，再细致一点，阳线短量不短、阴线长量不长，量价齐增、价降量缩，这些属于健康现象。还有阳长阴短（阳肥阴瘦）也是健康现象。这些是捂股信号或适当逢缩量阴的低点，也是增仓信号。

（3）洗盘和打压中有两种可能：第一种是初端不放巨量，而是量能温和性地由大到小，无论是大阴线还是跌停都如此；第二种是初端先放巨量，但很快就缩量，类似下楼梯，甚至比前面的涨停或大阳线的量明显要少。它们的共性是短时就出现地量或地量区域横盘，横向时MACD、SUPL向上移背离。这些是健康现象，也是买入或增仓的机会。

（4）有关背离：小到分时图股价远离均价线，中到30分钟、60分钟MACD、SUPL顶底背离和30分钟、60分钟放巨量及地量，大到日均线远离和MACD与SUPL的顶底背离，都是增减仓信号。

（5）金字塔增减仓：建仓时一般运用倒金字塔式，先少后多，初期信号不明确就少量买，后面信号明确时再多量买，建议采取1—2—4成仓方式（4代表起涨后上通道内）；到达首个盈利目标时先多量减，后面博取第二、第三目标时再逐步减，建议采取4—2—1方式。

（6）有关增减仓的网络案例：（仅供参考）

以资金10万元，在熊末牛初、猴市或熊市中操作一只不高不低的10元股为例：（为便于计算暂不计手续费及印花税）

10万元因为不是在牛市，仅可使用30%资金，即3万元。先用5000元买入10元股票500股，持仓成本：5000元500股，10元/股。

等待观察，假设：

① 买完即涨5%即10.5元，抛出200股；持仓成本：300股，9.67元/股。

② 买完即跌5%即9.5元，买进200股；持仓成本：700股，9.86元/股。

如买完又涨到10元，抛出200股；持仓成本：500股，9.80元/股。

如买完又跌5%即9.0元，买进300股；持仓成本：1000股，9.60元/股。

大家会发现，随着股价的下跌，你的股票仓位会越来越多，成本在不断降低。

如买完又涨到9.5元，抛出300股。

③ 买完又跌5%即8.5元，买进500股。持仓成本：1500股，9.23元/股。

④ 买完又跌5%即8.0元，买进500股。持仓成本：2000股，8.93元/股。

⑤ 买完又跌5%即7.5元，买进500股。持仓成本：2500股，8.64元/股。

⑥ 买完又跌5%即7.0元，买进500股。持仓成本：3000股，8.37元/股。

⑦ 买完又跌5%即6.5元，买进500股。持仓成本：3500股，8.10元/股。

⑧ 买完又跌5%即6.0元，买进500股。持仓成本：4000股，7.84元/股。

此时你会发现，你的30%资金建仓完毕，成本比市场当前价高30%左右，这是一路下跌一路小幅建仓的情况，不算每次加仓反弹时抛出的成本。

下一步该怎么做？当你手中的股票价格比你第一笔买的价格下跌50%后，你剩下的70%资金就可以分三次入场，即每次跌的幅度就是你建仓的百分比，如再跌10%加仓10%……再跌50%加仓50%，你会发现，即使你手中的股票价格比你第一笔买的价格下跌80%后，你还有剩下的20%的资金。

即使它后来又跌到2元，那你也可以用剩下的20%的资金在2元满仓买进。

延续举例假设：

① 买完又跌到5.0元，买进5元×2000股=1万元。

② 买完又跌到4.5元，买进4.5元×2200股≈1万元。

③ 买完又跌到4.0元，买进4.0元×2500股=1万元。

④ 买完又跌到3.5元，买进3.5元×2800股≈1万元。

⑤ 买完又跌到3.0元，买进3.0元×3300股≈1万元。

⑥ 买完又跌到2.0元，买进2.0元×10000股=2万元。

此时你已满仓，持仓成本：26800股，3.76元/股。

个股下跌80％离反转也就不远了，只要它不退市，你就捂股等待牛市到来，赚几倍也许都不是问题。最后提醒大家的是，你一开始的买入价不能是此股票的大顶部，一定是逢低位置。

【本节综述】摘述内容也有一定可行性，这种做法犹如“股票定投式”和“量化定式”交易，资金配比、涨跌幅度、增减数量完全固定量化。“量化定式”可弥补做对时赚得少，做错时赔得多的缺陷。例如，笔者的志尚团队在国内商品期货业务中采取的是“量化交易”服务模式，盈利时自动放大空间，亏损时自动在固定损位止损，以长期概率取胜。

第三节 清仓技巧

做牛股好比开长途汽车，突遇红灯要紧急刹车（政策调控信号），遇到障碍要缓慢刹车（利空影响），困倦无力时要停车休息（多头乏力时），对路上车越少越易犯困的情况要当心（诸如无主力做盘的冷门个股），注意前方事故、查车、已封路、事故易发路段等警示牌（相当于股票中的放堆量或放巨量、最高价神奇数字、公告消息等提示）。

一、系统风险信号清仓

系统风险是不可抗拒的风险，无法预测估量，如自然灾害、战争、重大突发事件、金融危机等，一旦情况不妙果断清仓离场。

二、政策风险信号清仓

宏观调控（加准或加息），去产能过剩、去杠杆等紧缩政策，某行业、某产品被叫停，某公司或某重要人物发生相关联的违规被查，某产品被大量消费者投诉曝光或产品销量下降以及产品普遍降价，某公司推出重组计划或技术研究失败，某公司受到国际环境或外汇利率的影响等，这些都是清仓信号。

三、大盘风险信号清仓

无论是上涨还是下跌甚至横盘，都存在周期性，不可能永远不变，因为金融市场的主要功能就是增强资金流动性。所以，要注意周期性的变化，不能以惯性思维做决策，要懂得居安思危。直观来讲，可参照本书前面讲到的有关大盘成交量急增的信号来执行清仓。

四、风向标风险信号清仓

（1）国内生产总值（GDP）：反映一国经济实力、经济发展水平和经济增长的基础性的总量指标。

（2）居民消费价格指数（CPI）：观察消费价格变化的指标之王，也是通货膨胀率最重要的考查和计算指标；一般CPI在3.5%以内是安全的。

（3）生产者价格指数（PPI）：一国宏观经济运行重要的先行指标；一般生产者价格指数同比变动在5%以内。

（4）外汇储备：对于一国用于平衡国际收支，稳定汇率，偿还对外债务，有着重要的作用和影响。

（5）社会发电量、用电量、货运量：经济冷暖的风向标。

（6）财政收入：衡量一国政府财力的重要指标，是国家职能实现的财力保证。

（7）财政支出：一国政府调控国民经济的核心工具之一。

（8）通货膨胀率：物价的上涨水平、持续时间，反映一国宏观经济的膨胀状态；我国经济社会可容忍的通货膨胀率一般在5%以内。

（9）通货紧缩：物价的下跌幅度与时间长短反映了一国经济的不景气程度；当居民消费价格指数（CPI）连跌2个季度，即认为通货紧缩出现。

（10）消费者信心指数（CCI）：预测经济走势和消费趋向的一个先行指标；它的取值范围为0～200，其中100是中值，0表示极度悲观情绪，200反映的则是极度乐观情绪。

除此之外还有行业指标，如地产开发和销售数据、贸易顺差等；另外还包括行业板块中的风向指标个股，如一线类的转势。

经济增长率反映了一国经济是增长还是萧条，它能使投资者对经济走势把握更直接明了。宏观经济景气指数会像“晴雨表”或“报警器”那样对国民经济运行起到监测和预警的作用。我国预警指数编制中将经济运行的状态分为5个级别：“红灯”表示经济过热，“黄灯”表示经济偏热，“绿灯”表示经济运行正常，“浅蓝灯”表示经济偏冷，“蓝灯”表示经济过冷。

【本节综述】以上这些指标的变化都能决定投资者什么时候可参与股市，什么时候要离开股市，大家闲下来时一定要去了解这些常识。投资股市就相当于投资商业，要用商人的思维、智慧、眼光、行为去对待。不要认为自己仅是一名散户，用闲时、闲钱玩玩而已，这是对自己辛苦赚来的钱不负责任的行为。投资者要把股票投资当作科学、哲学、艺术和成就来看待。

【本章综述】

下面笔者列出简单易学的三条日均线运用技巧，仅供参考：

（1）远离5日线减持40%，收阴线在5日线之下再减持20%，5日线死叉10日线继续减持20%，5日线死叉20日线全卖出，按照此原则操作永远不会被深套，即使买在高位，分次减持后也就损失10%左右。

（2）当5日线金叉20日线后再买入，或者根据前面的运行规律来判断，回踩10日线、20日线后再突破5日线时增仓，远离5日线再减持。

（3）持仓捂股时一定要有自己原则的三条线：一条是沿着持仓的不动线，一条是减持预警线，一条是风险撤退线。所以，笔者一向不建议大家看太多条线，线太多将K线挡住了，还很容易给人不少错觉，让人总期望某条线会支撑止跌。

心态极其重要，需要自己去把握尺度。

（1）细心：分析、选股、建仓时一定要细心，不急于一时。

（2）决心：看准趋势、选好行业和个股后要有决心，不犹豫不决。

（3）耐心：持仓中，在策略和计划内以及原则内，要耐心等待。

（4）果断心：一旦市场或个股出现反常，一定要果断减持或清仓。

（5）平常心：市场中有赚不完的钱，有的钱不属于你，有的钱是要靠学习后争取得到的；以少积多、积沙成塔、欲速则不达，有赔有赚，只要不“伤筋动骨”就好；投资是人生中的长跑，活到老、学到老，每一个人都是市场中的学生，学到后终身受益，还可传承下一代，付出点学费也是值得的。

附 录

FU LU

附录一 牛市操作规律与注意要点

大牛市的技术特征是：在日线当半年线金叉年线后，周线和月线都形成多头排列。符合这些条件大牛市才基本成立。如果投资者在符合这些条件后再进行长线布局便为时已晚，此时很多优质的股票甚至都已经翻倍。当牛市确立在眼前时又该如何操作才能使利润更大化，以免枉费难得的一轮大牛市？

一、牛市运行规律

一轮牛市的大致运行规律为：大盘在极度低迷见底时，率先启动大盘权重股以示微稳信号带动指数。其次启动牛市中的领涨股（行业龙头股），但领涨股都有长线资金进驻，启动时并不明显。更为明显的是一些中小盘、中低价格的绩优个股，它们启动即可带动市场大面积的人气。随后板块轮番启动炒作。接下来的修整期市场将进入题材热点的炒作。进入牛市下半场时，大多股票炒作之后，必会回到价值称重器上，一些优良的个股会受到追捧直到炒出价值高估。当二线、三线炒作完之后，市场就进入边缘化的冷门股、亏损股、垃圾股的炒作过程。最后市场再以大盘权重启动疯狂阶段见顶收尾。

二、牛市的三个阶段

第一个阶段是主力吸筹阶段，这个时期个股活跃度不高，游资不感兴趣，却是长线资金的绝佳进场时机，当然这个阶段指数相对也较低。

第二个阶段是炒作期，个股纷纷活跃，游资踊跃参战，但由于个股活跃造成指数大幅上涨，使得没有参与进来的人望而却步，这个阶段其实是股市的黄金时期。

第三个阶段是主力准备派发阶段，此时个股价格已经严重高估，但新参与者“勇敢搏杀”，造成个股疯狂上涨，主力正好趁机派发。

三、牛市操作的十大策略

（1）重仓：牛市行情一旦爆发，大资金蜂拥而入时，投资者必须敢于重仓跟进，一般重仓可控制在八成左右的仓位（六成捂股，两成做短线），中长线捂仓股可选择价格在10～20元之间的业绩增长股（中小盘）。

（2）捂股：一旦重仓介入，投资者就要坚定持股，不要稍有震荡或稍有获利，即抛股走人，摆脱不了熊市中的“五分钱万岁”思维。建议把周线当作日线，可以避开日线的短期波动影响。牛市中的操作经典秘诀是“选股”和“捂股”。

（3）敢追：在牛市中，必须敢追领涨股，不怕连涨3个涨停板，只怕你不敢在“涨停板”上排队。记住笔者的“三外有三”理论，强者恒强，不能孤立等待回挡再介入，而应顺应时势，该追的应坚决追，该观望时则观望。所以，要留少部分仓做短线追“强者恒强”的个股。

（4）做精一只：在牛市中，该涨的定会大涨，不该涨的亏损垃圾股也会上涨，只不过涨的幅度不同而已。不必把网撒太开，做太多只股容易分散精力，集中精力做熟、做精一只优质股即可轻松成为赢家。笔者的经验证明，牛市最赚钱的除了龙头股之外就是中小盘优质股，这两种类型的股票均会跑赢大盘股。

（5）技术失灵：在牛市中，技术指标大多处于失灵状态，所有的阻力都不再是阻力，打破了常人的想象。涨了还涨，强中更强，连涨近10个涨停板的情况也不少见。

（6）换位思考：在牛市中，散户要以“我是主力”的角色换位思考，来预测大资金的动向和大资金操作的风格。而不能仍站在小散户的立场上，为一点差价而忙碌。对于自己中长期看好的个股可以进行长线短做（部分捂仓/部分做短线）结合操作的策略，就当自己在做庄，但前提是选对个股。

（7）减少操作：在牛市中，个股都有机会，不可见异思迁，频追热点，顾此失彼，最终导致只赚指数不赚钱。投资者应把精力放在个股成长估值上面，而不要太注重个股消息，因为牛市中存在利空反成利好的可能。

（8）追捧人气：在牛市中，人气是股价的翅膀，人气就代表财气。人气愈旺，股价越高。若分析过于理性，常用市盈率等做选股标准，往往抓不到“大牛股”。比如，2009年1—3月做新能源股，赚一倍后转做煤炭股，又赚一倍，再做银行股赚30%，由此可见，跟随人气转换操作也是一种不错的轮炒策略。

（9）捂住领涨：在牛市中，热点很多，转换较快，一天几十个涨停板是正常现象。一般而言，每一轮上涨行情都少不了领涨品种，这些也是牛市中的主流品种，这样的个股翻5倍、10倍、20倍以上都有可能，操作时不要丢了西瓜捡芝麻。

（10）不轻言顶：牛市操作升幅大而快，一天等于弱市中的两个月，投资者应不轻言见顶，不轻言调整。“牛市不言顶”这句话已得到市场的认可。以2007年为例，上证从3000点到6000点的过程几乎超出所有分析家的预测。

四、牛市初期布阵法

在牛市初期买进龙头股，可分别为垄断龙头股、行业龙头股分配30%仓位；稀缺资源龙头股、信息、医药这三大方面是基金的爱好，仓位应占据30%；权重股是带动市场指数的板块，可根据经济宏观调控而决定是否参与。另外，中小盘绩优股应占据20%的仓位。这些是大资金（100万元以上）的组合布阵法，买入时均应分批入场。就算没有买在最底位也要一直坚持捂股。因为真正价格被严重低估时，没利好出现同样会有长线资金流入，这类个股都会领先大盘见底反转。中小资金投资者可以采用选好一只并做精一只的做法。

五、牛市中期调仓法

当市场进入牛市中期时，假设市场主流投资品种个股都已上涨1～3倍，此时市场将会出现中级调整，进行风格转换。这也正是投资者调仓的时候，可偏重中小盘优质股。特别提示，在牛市中期调仓后千万不要高抛低吸，这一点市场上没有人可以完全做到，即使你是聪明人也要如傻瓜般地捂股。总之，当一个主流板块涨幅达1～3倍时说明估值偏高，此时主力军会换其他价值偏低的板块来做，此即所谓中场调仓。这就好比体育比赛场一样，下一场要换位置。此时，很多散户观察不出来，主力换场了都不知道，还在原地候着，当发现时再换过来却只能赶一个尾场。

六、牛市末期卖出法

在牛市末期卖出股票首先是以基本性质的“高估值”为准，其次是企业“经营”中出现变化时，以技术上的“放巨量”急拉为准，这些都是牛市中的卖出法则。

七、牛市操作的风险防范

（1）牛市容易伤害信用。有些公司管理层和大股东配合炒作，夸大公司信息，或者选择性披露信息，结果扭曲了市场。牛市不言违规，牛市容忍违规，这似乎已成为大家心照不宣的潜规则。

（2）牛市容易伤害公平。内幕交易、操纵市场、公司高管人员参与炒作或携手市场机构同谋等是牛市中屡见不鲜的事。

（3）牛市中容易出现价值水分。牛市中的价值增长可能存在较多水分，这种水分不可持续。水分实际上可能是泡沫，也可能是财务政策和会计政策的变更所致。此外，上市公司将闲置资金用于股市投资，实际上加大了股市的泡沫成分和公司价值的水分。

（4）牛市制造假象。在牛市中市场狂炒银行股、券商股以及参股银行、券商的股票，加之一批新的银行、非银行金融机构和券商排队IPO或者“借壳”上市，这会形成牛市中虚拟资产的重叠炒作，导致“虚拟市场”越来越偏离基本面。

以上这些现象在牛市中可以说是“一涨遮百丑、一跌露百陷”的反映。中长线投资者一定要时实关注基本面的变化，一旦有异常发生或突变，就要做好两手准备。

（5）牛市中也会有熊股，如一些成交量能稀疏的个股、处在盘整中的个股，总之落后于大势的个股尽量少碰。

（6）在大牛市中，价值普遍高估形成泡沫为见顶征兆之一，技术上出现巨量（上证成交量8000万亿元以上）疯狂上涨阶段为见顶征兆之二，投资者踊跃参与、赚钱欢呼声一片时为见顶征兆之三，国家政策预示风险为见顶征兆之四。只要其中之一出现，投资者必须做离场准备，如果四个条件都已具备，便及时清仓，随后的反弹也是逃命的机会。

本篇写于2012年，是以历史规律来梳理记录的，往后市场环境、市场机制、行情等也可能有变化，所以本篇仅供读者参考。

附录二 股市的钱去哪儿了？被谁赚了？

一、年终总结看数据

（1）2016年上证成交量为495164亿元，深证成交量为771458亿元，共计1266622亿元。

（2）2016年上交所全年债券交易量为225万亿元。

（3）2016年期市成交量为195.6万亿元。

（4）2016年网贷成交量为3万亿元。

综上所述，2016全年成交量最大的是债券市场，其次是期货市场，最后是股票市场。另外，2016是互联网金融监管的元年，网贷成交量达3万亿。除此之外，2016年全国数千家现货交易平台据行内统计成交量达43万亿。

2016年有227家企业进行了IPO，募集资金1496亿元，IPO+数量创五年来新高。IPO+再融资现金部分合计1.33万亿元，同比增长高达59%，A股再融资规模创历史新高。2016年上市公司定增规模近1.7万亿，创历史新高，是IPO的10倍。2016年大股东减持总金额达3609亿元，同比2015年有所下降。2016年在高速IPO发行+再融资的背景下，每位股民平均亏损2.4万元。

其他不论，笔者单就股市而言，一年百万亿的交易量，钱都去哪儿了？到底被谁赚了？估计新手或入市不久的投资者仍然不全明白这些套路，笔者主要从两大方面来讲。

二、股票市值蒸发缩水，钱去哪儿了？

有一个颠扑不破的科学真理：能量守恒，物质不灭。也就是说，没有什么东西会平白无故地消失不见，物质是永存的，股票也是如此。股市是虚拟经济，股价只是一个货币符号，在不同点位代表着不同的数字，整个股市至少有1/3处于非流通状态，加上流通价的下跌，由此产生了一定的杠杆效应。

举一个简单的例子：你有3亩地，以1万元的价格卖了1亩给别人，于是市场价就是1万元，你还有2亩地，你的身价就是2万元。后来那个人把地转给另一个人，2万元成交，于是每亩市场价升到了2万元。于是你的资产就要重新计算了，变成4万元。最后那亩地被辗转交易多次了，接手的人给出的价格是1亩地100万元，于是最新的市场价达到了100万元，你的资产又要重新计算了，你有200万元了。后来碰到经济萧条，最后接盘的人被迫以1万元卖掉土地，市场价又回到了1万元。你的资产被打回原形，从200万元回到起点2万元，中间蒸发了198万元，于是你的财富象征也随之缩水。股市其实就是一场“纸上富贵”，对于上市公司来讲，它们并没有真实金钱的损失；但对于投资者来讲，若买入价较高自然面临损失。

可见，市值蒸发并不等同于真实的财富缩水，这种蒸发的奇观源于“边际撬动”的现象，即某个交易日里仅仅有10％的股票交易，就能把股票价格带到一个不可思议的高度，那么其他90％的没参与交易的股票也自动分享了这一“疯狂的荣耀”，于是乎，市值是一个怪物，它有属于自己的夸张的“数字杠杆”，俗话说“水涨船高，泥多佛大”，事物随环境在变。

三、股票能赚钱，但被谁赚了？

1．国家税收、券商手续费

国家和券商这两块，无论股民赚或赔，只要股市还在运转，他们就有钱赚，只是多一点和少一点的问题，每年国家和券商收取的费用分别过千亿元，这无疑都是股民的贡献。

2．上市公司及“大小非”

上市公司先是依靠IPO、增发、配股、大小非解禁等种种方式从股市赚钱，后是依靠投资者用真金白银炒高的价格在高位减持套现离场。这一点从上述数据中可以看得很明白。

3．内幕消息掌握者

在这个信息时代，信息就是财富。在股市这个信息不对称的市场里，谁掌握了信息，谁就能赚钱。有一类人就是在得到可靠的内幕消息后，凭借关系从银行贷出数千万元甚至上亿元资金，在几个星期或几个月快速运作，大赚一把，然后把钱还给银行，退出股市。

4．快进快出的游资

游资也就是热钱，是为追逐高额利润而在各金融市场之间流动的短期资产，它具有投机性强、流动性强、倾向性明显的特征。游资在股市的特点是快进快出，其对股价的拉升幅度一般在10％～50％，时间一般为一周至一个月左右，根据市场环境而定。在2016年市场整体横向的趋势下，也有不少机构游资化、散户化地进行投机。

5. 大资金机构、基金

从国家队资金，到公募、私募基金，再到公司户、个人大户，他们在资金量大的优势下，通过多元化、分散式组合布局投资，如股票组合、股指期货对冲、参与一级市场、一级半市场、线下打新等，求得均衡稳定的收益率。

6. 少数散户

个别能赚钱的散户大致可分为四类：第一类是周期性赚钱的人，例如，正好赶上一轮牛市，买什么都能赚点，但长期来讲，根据零和游戏规则，赚来的钱最终都要回吐给市场。第二类是理性的投资者，他们懂得该出手就出手，该收手就收手，不会在行情向下转势时恋战，更不会在大势不向好时进入市场。第三类是精通技术的人，从历史教训中走过来的经验丰富的人，一般不会被深套，还能赚一些钱，起码能看懂市场的一些节奏，但仍要管得住手才能确保利润不会被回吐。第四类是只做自己最熟悉、最了解的公司个股的人，等待最低位置进行定投、滚动操作或放长线，做精一只股也能赚钱。

曾经，有媒体报道湖南娄底一小股民初涉股海，一年时间24万元的积蓄和借款缩水至不足7000元，其月工资仅有千余元。账单显示，这位“菜鸟”在短短一年时间里，交易次数高达500次，支付了超过3万元的手续费和超过3万元的印花税，两个同伴的遭遇也和他一样，辛苦一年为国家、券商打工。所以，网不要撒太开，集中精力做精一张图、做精一只股、做精一种手法，这样散户才能挽救自己的命运，这也是笔者写这三本书的真正寓意。

总之，股市不能失去造血功能，否则一旦失血过多，市场就会一直低迷下去，导致散户赚钱效应下降。例如，最上游链中的IPO要常态化发行，还有解禁股应延长时间或降低减持比例，再者是高管减持应有尺度等。将这些易造成过大失血的行为进行改造，再通过转型中的新常态经济进行造血，这才是提振股市的真正大利好，春节前后大家不妨多关注这几大问题的动态。笔者认为，新股发行至5000家对中国来讲也较合理，但要注重质量，例如，上市公司大股东要用“工匠精神”“百年老店精神”去将公司做大、做强，而不能如吉林永大五年创造不到8000万元利润，却从市场套现67亿元，一股不留；还有华锐风电五年亏损90亿元，也是一股不留地减持，从市场套现20亿元；长年不分红的行为也不可取。另外据悉，2017年有达3万亿元的大小非解禁市值，最高峰是2月的3040.63亿元、9月的3531.83 亿元、12月的

3359.26亿元，届时或之前须注意大盘趋向。

事业、工作和赚钱是人生奋斗的目标，投资股市只是生活中的一小部分，投资者要合理分配时间；虽说选股不如选时，但最好是既懂得选股又懂得选时。最后，祝愿大家投资顺利！

附录三 做精一张图－强势股形态选股软件

软件介绍

笔者总结归纳出32种潜在强势股图形特征选股条件，精心编入软件选股器中。软件自2011年上市以来经多次精编升级，可助用户更便捷、更可靠、更迅速地选出所需要操作的潜力个股。

软件风格

该软件是在广大股民常用软件的基础上加以优化，容易上手。该软件有四大分析界面：短线买卖、波段买卖、趋势买卖、指数对照。不同分析界面用到不同技术，在分析时可一目了然地分辨优劣。虽然有的图形名称同市场相类似，但其中的选股方法和操作技巧有所不同。

优势突出

兵不在多而在于精，将不在勇而在于谋。软件功能不在于多而在于高效实用，软件界面不在于丰富而在于简洁、明朗。本软件没有色彩绚丽的界面，使用者并不会因为功能繁杂而无从适手。它在选股时可助股民用户轻松而又快捷地将所有强势潜力股在瞬间一网捕获。此软件另配套有相关选股方法和操作技巧视频讲解，以及股民系统化学习教材。

技术可靠

该软件贯彻做精一张图的理念。大多数选股条件以量价形态为主，而不是依赖随机移动的指标条件。该软件经过无数次成功测试，现有用户异口同声地称赞如获珍宝。用户可根据各自操作风格和最熟悉的图形挑选几种作为重点操练做精。系统化炒股三大法宝：书籍是图例教材，视频是实战技巧，软件是操练工具。

32种图形条件选股功能

志尚战法1空中加油—强中更强
志尚战法2仙人指路—强势加速
志尚战法3串阳组合—强势吸筹
志尚战法4挖坑洗盘—牛股埋筹
志尚战法5趋势金叉—中期转强
志尚战法6梅开二度—由弱转强
志尚战法7追踪涨停—有一生三
志尚战法8上跳缺口—强势启动
志尚战法9过顶突破—新高不断
志尚战法10短期拐点—上涨加速
志尚战法11中期拐点—捕捉主升
志尚战法12突破平台—升势在即
志尚战法13波段低吸—盈利丰厚
志尚战法14低位放量—抄庄家底
志尚战法15三外有三—大牛启动
志尚战法16秒杀老鼠仓—捕风捉影

志尚战法17蜻蜓点水—企稳回升
志尚战法18抄底反弹—与庄共舞
志尚战法19小阴小阳—必有大阳
志尚战法20地量十星—希望之星
志尚战法21光头光脚—起涨信号
志尚战法22两阳夹阴—做多信号
志尚战法23财富密码—见底信号
志尚战法24主力资金—跟庄潜伏
志尚战法25上升三曲—上涨中继
志尚战法26下轨低吸—低吸高抛
志尚战法27兄弟连阳—有庄控盘
志尚战法28分时横盘—即买即涨
志尚战法29均线黏合—多头初期
志尚战法30加油平台—上涨中继
志尚战法31横盘蓄势—大牛前兆
志尚战法32上下影试盘—变盘在即

提示：可进入“志尚投教”小程序查看详细说明书，仅限读者享有

附录四 期货智能程序化交易简介

量化投资大师西蒙斯连续20年每年收益60%，其稳定性和收益率是同期主观交易的大师们所不能及的。目前欧美程序化交易在外汇、商品期货成交额中占60%～70%，前十名大型基金中的7家采用程序化交易，且收益和稳定性都优于主观交易，国内程序化交易也正在迅速发展。特别是近一两年，其发展势头十分迅猛，商品期货程序化交易量也达到了35%，一大批程序化交易的新星涌现，年化收益率达到了100%以上，例如：洼银投资60万元，9年中赚到3.6亿元，年化收益见表9。

表9 年化收益

时间	2008年	2009年	2010年	2011年	2012年	2013年	2014年	2015年	2016年
年化收益	301.6%	313.6%	68.70%	21.05%	117.59%	50.8%	24.28%	92.16%	338.16%

这样的案例还有很多，程序化交易不能获得大收益？年化收益率338%还不够高吗？程序化交易连续9年没亏损，主观交易是无法与之比肩的。

程序化交易发展如此迅速，取得如此辉煌战绩，得益于现代计算机技术和网络技术的发展，特别是人工智能的发展，它必将大大促进程序化交易向更高层发展。

根据我10年期货交易经历和5年程序编制经验，我认为程序化交易相比主观交易，具有以下几个方面的强大优势：

第一，程序化交易战胜了贪婪和恐惧，一切行情的分析、下单的决策都是在客观一致的条件下做出的。主观交易则不可避免地受人性和身体状况的影响，执行力大打折扣。

第二，程序化交易可综合各种策略，对其加以协调运用。而主观交易只能同时用2～3个策略，做不到收益最大化。

第三，程序化交易可同时盯盘操作几十个品种，而主观交易是不可能的。

第四，程序化交易全交易时段盯盘，不会放过好的交易机会，例如，2007年1月3日晚上，22：45时行情启动大幅上涨，程序化就能捕捉到。而主观交易就容易放走这段行情。

第五，程序化交易系统可以定时升级，学习新的策略以适应新的行情变化，神经网络技术的发展，让电脑自主学习成为可能，程序化交易对行情的适应程度大大提高。

程序化交易在交易界主要有两大方面的应用：

一、手工辅助系统

手工辅助系统也就是半自动化交易系统，在这一系统中大部分行情的分析判断由程序做出，而且用简单明了的方式表现在桌面上，下单工作由人工完成，这样行情的分析判断做到了全面一致，大大减少了操作者分析的难度和压力，全面提高交易胜算。本人自编的导航系统就能很好地判断趋势的存在、震荡的开始和结束，能很好地辅助主观操作。

二、全自动智能交易系统

在这一交易系统中，大行情的分析判断、下单，都交由电脑操作，这一系统实现了全自动化智能交易，真正全面克服了人性的弱点，下单知行合一，分析行情客观一致，前面提到的程序化交易都是采用全自动智能交易系统实现的。

程序化交易的误区：

想要一个好的程序是一个永远的“提款机”，永远有效，实际上这是不可能的，行情变化万千，程序不可能发现一切行情可能，程序须定期升级，以适应当前行情。另外，程序化交易要量化交易，具体到一个点，所以也没有万能程序可以适应所有的品种，软件要针对具体品种的价格变化和波动率单独开发。目前，我们已成功开发了两款全自动交易程序，回撤在15%以内，年化收益率达到50%以上，运作平稳，风险小。

综上所述，智能程序化交易是未来的大趋势，因为它有主观交易无法达到的优点。

有了程序化交易系统，就怕你不知，不怕你知行不合一。

——李同麟（志尚团队期货老师）

附录五 期货交易的常识

1. 基本常识

（1）资金和身体都是属于自己的，要对自己负责并照管好，任何人的意见都仅供参考。

（2）市场行情你不能控制，但你可以控制自己的双手和仓位管理。

（3）永远只在自己能力和风险接受范围内交易，不要超出浮亏负荷。

（4）K线分析技巧是死板的，关键要有健全的交易策略，并灵活运用、活学活用。

（5）市场环境是会变化的，行情也有非理性的，不能常按惯性思维去执行、操作。

（6）连续失手两单、心情不好时要休息并调整状态，不要借钱入市。

2. 思想常识

（1）每个人都是市场中的学生，学无止境，先有知才会有行。

（2）理念是基础，技术是工具，策略是战术，心态是行为，坚持是成长。

（3）期货市场是海洋，自己只是一条小船，要敬畏市场、顺应市场。

（4）投资是人生中的持久战，有规则的人才能天长地久。

（5）交易只是生活的一部分，用积极的心、平常心面对交易。

（6）树立长期以少积多的稳定复利思想，绝不赌博式重仓。

3. 交易常识

（1）新手入门时，只看一个既活跃又平稳的品种，只交易一个品种。

（2）离止损位较近的位置才开仓，切莫在风险大于机会时开仓。

（3）只有在盈利时顺势适当加仓，亏损逆势时不要加仓。

（4）首仓不要超过本金的30%，加仓后总仓不要超过40%。

（5）坚持按本金比例开仓，不要因一时盈利而扩大开仓比例。

（6）日内短线单笔亏损1%止损，波段交易单笔亏损3%止损。

（7）挂单设损，分批止盈，使利润最大化，慎用锁仓。

（8）可以顺势追涨杀跌，但不能猜顶抄底。

（9）短线交易看3～5分钟，波段交易看30～60分钟，中线交易看日线。

（10）主选活跃品种、周期分析由大到小、量价在先、指标为辅，

4. 大道常识

（1）少数的成功者在重复正确的方法，失败者在重复着各种错误或找借口。

（2）要顺势就要放弃自己的想象，这样才能跟随行情实际交易。

（3）对纪律、原则执行得越彻底，成功的可能性就越高。

（4）不要急于挣钱、急于求成、急于开仓，欲速则不达。

（5）不要用感觉和情绪交易，而要用智慧去交易、用交易系统交易。

（6）一年中大机会就几次，一天中大波动就在十几分钟，不要频繁交易。

（7）成功者把全部精力专注于某个目标、用一种交易手法，形成交易系统习惯。

（8）稳一点、再稳一点，慢一点、再慢一点，向乌龟学习，否则难以翻身。

（9）市场大趋势来自基本面，市场波动来自消息面，技术面是交易轨道。

（10）胆大心细、有勇有谋；持续盈利时可转出部分，并懂得居安思危。

注：以上常识仅供参考，不作为最终交易依据；市场变化多端，时刻警惕风险。

附录六【志尚投教】在线视频点播学习平台

【志尚投教】专注投资者教育培训的视频课程在线学习平台，既可学习又可分享获取收益，实现免费学习。

【志尚投教】在线学习平台：由深圳市志尚文化产业投资有限公司制作与运营（创始人：李志尚），坚持十多年来与无数读者交流，为了满足大众所需，结合志尚著作的书籍进行深入解析和辅助，专心为志尚读者提供线上、线下全面性的交流与学习平台。

视频课程内容包括股票、期货、黄金、外汇、原油、投资理财、揭秘各种投资陷阱、相关法律法规维权知识等相关视频课程，金融类经典书籍在线解读以及结合实盘解析、辅助。

平台志在与大众分享各类投资知识，内容具有独特原创、系统全面、实用性强、精简易学等特点，其部分内容免费、部分内容收费。真正使读者实现足不出户，随时随地轻松学习投资知识。精益求精的内容，大众化的优廉价格（市场中上万元的课程学费，在【志尚投教】平台只需数百元便可学到），使平台一直深受用户喜爱。

志尚一直追求普惠经济、共享经济、分享经济、便民服务；

志尚一直要求专心、专注、专业……为志尚读者朋友们服务。

免责声明：本平台仅提供金融投资知识培训与教育的相关案例信息，主要专心为志尚读者服务，不提供任何直接或间接的证券投资咨询和顾问服务及证券经营业务。本平台不荐股、不代客操盘、不承诺收益和不参与收益分成。市场有风险，入市需谨慎；本平台内任何信息仅供参考，盈亏自担！

附录七 “股民系统化培训课程”干货大全

（五篇共56节课30小时）

【基础篇】要点：认识市场性质，看懂游戏规则、快速直线入门，点化学与做的明确方向，避免走弯路

第1课：股市到底为谁而开？

第2课：股市有哪些基本功能？

第3课：股市中有哪些交易种类？

第4课：股市适合哪些人投资？

第5课：股市中的钱被谁赚走了？

第6课：股市重要名词如何理解？

第7课：股市中有哪些风险？

第8课：股市投资入门步骤有哪些？

第9课：股票软件如何设置更有利于盯盘？

第10课：股市投资有哪些必学的技巧？

【进阶篇】要点：掌握核心知识，用正确的方式理性投资交易

第11课：基本面哪些内容必须理解和解读方法？

第12课：技术面哪些K线必须认识？它们的运用技巧是什么？

第13课：股市运行时有哪些常见规律？

经14课：股市中的看盘技巧和分析步骤有哪些？

第15课：股市中有哪些必学的交易理论和运用技巧？

第16课：哪些情况会影响股价趋势？

第17课：股市中最容易赔钱的是哪些人？
第18课：股市中最容易赚钱的是哪些人？
第19课：股市中哪些消息可信？
第20课：股市中的投资组合和风格偏好如何建立？

【中级篇】要点：化繁为简，弃废取精，专注做精，直击赚钱核心

第21课：基本面成功率最高的选股技巧有哪些？
第22课：K线形态成功率最高的选股技巧有哪些？
第23课：如何把握题材股和龙头股？
第24课：如何精准分析大盘趋势？
第25课：如何运用成交量分析把握买卖点？
第26课：精准判断顶底的K线和指标有哪些？
第27课：分时图中有哪些重要的买卖信号？
第28课：短线交易必须掌握的技巧有哪些？
第29课：中线交易必须掌握的技巧有哪些？
第30课：长线交易必须掌握的技巧有哪些？

【高级篇】要点：融会贯通、活学活用、关键时刻出奇制胜

第31课：滚动做T的实战技巧有哪些？
第32课：在哪些信号后考虑加仓？
第33课：在哪些信号后必须减仓？
第34课：在哪些信号后立即清仓？
第35课：交易前需要做哪些策略？
第36课：常用的仓位控制技巧有哪些？
第37课：次新股的机会和风险与技巧有哪些？
第38课：抓住涨停板成功率最高的技巧有哪些？
第39课：被套后的快速解套技巧有哪些？
第40课：行情突变的应对措施有哪些？
第41课：有哪些主力做盘信号值得跟随？
第42课：投资过程中有哪些误区？
第43课：如何克服不良心态？

第44课：如何避开一些投资陷阱？

第45课：如何做到知行合一？

【境界篇】要点：归纳所学所用的精髓部分，并修炼成一种自然习惯和本能反应

第46课：如何培养盘感？

第47课：必备的交易手法是什么？

第48课：必备的交易纪律和原则是什么？

第49课：必备的交易素质是什么？

第50课：必备的稳妥战略是什么？

第51课：哪些情况下该出手？哪些情况下该收手？

第52课：常遇心理问题的解决方案有哪些？

第53课：哪些态度和行为习惯可事先注定盈亏？

第54课：股市老司机畅谈炒股哲学（你犯了多少错）。

第55课：李志尚的智慧语录（这些字值千金）。

第56课：万法归一的境界是怎么练出来的？

综合概述

以上内容是笔者将《做精一张图（彩图版）》《做精实盘手法（彩图版）》《做精一只股（彩图版）》三本股票书籍的精髓部分归纳后的完整交易课程系统，并含有书中不便或不能以文字表述清楚的更多内容，笔者希望该系统培训课程能快速提升读者朋友们的实操技能水平。另外，笔者将在全年不定期开设读者现场见面交流会和股票、期货、黄金操盘手学徒培训班，真正帮助读者朋友们学以致用，效果立竿见影。

【读者订购方式】

请进入“志尚投教”小程序查询与购买。

附录八　“期货系统化培训课程”干货大全

（五篇共56节课30小时）

【基础篇】要点：全面认识期货市场，了解期货市场的性质特点和功能，交易软件的选择和设置

第1课：期货市场的前世今生与未来趋势是什么？

第2课：期货市场的性质功能和分类有哪些？

第3课：期货市场重要的专业术语解释有哪些？

第4课：如何选择主力合约？主力合约到期如何移仓？

第5课：期货投资必须懂的三大特点。

第6课：如何将期货的属性和关联性分类以便于看盘分析？

第7课：股指期货的特征和注意要点有哪些？

第8课：如何设置期货行情软件以便于使用？

第9课：如何设置和使用期货下单界面？

第10课：期货程序化交易的特征与优缺点有哪些？

【进阶篇】要点：期货交易的方法分类，全面了解常用的期货投资方法，并重点贯通价差法技巧

第11课：如何做到高效的套期保值？

第12课：如何使用高效的套利技巧？

第13课：期货中的蝶形套利和异形套利技巧有哪些？

第14课：股指期货常用的套利技巧有哪些？

第15课：期货基本面分析要点有哪些？

第16课：期货技术分析的三个前提条件是什么？
第17课：期货技术分析必用的分时技巧有哪些？
第18课：期货技术分析常用到的K线技巧有哪些？
第19课：期货技术分析运用到的新版道氏理论是什么？
第20课：期货技术分析中的平均线运用技巧有哪些？
第21课：期货技术中的波浪理论运用技巧是什么？
第22课：期货技术中的江恩理论实战技巧是什么？
第23课：期货平方根法要义和应用技巧是什么？
第24课：期货三维图理论和应用技巧是什么？
第25课：期货实战技术中的趋势线怎么画？
第26课：期货技术分析常见必用的主要指标释义和用法。

【中级篇】要点：辨别趋势，学习看盘分析绝技，以及重要的消息面和时间窗口的掌握

第27课：期货盘口中有哪些财富密码？
第28课：期货最有效的趋势分析技巧有哪些？
第29课：期货量价关系中的秘密是什么？
第30课：期货持仓量与价格关系的分析技巧有哪些？
第31课：期货双向成交量的运用法门是什么？
第32课：期货应用MACD判断趋势反转信号的技巧是什么？
第33课：期货交易中必须注意的消息面有哪些？
第34课：期货交易中必须注意的时间窗口有哪些？
第35课：期货程序化交易时如何优化成功率？
第36课：期货程序化交易的应用技巧与注意要点是什么？

【高级篇】要点：掌握风控管理和资金管理以及止损止盈要诀等

第37课：期货交易中固定比例开仓法的使用技巧是什么？
第38课：期货交易中盈利加仓法运用到的技巧有哪些？
第39课：期货交易中金字塔法运用到的有效技巧是什么？
第40课：期货交易中亏损加仓快速解套法的技巧如何做？
第41课：期货交易中的左侧交易技巧有哪些？

第42课：期货交易中的马丁策略的精华有哪些？
第43课：期货交易中的常用止损方法有哪些？
第44课：期货交易中的常用止盈技巧有哪些？
第45课：股指期货交易中的风控管理方法有哪些？
第46课：期货程序化交易中的择优组合和风控管理方法有哪些？

【境界篇】要点：做到知行合一和万法归一，并建立自己的交易系统

第47课：期货交易中必不可少的知识。
第48课：期货交易中如何培养盘感？
第49课：股指期货实战中的短线和趋势交易技巧有哪几招？
第50课：期货操盘手必用的开仓技巧有哪些？
第51课：期货操盘手如何精确地去发现趋势转折关口？
第52课：期货操盘手如何巧用程序化自动交易？
第53课：期货操盘手如何构建一套高效实用的交易系统？
第54课：期货操盘手常用的克服困难方法有哪些？
第55课：期货交易中怎样才能使自己做到知行合一？
第56课：期货操盘手如何树立良好的心境和行为？

综合概述

以上内容是志尚团队期货老师李同麟根据亲临期海十余年的经验精编而成，其中包含一些他的独门秘诀，首次对外传授，希望帮助读者朋友们学以致用，效果立竿见影。

【读者订购方式】

请进入“志尚投教”小程序查询与购买。

后记

这是一本迟来的书，原计划在2012—2013年出版，但那时的股市环境不利于投资者采用做精一只股的做法。2016年之后，在国家经济转型成功后的“改革牛市”中，希望这本书能为大家带来帮助。同时也要感谢广东经济出版社编辑主任罗振文，以及责任编辑赖芳琨，在你们的引导与支持下志尚顺利完成本书的写作。

笔者请大家先阅读《做精一张图（彩图版）》，再读《做精实盘手法（彩图版）》，最后读这本《做精一只股（彩图版）》，按先后顺序每本至少阅读5遍，以便于理解和消化，当然笔记不可少。唯有专注才能专业，做精一招胜千招，请加油吧！要相信自己！

志尚团队致力为金融交易者、投资理财者提供全面的系统培训班，将线上App教学和线下现场实操相结合，可使读者朋友们在读书后将技巧迅速应用到实盘当中，团队还会在线解答实盘中的各种问题。

笔者一向不善于拐弯抹角、废话连篇，所以这几本书中的每句每字，都恳请同学们认真用心去阅读、理解与回味，再分享给身边有需要的朋友。当然，其中可能也有描述不详之处，还请同学们多海涵，笔者一直都在努力中……

阅读过程中若有不明之处或宝贵意见请与笔者联系，笔者将义不容辞为同学们耐心解答与提供服务。

以书结缘互动交流方式：

技术交流QQ：420150497

咨询电话：4006-917866

志尚官网：www.zswm168.com

志尚新浪微博：http://weibo.com/LZSV5

李志尚微信号

志尚财富微信公众号

志尚财富App
在线学习终端

李志尚

2016年底于深圳